郭德宏　陈登才　钟世虎　著

一代伟人：刘少奇生平全纪录

YIDAI WEIREN:LIUSHAOQI SHENGPING QUANJILU

红旗出版社

图书在版编目(CIP)数据

一代伟人:刘少奇生平全纪录/郭德宏,陈登才,钟世虎著.
—北京:红旗出版社,2014.12
ISBN 978-7-5051-3329-7

Ⅰ.①一… Ⅱ.①郭…②陈…③钟… Ⅲ.①刘少奇(1898~1969)–生平事迹
Ⅳ.①K827=7

中国版本图书馆CIP数据核字(2014)第287420号

书　　名	一代伟人:刘少奇生平全纪录		
著　　者	郭德宏　陈登才　钟世虎		
出 品 人	高海浩	责任编辑	张明林　周艳玲
总 监 制	李仁国	封面设计	李　妍
出版发行	红旗出版社	地　　址	北京市沙滩北街2号
邮政编码	100727	编辑部	010-57274597
E - mail	hongqi1608@126.com		
发 行 部	010-57270296		
印　　刷	三河市东方印刷有限公司		
开　　本	710毫米×1000毫米	1/16	
字　　数	250千字	印　张	15.5
版　　次	2017年5月北京第1版	2021年1月河北第1次印刷	
ISBN 978-7-5051-3329-7		定　价	36.00元

欢迎品牌畅销图书项目合作　联系电话:010-57274627
凡购本书,如有缺页、倒页、脱页,本社发行部负责调换

前　言

刘少奇是伟大的马克思主义者，伟大的无产阶级革命家、政治家、理论家，党和国家主要领导人之一，中华人民共和国开国元勋，是以毛泽东为核心的党的第一代中央领导集体的重要成员。

刘少奇于1898年11月24日生于湖南省宁乡县。少年时期上过私塾（中国旧式初级学校），1919年中学毕业。1920年加入中国社会主义青年团。1921年到苏俄莫斯科东方劳动者共产主义大学学习。同年转为中国共产党党员。

1922年夏，刘少奇回国，在中国劳动组合书记部工作，曾任中共湘区委员会委员、安源工人俱乐部主任、中华全国总工会副委员长、湖北省总工会党团书记兼秘书长，参加领导了粤汉铁路工人大罢工和安源路矿工人大罢工。1925年在第二次全国劳动大会上当选为中华全国总工会副委员长，参加领导了五卅运动和省港大罢工。1926年在武汉任湖北省总工会组织部长、秘书长。1927年1月参加领导武汉工人和市民收回汉口英租界的斗争，同年4月在中共第五次全国代表大会上当选为中央委员。

大革命失败后，刘少奇先后在河北、上海、东北从事党的秘密工作。1930年夏出席在莫斯科召开的赤色职工国际第五次代表大会,当选为执行局委员,留在赤色职工国际工作。1931年1月在中共六届四中全会上当选为政治局候补委员。同年秋回国,任中共中央职工部部长、全国总工会党团书记。他在长期工作中逐渐认识到党在国民党统治区的工作应该实行深入群众、长期隐藏、积蓄力量的方针,并曾对当时中共党内关门主义和冒险主义的"左"倾错误进行过某些抵制。1932年冬进入位于江西省南部和福建省西部的中央革命根据地,领导职工运动,后任中共福建省委书记。1934年10月参加长征。1935年1月在贵州省遵义县城召开的中央政治局扩大会议上,他支持毛泽东的正确主张。

抗日战争爆发后,刘少奇担任中共中央北方局书记,坚持党的深入敌后、发动群众、开展游击战争的方针,领导了华北抗日根据地和山西抗日新军的创建工作。1938年11月中共扩大的六届六中全会后,任中共中央中原局书记,组织力量深入华中敌后,开展游击战争。1941年皖南事变后,出任新四军政治委员、中共中央华中局书记和中央军委新四军分会书记,同陈毅等一起重建新四军军部,扭转了新四军的困难处境,恢复和发展了长江中下游地区的抗日武装力量,扩大了华中抗日根据地。1942年底回到延安。1943年3月任中共中央书记处书记和中央军事委员会副主席。1945年5月在中共第七次全国代表大会上作《关于修改党的章程的报告》,科学地概括毛泽东思想的主要内容,精辟地提出毛泽东思想就是马克思列宁主义的理论与中国革命的实践之统一的思想。在中共七届一中全会上当选为中央政治局委员、书记处书记,和毛泽东、朱德、周恩来、任弼时组成以毛泽东为核心的党的第一个稳定成熟的领导集体。1947年春,国民党军队进攻延安,任中共中央工作委员会书记,转移到华北,和朱德一起负责党中央的

前 言

日常工作。

中华人民共和国成立后,刘少奇当选为中央人民政府副主席。他在制定国家政治、经济、文化、教育、外交等方针政策方面发挥了重要作用。1950年在中国人民政治协商会议第一届全国委员会第二次会议上作了《关于土地改革问题的报告》。1954年在第一届全国人民代表大会第一次会议上作了《关于中华人民共和国宪法草案的报告》,并当选为全国人民代表大会常务委员会委员长。1956年9月,在中共第八次全国代表大会上代表中共中央作政治报告,为新时期社会主义事业的发展和党的建设规定了方向。在八届一中全会上当选为中共中央副主席。1959年4月,在第二届全国人民代表大会第一次会议上当选为中华人民共和国主席、国防委员会主席。60年代初期,中国的经济发生了严重的困难,刘少奇进行了大量的调查研究,参与制定了一系列重要的政策措施,使国民经济得到了恢复和发展。从1963年到1966年,他先后到印度尼西亚、缅甸、柬埔寨、越南、朝鲜、巴基斯坦、阿富汗等国进行了友好访问。

文革中,刘少奇惨遭林彪、江青反革命集团的蓄意诬陷和残酷迫害。1968年,在党中央的领导工作和党内生活极不正常的情况下,中共八届十二中全会批准了关于刘少奇的"审查报告",通过决议开除其党籍,撤销其党内外一切职务。

1969年11月12日,刘少奇在河南开封逝世,享年71岁。1980年2月中共十一届五中全会为恢复刘少奇的名誉作出专门的决定。

《一代伟人:刘少奇生平全纪录》将通过很多生动的故事,反映刘少奇伟大的一生。其中介绍了刘少奇在参加领导工运、抗日战争、解放战争以及建国后担任国家领导人时期的重大贡献,集中凸现了刘少奇同志作为一名早期工人运动领袖、卓越的马克思主义理论家和杰出的国家领导人的光辉思想和崇高品德。本书还着重记叙了刘少奇的童年与少年时期的求学生涯以及投身革命的经历,反映了他从小胸怀大志、追求真理的爱国情怀和革命志向,这一点对于培养青少年读者从小树立远大理想,具有积极的促进作用。

目 录

第一章 英雄少年 ……………………………………………… (1)

　　刘少奇同志出生于湖南宁乡一个农民家庭。在他的青少年时期，由于帝国主义列强的侵略欺凌和封建势力的腐朽统治，中国已成为半殖民地半封建社会，中国人民正处在水深火热的苦难之中，中华民族正处于救亡图存的关键时刻。刘少奇同志从青年时代起就立下拯救民族于危难之中的远大志向，积极投身反对袁世凯复辟帝制的斗争，奋起响应五四反帝爱国运动，接受俄国十月革命的影响，走上探索争取民族独立和人民解放的道路。

一、佃农之子 ……………………………………………………… (2)
二、接受五四运动的洗礼 ………………………………………… (5)
三、赴苏学习 …………………………………………………… (10)

第二章 工运领袖 ……………………………………………… (15)

　　刘少奇同志是我们党领导的工人运动的著名领袖和主要领导者，

是党的正确路线在白区工作中的杰出代表。建党初期和大革命时期，他参与领导安源工人运动、五卅运动、省港大罢工、武汉工人夺回英租界的斗争。

一、在安源路矿工人大罢工中 …………………………………… (16)
二、任职全国总工会副委员长 …………………………………… (22)
三、领导五卅运动 ………………………………………………… (24)
四、长沙蒙难 ……………………………………………………… (28)
五、领导省港罢工 ………………………………………………… (35)
六、收回汉口英租界 ……………………………………………… (41)

第三章　激流勇进 …………………………………………… (48)

大革命失败后，刘少奇同志坚持战斗在白色恐怖笼罩的上海、北平、天津、哈尔滨等地。他坚持从实际出发，独立思考，善于创造性地开展工作，同党内"左"倾错误进行坚决斗争。他参加了中央红军长征，在具有重要历史意义的遵义会议上坚定支持以毛泽东同志为代表的正确主张。

一、在白区秘密工作 ……………………………………………… (49)
二、中共满洲省委书记 …………………………………………… (51)
三、出席赤色职工国际第五次代表大会 ………………………… (57)
四、支援第19路军 ………………………………………………… (60)
五、在中央苏区 …………………………………………………… (63)
六、在长征前后 …………………………………………………… (70)

第四章　华北风云 ································ (75)

红军长征胜利到达陕北后,党中央提出建立抗日民族统一战线的策略方针,并派刘少奇同志前往民族救亡浪潮高涨的华北地区。他领导迅速恢复和发展了党在华北地区的组织,成功实现党在白区工作的历史性转变,巩固和发展了党领导的一二·九运动的胜利成果。

一、前往北方局 ································ (76)
二、中央来的胡先生 ································ (79)
三、指导华北平原抗战 ································ (84)

第五章　抗日反顽 ································ (89)

刘少奇同志是华北、华中抗日根据地的主要创建者和领导者。抗日战争时期,他先后担任中共中央北方局书记、中原局书记、华中局书记,曾在三大战略区独当一面地开辟根据地和领导工作。他坚决贯彻执行毛泽东同志提出的开展独立自主的山地游击战的战略方针,卓有成效地领导了华北抗日根据地和山西新军创建工作。他组织创建华中抗日根据地,出色完成党交付的发展华中的重任。皖南事变后,刘少奇同志临危受命,出任新四军政治委员,同陈毅等同志一起,重建新四军军部,为把新四军建设成为党领导下的一支铁军作出了重大贡献。

一、出席中共六届六中全会 ································ (90)
二、定远自卫反击战 ································ (92)

三、指挥半塔集战斗 ……………………………………… (96)

四、水牛冲激战 …………………………………………… (101)

五、就任新四军政委 ……………………………………… (105)

第六章　奔赴延安 ……………………………………… (111)

　　刘少奇同志受毛泽东同志委托，统一山东党政军领导机构，调整策略方针和各方面政策，使山东抗日根据地迎来大发展的生动局面。1943年3月，他任中央书记处书记、革命军事委员会副主席。在党的第七次全国代表大会上，刘少奇同志代表党中央作关于修改党章的报告，对毛泽东思想作出科学概括，提出毛泽东思想就是马克思列宁主义的理论与中国革命实践之统一的思想。正是从这次代表大会起，我们党在党章中明确规定毛泽东思想为全党的指导思想。抗日战争胜利后，他在毛泽东同志赴重庆谈判期间，主持制定"向北发展，向南防御"的战略方针，适时作出"让开大路，占领两厢"的战略部署，为建立巩固的东北根据地作出了卓越贡献。

一、在山东分局 …………………………………………… (112)

二、奔赴鲁南抗日游击区 ………………………………… (117)

三、越过封锁线 …………………………………………… (123)

四、建立东北根据地 ……………………………………… (128)

五、奉命转移 ……………………………………………… (131)

第七章　辅助建国 ……………………………………… (137)

　　解放战争时期，他以很大精力参与领导土地改革运动，指引亿万农民彻底摆脱几千年封建土地制度的剥削压迫，为我们党领导人民夺取全国胜利提供了雄厚的物质力量和群众基础。受毛泽东同志委托，刘少奇同志对新中国经济构成和发展道路进行系统研究，提出比较完整的设想，为党的七届二中全会绘制新中国建设蓝图作了重要理论准备。他领导建立华北人民政府，使之成为中华人民共和国中央人民政府的雏形。新中国成立前夕，他率领中共代表团访问苏联，为建立新中国争取了有力的政治支持和经济援助。刘少奇同志是新中国政治和经济制度的创立者之一，主持制定《中华人民共和国土地改革法》，悉心指导土地改革运动，参与制定《中华人民共和国宪法》，为新中国宪法制定和实施作出了奠基性贡献。

一、主持华北财经工作 …………………………………（138）

二、重视发挥工人阶级的主导作用 ……………………（143）

三、出访苏联 ……………………………………………（146）

四、援助越南共产党 ……………………………………（152）

五、十分重视党校的建设 ………………………………（155）

六、严格教育和要求儿子 ………………………………（159）

第八章　十年探索 …………………………………（165）

在党的八大上，刘少奇同志代表党中央所作的政治报告，科学分析社会主义社会制度基本建立后我国社会的主要矛盾，明确指出国内的主要矛盾已经是人民对于经济文化迅速发展的需要同当前经济文化不能满足人民需要的状况之间的矛盾，强调党和全国人民的主要任务是集中力量发展社会生产力，实现国家工业化，逐步满足人民日益增长的物质文化需要。他高度重视社会主义条件下正确处理人民内部矛盾问题,高度重视由分配和物质利益引发的人民内部矛盾,高度重视由官僚主义作风引发的干群矛盾等问题,进行系统深入的调查研究,提出了许多重要见解。国民经济调整时期,他响应毛泽东同志大兴调查研究之风的号召,深入农村、工厂开展调查研究。他坚决支持和指导实施"调整、巩固、充实、提高"的正确方针,对面临的困难作出清醒而充分的估计,提出战胜困难的有力措施,为我国经济走出困境、进入健康发展轨道付出了大量心血。

一、在中共八大上 …………………………………………（166）

二、赴苏讨论波匈局势 ……………………………………（169）

三、到南方调查 ……………………………………………（171）

四、视察定县韩家洼公社 …………………………………（177）

五、深入农村调查 …………………………………………（181）

六、着手研究手工业、商业方面的问题 …………………（187）

七、视察林区 ………………………………………………（193）

第九章　春满国际 ……………………………………（199）

在新中国的历史上,刘少奇作为党和国家领导人在国际舞台上的活动是令人瞩目的,这些活动,不仅为新中国的建立、巩固与发展争取到了宝贵的外援,营造了一个较为有利的周边环境,同时也很好地树立了新中国的国际形象,为反对帝国主义的武装侵略、捍卫世界和平,为社会主义国家间的正常交往,抵制大国沙文主义的错误做法,推进国际工人运动健康发展,做出了积极的重要贡献。

一、印度尼西亚之行 ………………………………………（200）

目　录

二、柬埔寨险情 ································ (204)

三、与妻子王光美 ····························· (207)

四、最后一次出访 ····························· (211)

第十章　文革蒙冤 ································ (215)

  不幸的是，刘少奇同志在"文化大革命"中遭到残酷迫害，不幸蒙冤致死。在最艰难的时刻，他仍然以一名共产党员的高度责任感，向党中央建议"尽早结束'文化大革命'，使国家少受损失"，并坚信"好在历史是人民写的"。党的十一届五中全会为刘少奇同志平反昭雪，并高度评价了他的光辉一生。刘少奇同志的英名同中国共产党的历史、同中华人民共和国的历史紧密相连。

一、遭到错误批判 ····························· (216)

二、饱受耻辱的一天 ···························· (224)

三、"永远开除出党" ··························· (226)

四、最后的岁月 ································ (229)

第一章

 英雄少年

  刘少奇同志出生于湖南宁乡一个农民家庭。在他的青少年时期，由于帝国主义列强的侵略欺凌和封建势力的腐朽统治，中国已成为半殖民地半封建社会，中国人民正处在水深火热的苦难之中，中华民族正处于救亡图存的关键时刻。刘少奇同志从青年时代起就立下拯救民族于危难之中的远大志向，积极投身反对袁世凯复辟帝制的斗争，奋起响应五四反帝爱国运动，接受俄国十月革命的影响，走上探索争取民族独立和人民解放的道路。

一、佃农之子

刘少奇不仅是一位伟大的无产阶级革命家、政治家、理论家，而且也是一位杰出的军事家。他的军事思想和军事实践活动十分丰富，并有许多独特的建树，对毛泽东军事思想的形成和发展做出了重要贡献。

1898年11月24日（清光绪二十四年十月十一日），刘少奇出生于湖南省宁乡县花明楼乡炭子冲一个农民家庭。名绍选，字渭璜，在大家族中排行第九，家里人都亲切地叫他"九满"。

宁乡县城位于湘江西侧，东屏长沙，北邻益阳，南连湘潭，西奥安化。炭子冲是个依山傍水的小山村，距宁乡县城30多公里，离省会长沙约50公里，交通便利，信息通畅，文化发达。这里盛产稻米、林木、烟叶，经济富庶。

刘少奇故乡——湖南省宁乡县花明楼乡炭子冲

第一章 英雄少年

刘氏家族祖籍江西吉水。明朝中叶,因家族中有人被派到湖南益阳做官,全家便从吉水迁到益阳。后几经辗转,迁居炭子冲始事耕作。

刘少奇的曾祖父刘再洲(1791—1875)当家时,除了在十几里外的茅田滩有祖上留下的一些耕地外,刘家在炭子冲的家产只有三间茅草房,靠租种田地艰难度日。但刘再洲勤劳能干,带领家人起早贪黑,除了种粮食,还种烟叶等经济作物,使得家道日渐兴发,开始在炭子冲置办田产。刘少奇的祖父刘得云(1833—1882)又经过多年辛苦经营,省吃俭用,把炭子冲的田产增加到了60亩,还把原来的三间旧茅屋扩建成七间新房。

刘少奇的父亲刘寿生(1865—1911)为人忠厚,粗通文墨,思想开通。他重视子女教育,在经济条件并不宽裕的情况下,坚持让四个儿子都从小上私塾读书。他管理家政也有条有理,把在炭子冲的30亩地留给自家耕种,而把离家较远的茅田滩30亩地租给别人,另外又在附近租种别人的15亩地。他安排男孩子们下地干活,学习烧石灰、掌犁耙等技术,让两个女儿在家帮助母亲纺纱织布,喂养家畜、家禽。全家人一年到头忙忙碌碌,很少有空闲,农忙时节还需要雇请一些零工帮助。母亲鲁氏(1864—1931)出生在离炭子冲不远的一个叫顾庐塘的小山村。她勤劳贤惠,吃苦耐劳,善于持家。在刘少奇未满13岁时,刘寿生过早去世,鲁氏挑起家庭重担,安排一家十几口人的生活和农务。

刘少奇亲兄弟姐妹六人,大哥刘绍源(墨卿),二哥刘绍远(云庭),三哥刘绍达(作衡),大姐刘绍德,二姐刘绍懿。8岁那年,父亲把他送到邻村柘木冲私塾读书,读的是《三字经》、《千字文》、《论语》等。第二年,他又换到罗家塘私塾读书,开始读《大学》、《中庸》、《孟子》等。由于学费等原因,他不得不经常变换学堂,从10岁到13岁,先后在月塘湾、洪家大屋、红米冲、花子塘等地的私塾读书,差不多一年换一个地方。其中,洪家大屋私塾的读书环境和教学方法给刘少奇留下了深刻印象。这个洪姓没落的封建官僚家庭,为了使幼子受到很好的教育,专门选聘了一位上过师范学堂的先生杨毓群,到家中开设教馆,并招收少量功课好的邻家子弟伴读。由于刘少奇品学兼优,又与洪家的幼子同龄,故免交学费。刘少奇在这里学习国文、算术、自然、地理等新课程,感觉耳目一新。洪家大屋丰富的藏书更令刘少奇兴奋,他利用课外时间如饥似渴地阅读《西游记》、《古今小说》等被父亲禁止读的"杂书"。

1911年,辛亥革命爆发后,刘少奇的思想受到很大震动。为了寻求新的科学知识,他竭力说服母亲和兄长,进入新式的芳储乡小学补习班学习,思想进步很大。特别是他读了在湖南新军从军的二哥刘云庭带回的介绍辛亥革命始末的小册子后,深受启发,毅然剪掉头上的辫子,表明自己的政治态度:坚决拥护辛亥革命,反对腐败透顶的清政府。

1913年,刘少奇以优异的成绩考进玉潭学校,编入第十一班,学习国文、史地、算术、物理、修身、英语、体育、图画等课程。他读书刻苦,勤于思考,成绩始终名列前茅。他爱好体育,经常参加足球、篮球、武术等项运动。课外活动时,他和同学们一起荡秋千、吹笛子、拉二胡,也热心参加大扫除等公益活动。他在这里受到进步教师的影响,开始经常关心国家大事。

1915年5月,袁世凯接受日本帝国主义提出的丧权辱国的"二十一条"后,引起全国人民的极大愤慨。刘少奇也在胸前挂上"毋忘国耻"的牌子,手持"内除国贼,外抗强权"的小旗子,喊着口号走在游行队伍的最前面,带头参加宁乡县城玉潭学校举行的讨袁游行。年轻的心灵已充满爱国之情、报国之情。

1916年夏,刘少奇以全年级第一名的成绩从玉潭学校毕业,插班进入长沙驻省宁乡中学二年级二期五班学习。他在这里一面努力学习各门功课,一面以极大的热情关注着时事政治和社会动态。他还参加了长沙市驱逐反动军阀汤芗铭的群众运动,并在斗争中感受到群众力量的伟大。这年秋天,刘少奇受武力救国思想的影响,报考湖南督军谭延闿在长沙开办的陆军讲武堂,

第一章 英雄少年

并以第一名的成绩被录取。

1917年3月,长沙讲武堂正式开学。学制一年半,上半年学习文化,然后接受军事教育。刘少奇努力学习几何、代数、地理、物理等课程,顺利完成文化课后,便开始学习军事课程。同时,他还积极参加湖南各界祭奠黄兴、蔡锷的活动,并抄录了许多挽联,表达对黄、蔡二人的崇敬心情。

1917年10月,由于校舍在南北军阀混战中被毁,讲武堂解散,刘少奇被迫返回家乡。在讲武堂的半年多,刘少奇虽然学习时间不长,却为他以后从事军事斗争奠定了初步基础。在以后的一年多中,刘少奇又阅读了《新青年》、《湘江评论》和《共产党宣言》等进步刊物和书籍,对他的思想触动很大。

二、接受五四运动的洗礼

1918年初,由于刘少奇疾富济贫的思想行为,与一心想发家致富的七哥格格不入,经常与他发生冲突。刘少奇在家里孤立了,他只好到同学家食宿,继续自修学习。家里人怕他再闯出"祸"来,便在1919年初强制性地给他举行了婚礼。新娘子是邻村一位周氏姑娘。家里人的目的是想把刘少奇拴住,让他安分守己地过日子。可是"强拧的瓜儿不甜"。思想激进、胸怀大志的刘少奇对家庭包办娶来的新娘子不感兴趣。家人的良苦用心结果适得其反,不但没有把刘少奇拴住,反而促使他离家出走。新婚后不几天,他便直奔长沙继续上学去了。在师友的帮助下,他插班进入一家私立的没有名气的中学——长沙育才中学。同年夏天在这里毕业。

刘少奇抗拒家庭包办的婚姻,无疑加深了他与家人的矛盾,使他以后每前进一步都更加困难。他除了面临家庭断绝经济支援的危险外,还面临着亲戚乡邻的误解和指责。完全可以想象，在这种情况下，任何意志薄弱者都可能垮下去。但刘少奇却冲决了"罗网"，走向了革命。

刘少奇故居

1919年5月4日，震惊中外的五四爱国运动爆发，这时刘少奇正在育才中学读书。五四爱国运动是中国近代史上，第一次由学生、工人和其他人民群众掀起的反对帝国主义、反对军阀卖国的全国性的爱国斗争。在这场斗争中，涌现出一大批为追求民族独立和国家富强而积极探索真理的先进分子，刘少奇就是其中之一。

消息传开，举国响应。长沙是当时声援北京学生最积极、最有力的省城之一。5月23日，刚刚从北京经上海回到长沙不久的毛泽东，立即组织领导新民学会会员深入长沙各学校散发传单，鼓动学生们起来响应北京学生的爱国运动。湖南商业专科学校、湖南工业专科学校、楚怡工业学校、湖南法律专科学校、长沙第一师范学校、明德中学、周南女校等学校的学生代表们在毛泽东的联络组织下，于5月28日成立了湖南学生联合会，并号召全省学生

第一章 英雄少年

实行总罢课,得到了长沙市及许多县立学校的纷纷响应。学生爱国运动席卷湖南全省。刘少奇和长沙各校的学生一起,参加了罢课和游行示威,进行抵制日货的爱国宣传。

这年6月底7月初,毕业考试刚刚结束,还没有领到毕业证书,刘少奇就直奔全国学生运动的中心——北京,并通过同乡关系与北京大学的一些学生取得联系,参加了那里仍在继续的学生爱国运动。1939年他回忆这段往事时说:

"在五四运动爆发的那一年,正是我在中学毕业的那一年。我的求学经过了许多波折,最后插入长沙一个很不著名的中学——育才中学。修业半年之后,即属毕业之期。但很不凑巧,又恰在毕业考试之前,爆发了五四学生的反帝大浪潮。这个浪潮波及长沙以后,长沙的学生也罢课了,并由各校学生的各班派代表举行了全市学生的多次代表会,讨论了响应北京学生运动及抵制日货,组织学生联合会,并加入全国学生大联合(等问题)。长沙的学生又举行了反日游行示威,派遣宣传队在城市及附近乡村宣传民众、抵制日货等。当时我们的毕业考试提早了(各校均提早毕业考试),但学校教员也同情学生运动,所以考试的成绩并不算很坏。""我在毕业后两星期,没有等到毕业证书的发给,即同几个同学转到北京,并与北京大学(当时学生运动的中心)的同学取得联系。当时是暑假,天津的学生也有不少到了北京,曾在天安门举行了很大的示威,并在天安门露宿了几天。街上的群众运动从这次示威以后,即不多见。但从此开展了中国历史上一个最大的新文化运动,这是五四运动最大的直接的成果。"

刘少奇通过从长沙到北京参加五四爱国运动的实践,受到了一次前所未有的战斗洗礼,进一步认识了民族危机的严重和军阀政治的黑暗,看到了广大学生和工人群众的力量。在这股浪潮的推动下,他开始了寻求报国之路的新征程。

到北京以后,他有三条路可以选择:一是报考北京大学,二是进军事学校，三是到法国勤工俭学。北京大学是全国最高学府，是新文化运动和五四爱国运动的策源地，是千百万青年学子向往的地方。刘少奇虽然以优异成绩考取了北大，但由于学制太长（六年），学费昂贵（每年几百元大洋），家里又不支持，被迫放弃。这对他的精神是一次很大的打击。随后，他又考入了一所免费的军事学校，但也没有去就读。这时留法勤工俭学运动对他产生了极大的吸引力。到西方去学习科学技术和革命理论，是当时中国的许多知识分子认定的救国正路。可是要到法国留学，首先要有一笔数量可观的路费，刘少奇又无法解决这一难题。面对国衰民穷、外敌凌辱、山河破碎的社会现实，他热血沸腾；面对自己历尽艰辛、举目无亲、报国无门的处境，他心情悲愤。

通过五四运动的实践，刘少奇继续探索救国救民的真理，最终选择了成为马克思主义和苏俄道路的先进青年之一。

在北京期间，刘少奇经过短暂激烈的思想斗争，通过同学介绍，进入了河北保定市育德中学留法预备班，开始勤工俭学。这在刘少奇早期乃至一生的思想发展中，都是一个十分重要的转折。他这时之所以选择到保定育德中学的留法预备班学习，一方面是由于经济困难，到这里或以后去法国留学时，都可以通过自己的劳动解决生活和学习费用问题；另一方面是由于他这时受到社会主义学说和俄国十月革命的影响，希望到法国去看一看。

育德中学留法预备班原是1917年8月由华法教育学会的蔡元培、吴玉章、李石曾等人创办的一所私立中学，校长王国光主张试行实用主义教育，组织学生从事课外劳动，学习实用技术。1917年秋招收了第一期勤工俭学的学生，1918年招收了第二期学生，其中有日后成为共产党重要领导人的李富春、李维汉。为组织湖南学生留法勤工俭学，毛泽东、蔡和森也曾到过这里。刘少奇是1919年进入该校的第三期学生。该校主要讲授法语和机械学两门课程，同时为让勤工俭学的学生到法国后能够很快进工厂做工，学校还设有一个实习工厂。在这期间，刘少奇上午听课，下午到工厂实习，

第一章 英雄少年

做过煅铁工、翻砂工、机械工和锉工。虽然他后来没有去法国留学,但这一年的半工半读生活使他收获很大,基本上缓解了既要寻找救国道路实现远大抱负,又要自谋生计的矛盾。通过在工厂的劳动,他开始了解中国工人的状况,这对他日后理解和信仰马克思主义具有重要作用。另外,他在这里进一步阅读了宣传马克思主义的进步书刊,树立了对马克思主义的信仰。育德中学的校长王国光思想比较进步,比较能理解和支持爱国青年学生,因而这里汇集了一批先进知识青年,思想空气比较活跃。这里不仅有《新青年》及《每周评论》等进步刊物及宣传马克思主义的小册子,而且有自己的校刊,经常介绍国内外形势,特别是苏俄的情况,这为刘少奇了解马克思主义提供了客观环境。他对马克思主义的信仰,就是从这时开始树立起来的。他后来回忆说:

"五四新文化运动继续了好几年,在后一个时期,社会主义思想占了这个运动的优势。在各派社会主义思想中,马克思主义的思想也传到了中国,成为当时新文化运动中的一个派别。当时的《新青年》杂志是起了极大的作用,它一方面拥护一切进步的东西,同时它传布了不少的马克思主义思想。当时的俄国革命,也给了中国很大的影响,吸引很多参与活动的人对于俄国革命的注视,关心革命的胜利。当时所谓'过激派'的名称,并没有能够吓退中国要求进步的人们。"

这时的刘少奇虽然已经开始信仰马克思主义,但是正如自己所说:

"当时我只知道社会主义好,知道马克思列宁主义,知道十月革命和布尔什维克党,但不清楚社会主义是怎么一回事,怎样才能实现社会主义。"

正因为这样,他从保定到长沙,从长沙到上海,不懈地求索,最终踏上了到苏维埃俄国留学的万里征程。

三、赴苏学习

俄国十月革命，是人类历史上一个划时代的伟大事件。1917 年 11 月 7 日，在列宁的领导下，俄罗斯彼得格勒的工人群众发动武装起义，推翻了反动的资产阶级临时政府。翌日，全俄工农兵苏维埃第二次代表大会通过列宁起草的《和平法令》和《土地法令》，以及其他一系列维护工农利益的决议案。随后，苏维埃政权在俄国各地相继建立，俄国十月社会主义革命取得了伟大的胜利。

俄国十月革命的胜利，不但改变了 20 世纪世界历史发展的进程，而且唤醒了西方的无产阶级，也唤醒了东方的被压迫民族。世界上许多国家和地区的被压迫人民，为争取社会主义革命的胜利和民族的独立解放，迅速掀起革命斗争的新高潮，有力地推动了中国革命的进程。许多有识之士纷纷要求留俄，学习十月革命胜利的经验，寻求救国救民的真理。

1920 年 10 月，刘少奇经贺民范介绍，加入中国社会主义青年团。从此，他立下了留学苏联学习列宁领导的俄国无产阶级武装起义夺取政权经验的决心。不久，贺民范给刘少奇写了一封信，推荐他到上海外国语学社留俄预备班学习俄文，做留学苏联的准备。

上海外国语学社是公开的，由上海共产主义小组于 1920 年 9 月创办，负责人杨明斋是共产国际派来的。1917 年俄国十月革命的胜利，震撼了世界，也使中国的革命者看到了希望和光明。到俄国去，学习俄国革命经验，回来革命救国救民，改变黑暗的旧中国，正是刘少奇等一大批先进青年的共同理想。

第一章 英雄少年

上海外国语学社旧址（今为中国社会主义青年团中央机关旧址纪念馆）

刘少奇来到上海后，住在霞飞路（今淮海中路）渔阳里六号，这是一座二上二下的石库门弄堂，是社会主义青年团中央机关所在地。上海外国语学社的负责人杨明斋在这里办了华俄通讯社。杨明斋和青年团负责人俞秀松在楼上办公。刘少奇和其他人住在楼上东厢房学员集体宿舍。

在上海外国语学社，刘少奇学习了俄文和马克思列宁主义的基本知识。他也阅读了《新青年》等进步报刊，同时参加社会主义青年团的一些社会活动。

与刘少奇同期学习的，还有任弼时、萧劲光、罗亦农等。他们当时都是20岁左右的小伙子，精力旺盛，工作学习积极性很高。他们一般上午上课，主要学俄文和马克思列宁主义基本知识。杨明斋和共产国际代表魏金斯基的夫人库兹涅佐娃亲自教俄文。复旦大学教授陈望道这时刚把《共产党宣言》译成中文在中国出版，他也曾来学社讲过这本书。学员们常常在下午参加一些社会活动，如刻钢板、印传单、下工厂搞宣传，有时还打工。遇到纪念日，他们就和工人、市民一道上街游行。他们总是在队伍前面带头举旗喊口号。

1921年4月初，刚刚满23岁的刘少奇由上海外国语学社负责人杨明斋介绍，与罗亦农、任弼时、萧劲光等十几人从上海出发，经日本长崎、苏俄海参崴（今符拉迪沃斯托克）、伯力（今哈巴罗夫斯克）、海兰泡（今布拉戈维申斯克）、赤塔、伊尔库茨克，于7月9日到达莫斯科。8月3日，进入莫斯科东方劳动者共产主义大学（简称东方大学）学习，被编入中国班。

东方大学是苏联于1921年2月成立，它是在民族事务人民委员部下设的东方训练班基础上筹建的。东方大学起初属苏俄教育人民委员部领导，后转由俄共（布）中央直接领导，招生对象是苏联远东各少数民族和亚洲各国的革命青年。按民族语言分成若干班，专门为苏俄东部和东方各国培养政治干部。斯大林担任名誉校长。主要学习内容是：《共产党宣言》、《国际工人运动史》、《共产主义 ABc》、《政治经济学》等课程。

东方大学第一届中国班的学员是：罗亦农、刘少奇、任弼时、王一飞、萧劲光、彭述之、任作民、俞秀松、柯庆施、胡士廉、许之桢、汪寿华、卜士奇、任岳、陈为人、谢文锦、曹靖华、蒋光慈、韦素园、吴芳、周昭秋、韩慕涛、傅大庆、廖化平、韩平的、李宗武、吴保尊等三四十人。瞿秋白担

第一章 英雄少年

任他们的辅导员兼翻译。当时，苏俄的经济十分困难，粮食供应不足，生活用品极为匮乏，学习生活非常艰苦。萧劲光后来在《忆早期赴苏学习时的少奇同志》一文中说："我们这些外国学生都享受红军的待遇……红军的待遇每天也只有一块像两个手掌合起来那么大的黑面包和几个土豆。早上切下一块面包，中午就不敢切了，否则晚上就没有吃的了。中午吃饭时有一个汤，是海草、土豆煮的，有时放一点咸鱼。开饭时一人一勺，一勺下去有什么算什么，基本上是清汤，有时碰到一点稠的，算是很幸运了。那时真是饿得难受。我们的课堂在四层楼上，我们都是十七八岁的小伙子，本来上个四楼算不了什么，可是那个时候上四层楼真困难啊，一步一步地慢慢往上挪，中间还得休息几次，一次是走不到顶的。有时肚子饿得实在不是味道，就躺在铺上等饭吃。越等越饿……晚上睡觉时，一个挨着一个，大家挤在一起取暖，只盖一件军大衣和毯子。"

东方大学学员中有少数人受不了这种艰苦生活，情绪消沉起来，想打退堂鼓，有的提出退学，但刘少奇等大部分学员始终意志坚定，心情开朗，精神乐观，把困难的环境作为锻炼自己的极好机会。1922年新年晚会上，一向深沉文静、从没有演过戏的刘少奇，同萧劲光等一起上台，为大家表演了节目。

后来，刘少奇曾多次谈起这段经历。1960年出访苏联时，他在莫斯科群众大会上深情地说："为了学习十月革命的经验，1921年春，我和其他几十个青年团员，第一次来到你们的国家。我们从上海到海参崴，经过赤塔到达莫斯科。那时候，海参崴还被日本军队占领着，远东共和国也还没有进行社会主义改革。从海参崴到莫斯科走了3个月，火车时开时停。当时火车是烧木柴的，有时候还要乘客从山里去搬运木柴，火车才能继续行走。当时你们国家处在革命后最困难的时期，我们看到了并且亲身经历了这些困难。我们当中有部分人对于社会主义的信心发生了动摇，但是我们另一部分人对于社会主义的信心却因此而更加坚定了。"

不久，刘少奇、任弼时、萧劲光等中国青年幸运地参加了共产国际第三次代表大会。当时，会议在莫斯科克里姆林宫的大礼堂里隆重举行，世界无产阶级革命导师列宁出席了会议，并担任大会的名誉主席，向大会作了关于策略问题的报告。出席会议的中国代表张太雷还专门看望了他们。会议期间，刘少奇等人是大会的编外人员，帮助做些会务工作。每逢开大会，他们都去旁听会议报告。刘少奇看到主席台上的列宁和共产国际的其他领导人，心情十分激动。在国内，这些领导人的大名已经如雷贯耳，现在又能亲眼见到他们，并聆听他们的报告，确实是一件十分有意义的事。

1921年7月，中国共产党宣告成立，这是开天辟地的大事情。刘少奇闻讯后，便四处打听怎样可以做一个共产党员，怎样能够加入共产党。他一再找政治教导员询问加入中国共产党的手续。1921年冬天，刘少奇与罗亦农、彭述之、卜士奇、吴芳等终于由团员转为党员，并在莫斯科组成了中国共产党的第一个旅莫支部，加入东方大学总支部。刘少奇任支部委员。

加入中国共产党，是刘少奇一生中的最大夙愿。从此以后，他把无产阶级革命和共产主义事业作为自己终生的奋斗目标，无论在任何艰难困苦的情况下，他始终殚精竭虑、义无反顾地英勇奋斗着，直到生命的终止。

后来，刘少奇回忆赴苏学习时说："当时我们学的不多，倒是我自己的革命人生观确定了。组织上的一些东西：讲纪律，分配工作不讲价钱，互相批评，一切服从党，这些东西在我脑子里种得很深。"

1922年1月17日，毕业前夕，刘少奇在填写《团员调查表》时，在"对于现在社会做何感想"栏目中写道："资本主义已不能统治全世界了，社会主义的社会组织必将由人类的努力开始实现，我们处在这时代的人，应把无穷的希望，促进这段历史。"在"对本团意见"栏目中，他写道：要"注意训练，提高团员对团体的责任心，要使团体是对外发展的行动。这些训练必须建筑在军事上，方能成为革命的团体。但办法须由当时环境定夺。"对"今后希望从事何种工作"的问题，他填写了"工人运动、青年运动"。

第二章

 工 运 领 袖

刘少奇同志是我们党领导的工人运动的著名领袖和主要领导者,是党的正确路线在白区工作中的杰出代表。建党初期和大革命时期,他参与领导安源工人运动、五卅运动、省港大罢工、武汉工人夺回英租界的斗争。

一、在安源路矿工人大罢工中

1922年春,刘少奇奉命从苏俄回国后,到上海参加中国劳动组合书记部的工作。

中国劳动组合书记部是中国共产党成立后,中共中央于1921年8月11日专门在上海成立的领导全国工人运动的总机关。其主要任务就是:贯彻党的一大提出的党在当前的中心任务是组织工人阶级,领导工人运动。当时,张国焘担任主任。劳动组合书记部出版了指导工人运动的刊物《劳动周刊》,发表了《中国劳动组合书记部宣言》。所谓劳动组合书记部,相当于总工会的书记处。当时共产主义的书籍刚传到中国不久,翻译家们对于许多新名词不晓得翻译成什么好,于是把工会译成了劳动组合,这还是从日文中转译过来的。

中国劳动组合书记部旧址

第二章 工运领袖

中国的工人阶级是中国先进生产力的代表，中国特殊的半殖民地半封建社会环境决定了它在中国的各阶级中是最具反抗精神、最富战斗力的。从诞生之日起，它就对资本家的残酷剥削和压迫展开了不屈不挠的斗争。从1840年鸦片战争开始，外国资本主义入侵中国，中国逐步沦为半殖民地半封建的社会。外国资本首先在沿海城市上海、广州、厦门、福州、天津等地开办了造船厂、轮船公司、缫丝厂、砖茶厂、印刷厂等。在这些外资企业中，诞生了中国第一批产业工人，其中主要是海员和航运工。

刘少奇后来回忆说："中国共产党当时不知道有'工会'这个名称，遂从日语中借译了'劳动组合'一词，为最早的领导工人运动的机关取了这么一个名字。劳动组合书记部的最初领导人是张国焘（当时叫张特立，1938年4月叛变投靠国民党，后移居香港、加拿大，1979年冬在加拿大的多伦多市的孤老院里病冻而死），总部先后设在上海和北京。在上海、北京、武汉、长沙、广州等地设立分部。中国共产党初创时，其党员大部分是学生和知识分子，工人出身的很少，据说只有项英等人是真正工人出身的党员。"

在劳动组织书记部工作时，刘少奇就表现出了思想敏锐、年轻有为、富有组织能力的胆识和才干。

1922年夏，刘少奇奉调回湖南，在毛泽东为书记的中共湘区委员会领导下参加领导工人运动的革命斗争。

当时毛泽东也在长沙积极组织发动工人运动。1922年9月初，毛泽东领导成立了长沙泥木工人工会。刘少奇和李立三参加了成立大会。毛泽东和杨开慧那时住在长沙的清水塘。刘少奇在这次工会成立大会后曾受毛泽东之约赴清水塘与毛泽东作了一次长谈，世人称之为"毛、刘订交之始"。毛泽东根据此前他对安源工人状况的调查，从安源工人的痛苦生活，谈到安源工人迫切渴望解放的心情，从对工人进行思想启蒙教育，谈到组织工人革命团体、依靠安源的党组织开展工人运动，根据安源工人罢工的条件，提出了"哀兵必胜"的罢工策略。可以说，毛泽东是刘少奇从事工人运动的引路人。

17

这次会面后，刘少奇受中共湘区委员会及其书记毛泽东的派遣，于9月11日去安源，同李立三一起领导了著名的安源路矿工人大罢工。

安源煤矿位于江西省西部萍乡县境内，邻近湖南，是19世纪末清朝的洋务派首领、湖广总督张之洞和招商局督办盛宣怀创办的，也是当时中国南方最大的产煤基地之一，有职工13000多人。株洲到萍乡的铁路也经过这里，煤矿工人和铁路工人（1000多人）汇集在一起。由于残酷的经济剥削和政治压迫，路矿工人过着极其悲惨的生活。仅就安源煤矿工人来说，大部分实行的是计日工资制，井下采煤工每人每日工资是57枚铜圆，但经包工头克扣后实际只得27枚左右。工头还通过歇工扣伙食、误事罚工资等手段盘剥工人。井下矿工实行两班倒工作制，每天在井下工作12小时以上。工人的吃住条件都十分恶劣，每间20平方米的工棚内要住40—50人，平均每人不足0.5平方米；吃的东西粗陋无比，洗澡池脏得像泥沟。煤矿上的安全设备极差，倒塌、穿水、起火、瓦斯爆炸等事故司空见惯。据统计，安源煤矿创办后20年，每产1万吨煤，就有4—5个工人死亡，而死亡1个工人，矿山资本家只给16块银圆的安葬费。当时一匹马的价格是60银圆，所以矿井发生事故，常出现救马忙于救人的惨无人道的现象。刘少奇后来回忆起安源煤矿工人的生活时，曾无限感慨地说：人活在世上，过这样的日子，真是连做奴隶、当牛马都不如！

毛泽东说过：哪里有压迫，哪里就有反抗。压迫愈深，反抗愈烈。因此，中共湘区委员会把这里作为开展工人运动的重点。1921年冬，毛泽东曾亲自到这里进行调查，随后又派李立三（这时刚从法国勤工俭学回来，原名李隆郅，由于和"能至"二字谐音，而"能至"二字又比较好认，所以李立三在安源通行的名字是李能至）前去开展工作。为了取得合法身份，毛泽东通过关系，请湖南省平民教育促进会为李立三开了一封给萍乡县知事的公函。李立三带上这封公函并起草了一份呈文给萍乡县知事，要求在安源开办平民教育学校，很快得到萍乡县政府的批准。李立三在安源挂上平民小学的牌子，

第二章 工运领袖

白天给工人子弟上课，晚上给工人办补习夜校。据有人回忆，李立三在安源给工人上课时，由于绝大多数工人不识字而无法对他们进行社会主义理论教育，只好像幼儿园教师启蒙学龄前儿童那样，从教工人们认识"工人"两个字入手，启发工人的阶级觉悟。李立三说，"工"字和"人"字加在一起就是"天"字，可见我们工人阶级应是天下的主人。毛泽东在同这里的工人谈话时，曾用脚踢了踢地上的沙子，告诉工人们，如果我们一盘散沙，就会任人践踏欺压；但是如果我们大家团结起来，碎小的沙子就会形成坚硬的大石头，资本家就不敢欺压我们，我们愤怒了还能把资本家压死。当时，工人们都尊称毛泽东、李立三这样的知识分子为"先生"。李立三在教工人认识先生的"生"字时，先教工人认识"牛"字，然后又在"牛"字下边画一横，风趣地对工人们说："先生就是牛坐板凳，那些高高在上脱离实际的先生并不高明。"工人们听了哈哈大笑，点头称是。李立三又告诉工人们说，你们以后不要叫我先生，就叫我李隆郅吧。以后工人们就亲切地称他为老李或李能至。

这几个故事一方面反映了毛泽东和李立三的实事求是、因材施教的工作方法，另一方面也反映了当时中国工人阶级的文化水平的低下。

李立三通过在安源举办工人夜校，逐渐发现团结了一批工人积极分子。1922年的五一劳动节，正式成立了安源路矿工人俱乐部（李立三任主任），并在这里建立了中共党支部和社会主义青年团支部。支部工人很快发展到700多人。安源路矿工人俱乐部的成立，在国内影响很大，当时的许多报刊都报道了这个消息。同时也引起了中共中央的高度重视，1922年6月30日陈独秀在给共产国际的报告中，就把组织萍乡路矿工人俱乐部作为长沙的中共党组织开展劳工运动的成绩之一。

1922年9月11日，正当安源路矿工人酝酿罢工时，刘少奇来到了这里。他和李立三经过紧张周密的策划和组织准备，成功地发动了这次震动全国的大罢工。

9月上旬，长沙泥木工人工会成立大会后，毛泽东第四次来到安源了解罢工准备情况,制定了"哀兵必胜"的罢工斗争策略,要求李立三、刘少奇、蒋先云、朱少连等人,提出的罢工口号一定要"哀而动人"。李立三和刘少奇成功地贯彻了毛泽东的这一策略。

首先,他们于9月11日向安源路矿当局提出了"请于七日内将从前积欠工人存饷一律发清"等能充分代表工人利益,也最能引起工人响应的三项条件,限路矿当局于9月12日午前给予圆满答复,否则工人就要作"最后之对付"。由于路矿当局两次答复都吞吞吐吐,拖延应付,李立三和刘少奇领导工人俱乐部于9月13日作出了路矿工人总罢工的决定,并成立了罢工总指挥部,推举李立三为总指挥,刘少奇为与路矿当局谈判的全权代表。他们先后紧急召开党支部会议、工人代表会议和工人群众大会,研究布置罢工的各项具体工作,要求各处工人齐心协力,维持好罢工中的秩序,一切行动听从指挥部的指挥。

其次,他们提出了"从前是牛马,现在要做人"的罢工口号,起草了笔调言辞十分凄婉感人的罢工宣言。其中说:

"各界的父老兄弟姊妹们呵!请你们看我们的工作何等的苦呵!我们的工钱何等的少呵!我们所受的压迫已经到了极点,所以我们要'改良待遇'、'增加工资'、'组织团体——俱乐部'。

"现在我们的团体被人造谣破坏,我们的工钱被当局积欠不发,我们已再三向当局要求,迄今没有圆满答复,社会上简直没有我们说话的地方呵!

"我们要活命!我们要饭吃!现在我们饿着了!我们的命要不成了!我们于死中求活,迫不得已以罢工为最后的手段!……

"我们要求的条件是极其正当的,我们死也要达到目的。我们不做工,不过是死!我们照从前一样做工,做人家的牛马,比死还要痛苦些,我们誓以死来对待,大家严守秩序,坚持到底!

"各界的父老兄弟姊妹们呵!我们罢工是受压迫太重,完全出于自动,与政治军事问题不发生关系的呵!请你们一致援助!我们两万多人饿着肚子在

第二章 工运领袖

这里等着呵!"

紧接着,李立三、刘少奇等人又向路矿当局提出了以改善工人的政治经济地位、缩短工时、增加工资为核心内容的17项复工条件。其中包括:俱乐部改为工会,路矿两局承认工会有代表工人向路矿两局交涉之权;以后路矿两局开除工人,须经工会同意;以后工人例假、病假、婚丧假,路矿两局照发工资;路矿两局从前积欠工人存饷,一律发给;工人因公殒命者,路矿两局须给以天字号棺木并工资三年,一次发给;以后路矿两局职员工头不得殴打工人;全体窿工(即井下矿工)须加工资五成;路矿工人每日工资在4角以下者,须增加一角等等。

9月14日凌晨,各处汽笛一起长鸣,发出罢工信号,除关系今矿安全和生活的发电厂、锅炉房、抽水机和打风机房等几处仍照常工作外,整个安源煤矿和萍乡铁路同时陷于瘫痪。

罢工开始后,路矿当局一面悬赏600块大洋,密派杀手行刺李立三(因工人的严密保护,未能得手);一面请江西镇守使将安源路矿划成特别戒严区,从南昌等地调集大批军队实行戒严,企图镇压这次罢工。当时,李立三由于受到敌人的暗杀威胁而不能经常公开出面活动,刘少奇便担任俱乐部的全权代表,负责前台指挥,与各方面联系谈判。为了防备敌人的破坏和镇压,指挥部采取了一系列应变措施:他们把罢工工人组织起来,成立了工人监察队和侦察队,确定了各工作处的联络员,严密监视敌人,保证信息畅通,维护罢工纪律和社会秩序,没有俱乐部通行证任何人不得在矿区通行;他们处理好文件,做好了万一遭镇压时的转移准备;他们注意利用合法形式和敌人内部的矛盾,争取到了在安源地区势力很大的红帮会的支持和合作;他们注意保护各界民众的日常生活,取得了当地社会各方面的同情;为了取得全国工人的声援,刘少奇等人还将罢工宣言向全国广泛散发。这些措施的实施,最大限度地孤立了这次罢工斗争的对象——铁路和煤矿两局的资本家,保证了罢工斗争的顺利进行,使得"这次罢工秩序之好,初非意料所及。此时俱乐部命令之严，远过军令"。当路矿当局同意谈判后，刘少奇作为工人谈判代表，曾只身前往敌人的戒严司令部，在敌人威胁要把他"就地正法"时，他毫不畏惧，当敌人玩弄先复工后谈判的伎俩时，他严词拒绝，坚持工人提出的复工条件。当谈判陷于僵局时，刘少奇等人起草发表了言辞更为"哀而动人"的第二次罢工宣言，进一步赢得了工人和社会各界的同情和支持。数千名工人还把谈判地点围得水泄不通，人头汹涌，振臂如林，吼声如雷，惊天动地。工人声言，谁若胆敢动刘代表一根毫毛，就让路矿化为灰烬。这充分显示了工人阶级团结战斗的精神。刘少奇在谈判中表现出的大智大勇，也赢得了工人的由衷敬佩。经过3天的唇枪舌剑，终于在罢工的第四天，迫使资本家与俱乐部签订了13条协定，工人提出的要求几乎全部实现。在敌人重兵把守的矿区，领导1万多工人罢工，没有造成一个工人伤亡，而且取得了最后胜利，这在中国早期工人运动史上是极其罕见的范例。

安源路矿工人大罢工震动了全国。中共中央劳动组合书记部和全国各地的许多工人团体纷纷来电来函表示声援。湖南、上海、北京、广州等地的《大公报》、《晨报》、《申报》、《民国日报》、《时事新报》、《通俗日报》等报纸都连篇报道了这次罢工的消息。有些报纸所发的评论，对这次大罢工称颂备至。

二、任职全国总工会副委员长

1925年春，刘少奇告别战斗了两年多的安源路矿工人俱乐部，在安源工友们的依依惜别中，离开安源前往广州。

广州，是当时革命运动的中心。1925年3月20日，中华海员工业联合总会、全国铁路总工会、汉冶萍总工会、广州工人代表会联合发起，在广州召

第二章 工运领袖

开第二次全国劳动大会。开幕的时间定在 5 月 1 日。

第一次全国劳动大会是 1922 年 5 月举行的。那次会议没有成立全国总工会，只决定以中国劳动组合书记部为全国工人组织的总通讯机关。时隔三年，情况发生了很大的变化，迫切需要正式成立中华全国总工会。所以，第二次全国劳动大会担负着重要的历史使命，要讨论的议案也特别多。

时间已经很紧。刘少奇一到广州，就投入紧张的筹备工作。这次大会要讨论通过 30 多个文件。其中的《中华全国总工会章程》、《工人阶级与政治斗争决议案》、《经济斗争决议案》等大部分文件，都是刘少奇在短短一个多月的时间里亲自起草和主持起草的。

第二次全国劳动大会从 5 月 1 日开到 5 月 9 日。大会在通过了一系列的决议之后，宣布正式成立中华全国总工会。它代表 166 个工会，共拥有有组织的工人 54 万，真是一次工人力量的大检阅！

大会选举林伟民、刘少奇、苏兆征、邓中夏等 25 人为首届中华全国总工会执行委员。在第一次执委会议上，林伟民当选为委员长，刘少奇、邓培、郑泽生当选为副委员长。这时，刘少奇还不到 27 岁。

就在第二次全国劳动大会召开期间，在中国最大的工业城市上海，连续爆发了多次罢工斗争。在上海的中共中央因势利导，决定派已在上海的共产党员李立三、刘华等筹备成立上海总工会。在广州的全国总工会也闻风而动，立即委托副委员长刘少奇赶赴上海，建立中华全国总工会上海办事处。

刘少奇于 5 月下旬匆匆到达上海。刚刚开始工作，中共中央又要他马上赶去青岛。因为青岛四方机厂 4 月底爆发的 15000 多工人大罢工，已经到了关键时刻，急需加强领导。

刘少奇马不停蹄奔赴青岛。他刚着手采取措施巩固罢工成果，忽又接到中共中央急电，要他火速返回上海。此时上海的情况更加紧急，一场大规模的工人反帝斗争已呈山雨欲来风满楼之势！

三、领导五卅运动

1925年5月30日,上海4000多工人和学生走上街头,为抗议帝国主义屠杀工人的暴行举行游行示威。当示威游行的队伍行至老闸捕房前时,遭到英帝国主义军警的镇压,当场被打死13人,重伤数十人。英日等帝国主义肆意枪杀无辜中国同胞的暴行,激起了中国人民的无比义愤,一场大规模的以上海为中心的反帝运动爆发了,这就是震惊中外的五卅运动。

当晚中共中央召开紧急会议,决定发动全市罢工、罢课、罢市,一致反击帝国主义。中共中央除陈独秀、瞿秋白、蔡和森等亲自领导运动外,又先后紧急抽调共产党人李立三、刘华、刘少奇等加强第一线指挥。6月1日,上海总工会公开成立,李立三任委员长。

刘少奇从青岛赶回上海已是6月初,全市大罢工已经开始。他一到,便受命担任上海总工会总务主任,掌管总工会文牍、庶务等几个部门的工作。这一职务相当于后来的秘书长,实际上是负责总工会的日常工作。这时以总工会为首的上海工商学联合会已经成立,李立三作为总工会的代表参加联合会的领导,协调工、商、学各界的行动。上海总工会的具体领导工作便由刘少奇承担了。

进入6月,上海人民反对帝国主义的斗争一浪高过一浪,长期压抑在中国人民心底的对帝国主义的千仇万恨一齐迸发出来。刘少奇叙述当时的情况说:"五卅以后,上海所有工厂,英国的、日本的,统统都起来罢工了,一共罢工了25万人。不但是工人,连工程师、洋行银行的职员、领事馆内的雇工,也都罢了工。这便是所谓五卅后的上海总罢工。后来不但商人罢市,学生也罢了课,商人和学生一致跑到各商会和总商会去请愿,要求总罢市。于

第二章 工运领袖

是召集了各店家、各学校的代表齐集总商会，向当时的总商会长虞洽卿提要求，结果上海统统罢工、罢市、罢课。同时，封锁租界，不许粮食及小菜到里边去。……运动自上海发生后，全国都响应，跟着起来罢工，如平津、广州、武汉等地工厂也罢了工，大中小学校也都罢了课，各地都发生工人、学生的游行示威。"

五卅运动游行示威现场

上海闸北宝山里2号门口，挂着一块簇新的牌子："上海总工会"。五卅运动以来，这里作为上海数十万罢工工人的指挥部，整天人来人往，电话铃声不断。负责日常工作的刘少奇，更是不分昼夜地忙碌着。

正当斗争的紧要关头，原来加入"三罢"同盟的上海总商会却发生了动摇。他们屈服于帝国主义的压力，6月20日单独宣布提前开市。

商人此举使罢工工人面临严峻考验。当天下午，上海总工会紧急召集代表大会，磋商对策。刘少奇主持会议，提出目前急需解决的三个问题要代表们讨论。他说："一、总商会议决将于6月26日开市，我工界应持何种态度；二、发放工友救济费应有良好秩序；三、工人罢工须有良好的组织，如无良好的组织，则一经外来压迫，即行涣散。现上海罢工工友达20万，因此我等应讨论如何使组织严密而坚固。"

代表们群情激愤，纷纷发表看法。会议最后议决：不管商界开市与否，工界决不依赖，要坚持罢工到底！对另外两个问题，代表们也提出了很好的建议，然而实行起来却很不容易，要做许多艰苦细致的工作。

发放罢工工人救济费就是一件琐碎而又极重要的事情。罢工后，工人失去了工资。总工会为解决工人生活困难，从全国各地争取捐款，"各处举行了援助上海工人罢工的大募捐，工人得到了一笔数目很大的钱，差不多有几千万。那时已是冯玉祥在北平把宣统皇帝赶出故宫之后，开放皇宫参观的票价收入，也拿出来捐给工人"。但如何将这些捐款合理地分配下去，有秩序地发放到几十万工人手中，困难相当大。刘少奇深知兹事体大，所以亲自抓这件事。当时上海的报纸还报道了他直接发放救济费的几个例子：

1925年6月20日《申报》载：6月19日，英美电车路工人因五卅惨案罢工后亟待救济，总工会刘少奇携款会同英美电车路工会总干事潘志亮、吴长年等在闸北新民路一段的空地上，发给路工补助费，计领款者1006名，每人1元。

1925年8月21日上海《民国日报》载：岳州路经纬纺织厂30多名女工找到总工会，反映这个厂的500余名工人，已有3个月未做工，急需救济。刘少奇接待来访女工后，一面向济安会交涉经费，一面派人前往纺织工会调查确切人数，以便分发。

刘少奇对上海工会组织的巩固、扩大也下了不少功夫。经过五卅运动的考验，加入上海总工会的各业工会和会员人数有了大幅度增加。同时，由刘少奇负责的中华全国总工会上海办事处也已筹备就绪，1925年7月6日在闸北宝通路顺泰里正式成立，承担指导北方及长江流域各地工会的任务。

进入1925年8月，上海工人的大罢工已经坚持了两个多月。中共中央根据敌我双方形势的变化，作出了改变斗争策略、有条件复工的指示。8月10日，李立三、刘少奇召集上海总工会会议，提出9条复工条件，并决定发表宣言向社会公告。

第二章 工运领袖

在这种情势下，反革命势力嚣张起来。8月22日晚，上海总工会住地突然闯进来100多名流氓打手，操着手枪、刀斧等凶器，见人就打，见东西就砸。正在总工会办公的李立三、刘少奇见状不妙，立即分手，乘着混乱跑了出来。他俩一面亲往当局报警，一面召集紧急会议商讨对策。为了表示工人阶级的不屈精神，刘少奇主持发出上海总工会《檄告全体工人》的文告，揭露反动派的暴行。文告号召："工友们，起来自卫吧！总工会职员是替全体工友谋利益的，决不怕死。打死一个还有十个，打死十个还有百个、千个、万个。"刘少奇、李立三都坚持照常到总工会办公。

形势越发严峻起来。反动当局下令封闭上海工商学联合会和几个行业工会，积极准备向总工会下手。前一阵子出面比较多的李立三、刘华等工会领导人，逐渐不便公开活动。面临着组织有条件复工的大量工作，刘少奇肩上的担子越来越重。

要组织几十万罢工工人在满足基本条件的前提下有秩序地上工，同样是一件艰巨复杂的事情。

刘少奇决定分批解决复工问题。日商工厂复工谈判开始较早，条件相对成熟，因而作为第一批相继复工。接着，从8月底到9月上旬，刘少奇又领导总工会组织华商工厂复工。

8月29日上午，刘少奇主持华商纱厂工人代表开会。他耐心向工人们解释说："开工以前，必须向厂主提出一些要求，否则厂主将会有不利于工人及工会积极分子的举动，但是所提要求应当能够做得到，与其提出厉害的条件不得解决，不如先提较小的条件，以得胜利。"当天下午，他主持华商纱厂工人代表会，议决了六项复工条件。

之后几天，在刘少奇的带领下，工人代表同工厂当局进行了多次谈判。经过反复斗争，六项条件中除补发罢工期间工资由6元减为2元外，其余条件都得到满足。9月10日，华商工厂也顺利复工。

英商工厂的英国资本家最顽固，刘少奇和总工会把他们放在最后一批解决。工人们在工会的领导下，继续保持着旺盛的士气，坚持厂方不答应条件就不复工。

但是形势也越来越恶劣了。帝国主义、反动军阀、买办资本家、流氓工贼沆瀣一气，正磨刀霍霍向总工会扑来。

9月18日，敌人终于露出凶相。奉系军阀的北京政府向上海当局下达镇压密电。傍晚时分，淞沪戒严司令部、淞沪警察厅出动军警，悍然将上海总工会强行封闭，当场逮捕刘贯之、杨剑虹等工会骨干，下令通缉李立三、刘少奇等工会领导人，并限令上海总工会所属的120多个分会即日自行取消。

刘少奇对此早有思想准备。他一面带领总工会向北京政府、广州国民政府和各传媒单位发出紧急通电，一面抓紧处理各种善后事务。斗争环境恶劣，要办的事又是那样多，他不得不拖着虚弱的身体终日奔波。9月25日，他又一次召集秘密会议研究抗议办法和应变措施。月底，经过坚持斗争，英商工厂的资本家也答应了工人提出的条件，工人们有秩序地复工。

五卅运动以来，在中国共产党的领导下，上海总工会组织上海20多万工人坚持罢工达3个月。这场气势磅礴的运动席卷全中国，给了帝国主义和军阀势力一次沉重的打击，掀起了中国新民主主义革命时期第一次大革命的高潮。

四、长沙蒙难

轰轰烈烈的上海五卅运动结束了。刘少奇却因操劳过度肺病发作，病倒了。1925年10月16日《上海总工会三日刊》发表一篇题为《刘少奇的奋斗》的文章，记述了他的情况：本会总务科正主任刘少奇，在本会未被封以前，早就患重病在身，但因工人利益要紧，宁肯牺牲个人，抱病工作。自本

第二章 工运领袖

会被封后,因工作过劳,病势更重,而刘少奇不仅不因病辞工,更日夜不休息片刻,检阅各种稿件,亲往工人群众家中接洽各种事件。昨日刘君与某工友云:"如果真正为工友奋斗,替工人谋利益的人,并不在平日工人组织公开的时候看他工作如何,而在最紧急的时候,看他努力不努力以为断。"而某工友异常钦佩刘君奋斗的精神。

上海总工会查封后,工人运动暂告一段落,工会工作由公开转入秘密。这时刘少奇的身体情况也已无法坚持工作,党组织安排他回湖南治病和休养一段时间。1925年11月,刘少奇在妻子何葆贞的陪伴下离开上海,回湖南长沙。

从紧张的反帝反军阀前哨的上海来到熟悉的湖南家乡,刘少奇虽然顿时感到如释重负般轻松了许多,神经也有了暂时舒张的机会,但是他那敏锐的政治嗅觉和他肩负着的重任,仍使他首先想到的是党的工作。他一下火车便与湘区党组织取得了联系,湘区党委成员易礼容安排他在湘区党组织所属活动机关长沙文化书店住了下来。他与昔日的战友一一交谈,详细了解湖南党的活动和工会活动的情况,又走访了自己过去熟悉的几位同乡故旧,了解湖南军阀赵恒惕所统治下的湖南政治、军事和经济等各种情况。

长沙文化书店位于长沙城北贡院西街,与著名的湘雅医院相距不远。刘少奇住在文化书店后楼,白天有时去医院看病,或找人调查了解情况,晚上在书店看书写作或者与党的负责人研究商量工作。这样,他一边服药治病,一边仍不停地为党的工作忙碌着。何葆珍一方面照顾刘少奇,一方面由于惦记着送到乡下抚养的儿子允斌,抽空回到宁乡炭子冲去看了一次允斌,不久就将小允斌接到了长沙。刘少奇见到离别一年的小允斌已能蹒跚走路了,也会乖乖地叫"爸爸"、"妈妈"了,心里非常高兴,亲人团聚一起,沉浸在难得的小家庭欢乐之中。

刘少奇在长沙经过近一个月的治疗和休养,身体渐渐有了好转。当他正准备返回上海的时候,不料难以预测的事情发生了。12月16日中午,刘少奇从外面办完事刚刚回到文化书店，就有几个便衣打扮的赵恒惕军阀政府的卫兵尾随进门，不由分说地将他逮捕，带到了长沙戒严司令部关押起来。

这一逮捕行动，是湖南省省长、反动军阀赵恒惕一手策划的。原来，赵恒惕得到刘少奇回到长沙活动的密报后，便十分惊恐。一年多以前，刘少奇在安源工人中的威望和他在全国工人运动中的影响，赵恒惕是非常清楚的，他生怕这位著名工人领袖的到来将给湖南引发一场新的群众性的反帝反军阀的怒潮。刚刚过去的震惊中外的五卅风暴和长沙及湖南各地数十万工人、学生、市民参加的声援上海工人的正义斗争和抗议英日帝国主义暴行的示威游行运动，尤使赵恒惕感到心有余悸。五卅风暴结束以后，最近长沙和湖南其他各地又连续发生了新的工农革命运动和学生运动，而且，这些革命的烈火已经直接烧到他自己的身上来了。10月，安源工人俱乐部主任黄静原被江西军阀枪杀的惨案发生后，长沙、株洲、醴陵、衡阳等地数万人相继举行追悼大会和盛大的游行示威活动。11月，长沙爆发数万名学生在教育会坪和省政府前抗议赵恒惕逮捕和开除长郡、兑泽两中学进步学生的游行请愿学潮。这些日盛一日的针对赵恒惕反动政策的群众运动，更使赵恒惕如坐针毡，惶惶不可终日。在这种情况下，刘少奇来到长沙，怎能不使赵恒惕感到十分惊恐和害怕呢？因此，他得到密报后，立即派侦探四处盯梢和搜寻，终于弄清了刘少奇的行踪和落脚点。赵恒惕命令他手下的军法处将刘少奇逮捕起来。

逮捕刘少奇后，赵恒惕亲自布置军法处秘密审问。刘少奇对赵恒惕在湖南的倒行逆施是很清楚的，他被带到省军阀政府的军法处，面对审问者，他大义凛然，愤怒地质问："赵恒惕为什么要无缘无故抓人？"审问者无言以对。接着军法处根据赵恒惕

赵恒惕

第二章　工运领袖

的指令，将刘少奇转到陆军监狱单独关押。

事情发生后，湖南省的党组织立即展开了营救行动。中华全国总工会、全国各界地方工会、全国各级的农民协会以及各界进步人士谴责赵恒惕的电报像雪片似的飞向长沙。著名的省港罢工委员会给赵恒惕的抗议电中愤激地指出："中华全国总工会副委员长刘少奇同志，自五卅惨案发生以来，本其爱国热忱，四处运动罢工，揭露帝国主义者之侵略政策，藉以唤醒国人之觉悟，起来反抗帝国主义者之压迫，奔走数月，积劳成疾，近返湖南养疴，竟被万恶军阀赵恒惕扣留……遽听之余，愤激欲绝。""深望各界同胞一致奋起，实力援助，敝会同仁愿为后盾，务须达到恢复刘少奇同志之自由的目的。"

这时，也正值第一次国共合作时期和北伐战争的前夜，中国国民党第二次全国代表大会正在广州召开，因为孙中山的联俄、联共、扶助农工的新三民主义政策已经深入人心，国民党的各界人士包括国民党显要人物汪精卫、谭延闿等为了表示对共产党的支持和友好，也纷纷发电报给赵恒惕，要求立即释放刘少奇。国民党第二次全国代表大会一致通过的给赵恒惕的电报说："据报载全国总工会副委员长、上海总工会总务主任刘少奇同志，因回湘养疴，突被先生饬戒严司令部捕去。查刘同志尽瘁国事，服务劳工，五卅运动勤劳卓著，正民众拥护之人，先生何遽加逮捕，兹经本大会一致议决，电请台端释放，特此电达，即希察照。"此外，国民党的各地方党部也纷纷发电报声讨赵恒惕和营救刘少奇。赵恒惕有时一天接到的各地营救刘少奇的电报达40多份。

与此同时，刘少奇的夫人何葆珍和六哥刘云庭四处联系，八方求援，通过各种社会关系进行紧张的营救工作。

刘少奇被捕后，何葆珍焦急万分，她强抑自己悲愤的感情，十分沉着地面对眼前所发生的不幸。她一方面设法疏通与狱中的联系，送些衣被和吃的东西进去，安慰身陷囹圄的刘少奇；一方面派人将儿子允斌送回宁乡，请刘云庭等人速来长沙商量营救办法，自己则日夜不停地四处奔波，托亲拜友，八方求助。她不但三番五次地与中共党的组织以及中华全国总工会组织联系，积极地依靠和配合党和工会的组织进行营救工作，而且还千方百计通过上层关系渠道开展保释活动。她了解到自己在衡阳第三师范读书时教过她的课的欧鸣皋老师已经调到省政府教育厅内当了一名下级官员，于是她特意到欧老师家中拜访；她打听到何姓族上的一位远房表叔何维璞先生在长沙做事，是省内知名人士，于是她又几经周折，找到何先生住所，登门谒见。欧老师和何维璞先生对刘少奇为工农奋斗的事迹都略有所知，他们对刘少奇突遭赵恒惕逮捕也很感不平，也对何葆珍的处境深表同情，表示愿意出力帮助营救。欧鸣皋和何维璞都与当时担任省议会议长的欧阳振声很熟，而欧阳振声是中华民国建立以后的国会议员，是国内有名望的人物。他们两人一同晋见了欧阳振声先生，并联络了湖南省议会内的一部分议员，联合向赵恒惕上书请求保释刘少奇出狱。

刘少奇的六哥得讯赶来长沙后，与何葆珍紧密配合，立即开展了紧张的上层营救活动。

他首先拜访了当时担任湖南省禁烟局局长的同乡人洪赓扬，请他出面帮助营救。洪赓扬虽然受到当时统治者重用，是赵恒惕统治集团中的成员，但是他刚从日本留学回国不久，看到了国共合作开展以来国民革命的形势，受到革命影响，同时，他也没有忘记与刘少奇少年时同窗共读的同学情谊，立即表示愿意出力。洪赓扬曾对他的随从和秘书说："刘少奇是我的同乡同学，为人很好，学问也很好，我一定要保他出来。"他一方面派人到监狱打点关照，一方面立即送信给赵恒惕跟前的亲信和重要军事首领叶开鑫、贺耀祖等人，请他们出面参加保释。叶开鑫和贺耀祖都是宁乡人，叶早年入江南武备学堂，曾参加过辛亥革命攻打南京的战斗，自辛亥革命后，一直在湘军中担任要职，素以骁勇善战著称，在护国讨袁和护法战争中都立有战功。赵恒惕取代谭延闿在湖南得势后，叶开鑫便成为赵恒惕手下四个师长中最受信赖和器重的一个。贺耀祖青年时曾留学日本并加入同盟会，也参加过辛亥革命和

第二章 工运领袖

护法战争,和叶开鑫一样在湘军中担任要职多年,谭赵战争后为赵恒惕倚重,担任第四师师长。刘云庭在湘军中服役多年,与叶、贺两人都有过接触。洪赓扬因为掌管省内税收,与军界人物均有密切的关系,他尤其与叶开鑫之间有更为深厚的交往。洪从日本早稻田大学毕业回国不久,便担任了洪江厘金局长,当时大量的鸦片烟从云南、贵州两省流入内地,洪江厘金局是设在湘南的一个总关卡,所征收的鸦片税也就很为可观。这时,驻军邵阳的叶开鑫部队需要经常从洪赓扬的厘金局拨取军饷,洪赓扬的厘金局也需叶的部队进行保护。因此,两人既是同乡人,又在互相依靠中建立了很深的感情。据曾经当过洪赓扬的侍从的周维宾回忆,洪为了得到叶开鑫对保释刘少奇出狱的积极支持,特意打制了一席白银餐酒具,派周送到叶开鑫家里,又派周维宾日夜兼程回到宁乡洪家大屋老家,取了一幅乾隆御笔字画送给了叶开鑫。接着,由刘云庭和洪赓扬共同出面,分别在长沙天乐居和怡园酒家设宴招待省内参加营救刘少奇的军政界要人。叶开鑫、贺耀祖等人也出席了宴会。这时,叶、贺两人虽为直系军阀吴佩孚、赵恒惕所辖管,但是他们毕竟受过辛亥革命的熏陶,各有自己独立的主张,在国民革命兴起的形势下,他们虽然站在观望的立场,但是他们并不甘为北洋军阀效劳。他们看到共产党的势力如旭日东升,工农革命汹涌澎湃,也不能不对时局的发展趋势有所考虑。所以,他们在中国共产党组织的活动和洪赓扬、刘云庭等人的疏通关系以后,对营救劳工运动的领袖刘少奇这件事表示了积极支持和配合的态度。酒宴以后,以叶开鑫、贺耀祖为首,在向赵恒惕递交的保释书上一一签名盖章。

赵恒惕怀着对工农革命的惶恐的心情,悍然将刘少奇逮捕入狱,却想不到反而引火烧身,顿时使他遭到来自省内外各界进步力量的同声谴责和他自己亲信们的反对,陷入一种更加惶恐不安,而且进退两难、非常尴尬的处境。各种因素的变化,使他被迫重新考虑对这位全国著名的工运领袖的处置办法。一则,中国共产党所领导的正在全国蓬勃发展的各级工会和各级农民协会的势力不可低估,刘少奇作为全国的总工会副委员长在全国所享有的威望和全国亿万工农群众对他们的领袖的热忱拥护，以及对自己的倒行逆施的愤怒谴责使他不能不感到震慑和恐惧。二则，中国国民党领导的南方国民政府和国民革命军经过平定广东军阀叛乱后，已经逐渐巩固和壮大，国共两党合作共事，短短两年，工农革命锐不可当，势在统一全中国。因此，国民党人发出的一再要求他释放刘少奇的正义呼吁，尤其是自己的那位既是老上司，又是老对手的谭延闿也在帮共产党说话，便不能不认真、清醒地正视眼前的现实。三则，赵恒惕自己所控制的统治集团内部矛盾重重，他手下的四个师长，除叶、贺两人以外，其他两个师长唐生智、刘铏都对他不满，不听指挥，尤其是实力最强的第一师师长唐生智早已心怀叵测，随时有与广东国民政府联合将他赶出湖南的危险。因此，他不能太得罪国共两党联合的国民革命军，以图稳住唐生智。他觉得这时妥善对待共产党的这位工人领袖，也可能是给他向国共两党表示诚意的一次机会。四则，他悍然逮捕刘少奇的举动，不但遭到全国人民和各界人士的谴责，而且也遭到他自己统治集团内大多数人的不满和反对，尤其是他唯一所信赖和依靠的两个师长叶开鑫和贺耀祖以及省议会议长欧阳振声等都一齐站出来反对，更使他感到非常震惊。面对这四面楚歌的复杂局面，赵恒惕考虑再三，不得不决定将自己恨之入骨的共产党领袖人物予以释放。但既已公开将刘少奇逮捕，赵恒惕又如何有脸面将他释放了呢？这时候，叶开鑫、贺耀祖等人的联名取保，也正好给处于四面楚歌的复杂局面的赵恒惕摆脱尴尬的困境找到了一条出路。此后，一向狡猾的赵恒惕自己不再出面，索性做个顺水人情，将释放刘少奇出狱的事交给叶开鑫去处理。1926年1月26日，刘少奇在各方面的营救下，终于恢复了自由。为顾全面子，赵恒惕假惺惺地将一套四书五经托叶开鑫送给刘少奇。叶开鑫也因曾接受过洪赓扬和刘云庭的礼品，另一方面出于对时局发展的考虑，也拿出200元银洋，作为刘少奇出狱后离开湖南的旅费。当时的进步刊物《工人之路》在报道赵恒惕被迫释放刘少奇和赠给四书五经的这件事时，讽之为是"最滑稽"的事情。不过刘少奇并未理会赵恒惕的所谓"赠书"和叶开鑫所给的旅费，也在他出狱不久后即通过党组织如数寄还了。

刘少奇身陷囹圄1个多月，始终镇定自若、坚强不屈。52天狱中生活的考验，使他更加认清了国内军阀的狰狞面目，他们和帝国主义是狼狈为奸的，要反对帝国主义，必须首先反对国内军阀。他的革命意志更加坚定了。出狱以后，他看望了几位参加营救活动的亲友，即准备离开长沙重新投入党的革命工作。刘少奇出狱的消息传出后，他家里的所有亲人们1个多月来紧绷着的心弦这时才轻松下来。何葆珍则经过1个多月的焦急和劳碌，好似大病一场，这时才顿觉精神清爽、笑逐颜开了，她兴高采烈地将刘少奇恢复自由的这一喜讯遍告自己的亲友和熟人，党和工会组织的人们连连前来慰问，他们为刘少奇重获自由而高兴，也为党所取得的重大胜利而鼓舞。

刘少奇的母亲在家里天天着急担忧，如今得到喜讯，她无论如何也要见一见自己的儿子。在刘少奇兄长的陪伴下，母亲不顾劳累赶到了长沙，这时刘少奇正准备离开长沙。母亲见到多年革命在外的儿子，眼泪扑簌簌往外流。她跪在儿子跟前，要求儿子跟自己一起回家，无论如何也别出去干那种危险的工作了。刘少奇连忙躬身将母亲扶起，说："母亲，别的事情都可以依您，唯有这件事不能答应您，请您老人家放心地回去吧！"刘少奇告别母亲和兄长，毅然离开长沙，踏上了返回上海的旅程。

五、领导省港罢工

1926年2月19日，刘少奇奉中共中央指示来到广州。

原来，刘少奇夫妇到达上海不久，便接到中共中央的通知，因为全国总工会委员长林伟民病重，需要他去代理委员长职务。于是，他在上海稍事停顿后，即启程赶往广州。

3月3日,广州越秀南路93号的全国总工会机关内热闹非凡,能容纳1000多人的礼堂内座无虚席,中华全国总工会为欢迎刘少奇到达广州而举行隆重的欢迎大会。会上,全国总工会执行委员、宣传部长兼秘书长邓中夏,发表了热情洋溢的演讲。他说:"刘少奇同志是为工人阶级谋利益而被捕的。经过各方努力,各地方打电报,才迫使赵恒惕放他出来。刘少奇同志是我们工人阶级最奋发、最勇敢的一位战士……"

在热烈的掌声中,刘少奇也发表了讲话。他在对工友和各界人士的援救和欢迎表示感谢后,着重提出了当前省港大罢工中应注意的策略。刘少奇认为,解决省港罢工,一定要帝国主义来与我们工人订条约。要打破帝国主义的阴谋,我们内部应该团结得像铁一样,将来胜利一定是我们的。

刘少奇来到广州后,很快便承担起中华全国总工会代理委员长的职务,与邓中夏、苏兆征等人共同担负起筹备第三次全国劳动大会、领导全国工人运动和省港大罢工的重担。

省港罢工委员会旧址位于广州市越秀南东园横路1号。1962年7月旧址被公布为广东省文物保护单位。

1926年春天的广州,与军阀控制下的中国北方和长江中下游各省相比,

第二章 工运领袖

具有相当大的反差。这里,笼罩着浓厚的革命气氛:大街小巷的墙壁上,贴满了"打倒军阀"、"打倒帝国主义"的标语和传单;佩戴袖章、身着蓝色制服的工人纠察队员,雄赳赳地巡逻在马路上;工农群众和热情奔放的学生们,高唱着"打倒军阀"的歌曲,秩序井然地开展着游行、宣传和演讲活动。到处彩旗招展、花团锦簇,充满了勃勃生机。广东,这个中国南方濒海的省份,这个具有反帝光荣传统的地方,已经成为中国大革命高潮中的策源之地。

在这方美丽富饶的土地上,正在孕育着中国现代史上规模最大的反帝、反封建革命斗争的烈火。广东之所以成为第一次大革命运动的中心,主要来自两个方面的原因。一方面,国共两党联合后共同领导的国民革命军,经过了东征和南伐,打垮了广东军阀陈炯明,平定了滇桂军阀杨希闵、刘震寰的武装叛乱,使广东革命根据地得到进一步的巩固和发展。眼下,在苏联顾问团的指导和帮助下,粗具规模的国民革命军正在厉兵秣马,准备挥师北伐,彻底铲除帝国主义及封建军阀的势力。另一方面,在中国共产党的领导和国共合作的国民政府支持下,工农革命运动如暴风骤雨般迅猛地向前发展,有组织的工会和农会会员分别达到数十万人。尤其是自支持上海五卅运动而开展起来的省港大罢工运动,已经坚持了半年多,给帝国主义和外商资本家以沉重打击。在这种形势下,如何将这场汹涌澎湃的罢工斗争引向胜利,组织起浩浩荡荡的工农大军支援即将来临的北伐战争,便成为中国共产党和中华全国总工会的迫切任务。

到达广州这个革命的中心后,刘少奇不顾自己身体还未康复,迅速同苏兆征等人一起,投入到领导省港大罢工的斗争洪流中去。2月22日,即刘少奇刚刚到达广州的第三天,就发生了一件英帝国主义者企图破坏罢工的阴谋活动。

这一天,广东海关掌管税务的英国官员贝尔,以省港罢工工人纠察队扣留未经查验的货船为借口,擅自下令封闭海关,停止装卸货物,妄图阻断广州及整个华南对外贸易通道,以期达到扰乱中国内地经济秩序和败坏省港工人罢工声誉的目的。面对帝国主义分子的阴谋，刘少奇与邓中夏、苏兆征等工会领导经过研究，决定火速采取行动，发动广州各界群众投入反对封闭海关的斗争。2月25日，中华全国总工会和省港罢工委员会联合广州各商会，发出了《工商联合对粤海关税务司贝尔宣言》，揭露了这个帝国主义分子以小故封关，"妄图断绝我生命"的罪行。2月26日，在刘少奇等人的领导下，广州工农商学各界10余万人举行示威游行，声讨和抗议英帝国主义者无理封闭海关的行径。在愤怒的中国人民之强大威力面前，港英当局不得不于当天宣布重开海关。这场斗争的胜利，检验了初来乍到的年轻的代理委员长的经验、胆识和能力，使刘少奇在广大工人心目中的威信更高了。

在领导省港大罢工的工作中，刘少奇以极大的精力投入到促使工人阶级内部团结、统一的艰苦工作中去。针对当时广州、香港各工会之间存在的组织涣散、派系林立、各自为政、行动不统一等现象，他做了大量的工作。当时，广州和香港的工人运动，虽然发展很快，但是由于一些工会领导人对组织统一工会的重要性认识不足，同一地区同种工作性质的工友没有能组织在统一的工会里。香港的工会组织，大大小小就有100多个，广州的情况也差不多。这样的状况，不能不影响工人阶级作为一个完整的集体的战斗力发挥，使工人运动带有很大的盲目性。为了改变这种状态，促进各工会组织的联合，凝聚工人阶级的战斗力，统一广大工友们的意志和行动，刘少奇深入地调查研究了广州、香港两地工人运动的历史和现状，分析了出现各工会组织不统一的复杂原因，提出了促进工会联合的具体措施和相应办法。他不仅一次次地与各工会领导人谈话，宣传无产阶级的革命理论，阐述工人阶级团结斗争的重大意义，消除各行业工会间的门户之见和封建意识；而且经常主持召开各种工人座谈会，把革命的道理灌输到广大工人中去，倾听工友们的呼声，引导各行业工会的工人群众从本阶级的整体利益出发，加强团结，共同战斗。

在年轻的中华全国总工会代理委员长的启发、引导、教育和帮助下，广州、香港各行业的工人很快便行动起来。那种旧式的、封建式的工会纷纷解

第二章 工运领袖

体、统一的、隶属于中华全国总工会的各行业工会逐步建立：香港运输业工会联合会、香港金属业总工会、街市业工人联合会等相继成立。广州的各派系工会组织也按行业、系统归于统一。在各派系工会组织初步按产业组织系统实现统一的基础上，刘少奇又加紧领导组织香港和广州两地的地区工会领导机关。4月上旬，刘少奇出席了广州工人第一次代表大会。在会上，他代表中华全国总工会致辞，指出："你们以后的责任，是应该怎样整理自己的内部，巩固这个战线，延长这个战线于全中国全世界！"

4月15日，香港总工会宣布成立。香港总工会的成立，凝聚着刘少奇的大量心血。他亲自参加了香港总工会筹备委员会的第一次会议，对这个组织的每一个具体事宜一一过问。在成立大会上，刘少奇不辞劳苦，亲自出席，并作了《全国职工运动》的报告。4月下旬，在广州各界庆祝香港总工会成立的大会上，刘少奇代表中华全国总工会，将一面写着"革命前线大炮台"的光荣旗帜授予香港总工会。

广州、香港各工会组织的联合统一，壮大了反帝反封建的革命力量和声势，充分体现了工人阶级在革命斗争中的主力军作用。

在建立统一的香港、广州工人联合会的同时，刘少奇还担负了第三次全国劳动大会的筹备任务。他被推选为大会的临时主席兼秘书长，主持整个筹备工作。为了加强以工人阶级为首的反帝反封建联合战线，刘少奇、邓中夏代表全国总工会与广东省农民协会协商，决定第三次全国劳动大会和广东省第二次农民代表大会在广州同时举行，以壮声势。

1926年5月1日上午，第三次全国劳动大会和广东省第二次农民代表大会在广州同时举行，会址设在国民党中央党部大礼堂，参加开幕典礼的有正式代表及来宾2000余人。刘少奇主持了开幕式，邓中夏致开幕词，各界代表致祝词，全场气氛非常热烈。中午12时，全体参加会议代表来到东校场广场，与全市工、农、商、学各界群众一起参加了广州市纪念五一劳动节大会。参加大会的群众有30多万人，会场上人山人海、红旗林立、盛况空前。国民政府和全国总工会的负责人谭平山、陈公博、苏兆征等出席了大会。刘少奇代表中华全国总工会在大会上发表演讲，他要求全国工农民众联合起来，团结奋斗，努力巩固各界反帝反封建的联合战线；他号召全国工农商学兵各界联合起来，打倒帝国主义、军阀买办及反革命派，誓将国民革命进行到底。刘少奇参与策划和精心组织的工农两代表大会和三十万民众五一大集会，既是对工农运动的一次联合检阅，又是一次出师北伐前的民众誓师大会，它标志着轰轰烈烈的大革命达到了新的高潮。

在两会召开期间，国民政府主席谭延闿、谭平山等重要人物都应邀到会作了报告。刘少奇则作了《一年来中国职工运动的发展及其在国民革命中的地位》的报告。报告肯定了第二次全国劳动大会的成绩和意义，全面而系统地分析和总结了一年来中国工人运动的斗争实践和经验，指出了工人运动的斗争方针和策略。刘少奇的报告，深入浅出，宣传了党的路线和工农联盟思想，不仅有力地武装了与会的工人骨干，而且也有力地影响了第二次广东农民大会的农友。两会多次举行联席会议，通过工农大联合等决议，并共派代表前往广州国民政府吁请出师北伐。这就为即将到来的北伐战争，在工农阶级中做了思想准备。

此外，第三次全国劳动大会还通过了关于职工运动的总策略、组织问题及其运用的方法、经济斗争的最近目标及其步骤、罢工的战术、工农关系等一系列决议案，为工人阶级制定了明确的政治与经济的战斗纲领。这一份份为工人运动提供理论指导的文件，浸透着刘少奇的大量创造性思维劳动。

最后，大会选举了刘少奇、苏兆征、李立三、邓中夏、林伟民等34人为第二届中华全国总工会执行委员。在执行委员会第一次、第二次会议上，刘少奇、苏兆征、邓中夏、李立三等8人被选举为常务委员，苏兆征为委员长，刘少奇为秘书部长，李立三为组织部长，邓中夏为宣传部长。

第三次全国劳动大会之后，为了将广东革命根据地的战果扩大到全国，在中国共产党的号召和支持下，1926年7月，国民革命军开始出师北伐。刘

第二章 工运领袖

少奇和苏兆征、邓中夏等人一起领导省港罢工工人全力支持北伐战争。他们组织了3000多人的工人纠察队随军北上，担负运输、宣传、医疗等任务。同时，还派出大批得力干部在北伐革命军所到之地，开展轰轰烈烈的工农运动，将反帝反封建的烈火引向全国。在刘少奇、苏兆征等工会领导人的大力支持下，北伐革命军势如破竹，有力地推动了大革命的浪潮。

六、收回汉口英租界

在1926年7月开始的北伐战争中，国民革命军作战的对象主要有三个：即据守河南、湖北、湖南等省的直系军阀吴佩孚，占据江苏、浙江、安徽等省的浙系军阀孙传芳，盘踞山东、直隶、热河等地的奉系军阀张作霖。由于北伐革命深入人心，工农群众大力支援，使得国民革命军在敌强我弱的兵力对比之下，仍连战皆捷。

在北伐的主要战场——湖南、湖北方面，因为有广大工会组织的大力协助，使得国民革命军进展神速。1926年7月上旬，革命军攻占株洲、醴陵，长沙守敌闻风而逃。拥有几十万会员的湖南工团联合会组织工人维持城市秩序，收缴枪械，并发动全省工友为北伐军带路、送信、运输辎重。7月中旬，北伐军进入长沙。8月下旬，在工农民众的支援下，叶挺独立团攻占汀泗桥和贺胜桥，打开了通往武汉的大门。9月初，北伐军总攻武汉三镇。汉阳兵工厂的工人举行罢工响应，铁路工人组织破坏队，牵制敌军行动。经过激烈的战斗，北伐军于9月6日攻克汉阳，7日占领汉口。10月10日，革命军的旗帜飘扬在武昌城头。

夺取武汉，是北伐军主战场的一个重大胜利，随着这座具有光荣革命传统的城市的收复，它便成为继广州之后的国民革命的又一个中心。10月21

日，刘少奇受中共中央的委派，从广州到达武汉，担任中华全国总工会驻武汉办事处秘书长兼湖北省总工会秘书长。同时，他还与先期抵鄂的李立三一道，负责长江中游各省的工会指导任务。

到达新的战斗岗位后，刘少奇夫妇住在汉口友益街尚德里4号一栋两层楼房里，全国总工会和湖北省总工会的其他负责人李立三、项英也都住在这里。这一群中国工人运动的精英，齐聚号称"九省通衢"的武汉，准备凭借北伐战争的东风，在中华大地上兴起劳工运动的高潮。

10月下旬的武汉，高温酷暑的季节已去，凉风习习。刘少奇到鄂就任新的领导职务后，席不暇暖，立刻深入到工厂、矿区的工友们中间，调查工人们的劳动和生活状况，组织指导当地的工会组织建设。

在湖北应城矿区，刘少奇目睹了工人们受到的非人待遇。这里的工人，劳动强度极大，所得工钱都非常少，一天二十四小时不停地掘矿，还不能换得温饱。在矿洞的出口，他看到在矿洞里连续工作半月之久的矿工们，衣衫褴褛，面色青黄，头发足有两寸长，其境况实在凄惨。针对这种情况，作为工人阶级的代言人，刘少奇在汉口《民国日报》上撰文指出："我们中国工人在这种生活状况下，这种痛苦是帝国主义所给的。帝国主义勾结中国军阀，造成中国的内乱，并屠杀工人，资本家如此地加重工人的剥削。我们为谋改良我们的生活，为谋解除我们的痛苦，唯有向帝国主义进攻，唯有打倒帝国主义！"这些浅显而明白的道理，一针见血地揭露了帝国主义的反动本质。

在刘少奇等工会领袖们的发动下，武汉地区工人运动蓬勃兴起，斗争矛头直指帝国主义，一场中国工人阶级和帝国主义在华势力的交锋开始了。1926年11月26日，英帝国主义驻汉口领事带头寻衅，他纠集其他几个帝国主义国家驻汉口的外交官，就工会的反帝宣传向武汉国民政府提出"抗议"，要求马上取缔武汉的工人运动。帝国主义的蛮横无理态度，更加激起了武汉人民的愤怒。12月26日，武汉各界民众30余万人在汉口召开大会，强烈抗议英帝国主义支持奉系军阀和干涉中国内政的反动行径，要求武汉国民革命

第二章 工运领袖

政府立即收回英租界。广大人民的正义呼声和要求,打击了帝国主义列强的嚣张气焰,引起在汉口的帝国主义分子的极大恐慌。

1927年1月1日至3日,为了庆祝北伐战争的胜利和欢迎国民政府从广州迁往武汉,汉口、武昌和汉阳三镇人民连续三天举行盛大庆典。在这个举城欢庆的日子里,彩旗龙灯飘舞,锣鼓鞭炮齐鸣,人们载歌载舞,到处是演讲和游行的人群,武汉三镇沉浸在欢腾的喧闹之中。1月3日下午3时,当一批宣传队员来到汉口江汉关前与英租界相邻的空场上演讲时,英国当局竟然调动荷枪实弹的水兵登岸干涉,致使群众一人死亡,十余人受伤。

惨案发生后,全市震惊。当时,刘少奇正在主持召开湖北省总工会第一次代表大会。惊悉这一事件后,他迅速带领工人纠察队赶赴现场。这时,在江汉关惨案现场,人山人海,愤怒的群众高呼着"打倒帝国主义"、"严惩凶手"、"收回英租界"等口号,同时,瓦片、石块像雨点般掷向英军。亲临现场,刘少奇一面调查了解事件真相,并组织救护伤员;一面指挥工人群众开展了更大规模的抗议活动。工人纠察队员和愤怒的群众,冲进了租界内的巡捕房,向英国当局提出了强烈抗议。傍晚,原定的灯火游行以更大的规模进行,英租界处在武汉数十万工人和各界市民的包围之中。整个武汉三镇,成为抗议英帝国主义分子罪恶行径的海洋。

这一天的晚上,刘少奇回到湖北省总工会后,立刻同李立三等一起召集参加省总工会第一次代表大会的代表讨论对一三惨案的处理办法。会后,刘少奇主持连夜起草抗议通电。1月4日上午,湖北省总工会第一次代表大会《为反对英水兵惨杀同胞通电》被印成传单,在武汉市的大街小巷广为散发和张贴。同时,这份通电还通过传媒迅速扩散到全国各大中城市。通电列举了英国水兵惨杀中国同胞的暴行后惊呼:"英帝国主义如此肆意横行,实属穷凶极恶!本代表大会闻此凶耗,群情愤激,痛哭呼号"。接着,通电提出了立即收回英租界、立即撤退外国军舰军警、撤除各种军事设施、严惩凶手、赔偿损失等六项条件;要求政府向英当局交涉。

同一天，刘少奇和李立三代表湖北省总工会和全国总工会亲往武汉国民政府，递交代表大会决议的六项条件，要求政府出面立即收回英租界。下午，刘少奇代表省总工会出席全省工、农、商、学各界代表举行的紧急会议。会议在省总工会六项条件的基础上拟定了八项对英帝国主义斗争办法，请政府与英国外交人员交涉，限七十二小时内答复。与此同时，武汉国民政府根据工人和各界群众的正义呼声，向英国当局提出抗议，并且派司法部部长徐谦等赶赴惨案现场，向示威群众做出承诺，随后，又派出外交部部长陈友仁与英国领事展开谈判。在湖北省总工会的奋力斗争和工农商学各界群众的强大威力下，英国当局不得不从1月4日上午起陆续从租界内撤退水兵和巡捕。4日下午，刘少奇指挥省总工会纠察队队员300余人，雄赳赳地开进英租界内维持秩序。在武汉工人阶级和广大人民群众的坚决斗争下，龟缩在租界内的英国外交官员们惶惶不可终日。

收回后的汉口英租界

1月5日下午，武汉三镇上空阴云密布，风雨交加，天气十分恶劣。但是，人民群众同仇敌忾，斗志高昂。在刘少奇、李立三等人的组织指挥下，武汉三十万工人和各界群众在汉口济生三马路举行反英示威大会。会后，示威群众分几路冒雨游行。在游行的行列中，刘少奇带领着工人纠察队，走在

第二章 工运领袖

最前头,浩浩荡荡地向英租界挺进。一路上,"打倒帝国主义"、"为死难同胞报仇"和"誓死收回英租界"的口号声震天动地。在象征着帝国主义权威和殖民统治的租界,刘少奇率领工人纠察队员拆除电网、沙包墙,推翻英国军队的岗楼。在工人纠察队的带领下,示威的人流涌入租界,向英国巡捕房和工部局办公楼冲去。面对着中国人民的正义行动,租界内的英国官员们吓破了胆,一个个如丧家之犬,急忙逃到停泊在江中的英国军舰上。工人纠察队员们爬上房顶,扯下了英国米字旗,升起了武汉国民政府的旗帜。至此,武汉工人阶级完全控制了英租界。

在武汉工人阶级和各界群众的推动之下,国民政府成立了汉口英租界管理委员会,统筹租界内一切事务。不久,通过外交谈判,国民政府正式与英国签字收回了租界。经过工人阶级和广大爱国群众有组织的斗争,终于从英帝国主义手中夺回了被其占领达六十年之久的租界,雪洗了民族的耻辱,这是中国人民所进行的反帝斗争的伟大壮举。在这一场不亚于北伐军事战场的同帝国主义者的交锋中,刘少奇自始至终,一直是这场斗争的组织策划者和先锋战士,为中国人民的反帝事业建立了不朽的功勋。

1月10日,在夺回汉口英租界的喜庆气氛中,湖北省总工会第一次代表大会胜利闭幕。大会选举了李立三、向忠发、项英、刘少奇等35人为省总执行委员,推选工人出身的向忠发为委员长,刘少奇为秘书长。

1927年2月11日,中华全国总工会从广州正式迁往武汉。此时,身兼全国总工会秘书长和省总工会秘书长的刘少奇,更以百倍的精力投入到工人阶级的解放事业中去。

在领导工人阶级同帝国主义、封建主义的火热斗争中,刘少奇十分关心工会队伍的内部建设。人们经常可以看到,汉口友益街尚德里4号的灯光彻夜长明。为了加强工人阶级的组织建设,提高广大工会骨干的政治素质,刘少奇结合工人运动的具体情况,撰写了《工会代表会》、《工会经济问题》和《工会基本组织》等小册子,作为工会教育的基本教材,发至各基层工会学习。在这三本小册子中，刘少奇站在中国共产党领导工人运动实践的基础上，总结自己在安源、上海、广州和武汉从事工人运动的丰富经验，提出了在工会建设中若干具有重要意义的理论问题。

《工会代表会》一书，是当时加强工会建设的总纲。刘少奇在书中开宗明义地指出："工会是群众的，奋斗的机关。工会的权力，应该十分集中，才能奋斗。同时又必定要是民主的集中，才能容纳大多数人的意见，不致为少数人所包办变成专制"。他又说："有了代表会，才可能把工会的权力集中起来，同时又是民主的集中，不是少数人的专制。"针对工会所担负的任务，刘少奇认为，工会要有战斗力，"必须有严密的组织，才能克尽所担负的任务。除了建立工会代表会以外，在工会执行委员会下面，一定要有坚固的基层支部和小组，这是工会大厦建设的基础。"

刘少奇认为，办好工会，增强工会的战斗力，干部是关键。工会干部一定要既是奋勇冲锋的先锋，又是廉洁奉公的榜样。他在《工会经济问题》的小册子中真诚地告诫工会干部们："工会的钱，是在工人身上抽取来的极苦的血汗钱，应该怎样的小心谨慎来使用！哪里可以在门面上形式上浪费一文？哪里可以把自己的津贴及生活费定得很高？领袖是为群众谋利益的，牺牲自己，努力做事，努力奋斗，是应该的。做事比一切人多，拿钱比一切人少，这才是工人真正的领袖。"

刘少奇的这三篇著作，在我国工会建设史上，第一次完整、明确地阐述了当时工会的性质、任务和组织原则，以及组织形式、经费管理等一系列问题，对中国工人运动的理论和实践都产生了重大的影响和作用。

在刘少奇的指导下，当时湖北全省的产业工人和职业工人按照上述的组织原则组织起来。在湖北省总工会属下，各行业有各行业的总工会；各行业总工会属下成立若干分会；分会里头还成立若干支部或支会，各支部有支部长，各支会有委员。截止到1927年6月，仅武汉三镇就有产业工会和职业工会165个，分会93个，支部2390个，工会会员的总数达33万余人。连同各

第二章 工运领袖

县、市组织的工会合计在内,全省有组织的工人达51万余人。所以,当时湖北省总工会的组织系统像军队一样,层次分明、号令统一,在抗议英帝国主义和收回英租界的斗争中,发挥了重要作用。

随着北伐战争的胜利、国民政府的北移,武汉成为大革命的中心。借军事斗争胜利的东风,在刘少奇、李立三等中华全国总工会的坚强有力的领导之下,长江流域数省的工人运动迅猛发展。除了湖北之外,湖南省的工会组织发展到52个,会员达32万多人;江西省也有20多个县市成立了工会,会员也达10万人。随着工会组织的扩大、会员的增多,工人阶级的整体力量迅速增加,反帝反封建的斗争此起彼伏、波澜壮阔。在短短的几个月内,工会组织及斗争形势会有如此快的发展,这在中国工运史上是绝无仅有的,其中包含着刘少奇等工运领袖的多少心血啊!

第三章

激流勇进

大革命失败后,刘少奇同志坚持战斗在白色恐怖笼罩的上海、北平、天津、哈尔滨等地。他坚持从实际出发,独立思考,善于创造性地开展工作,同党内"左"倾错误进行坚决斗争。他参加了中央红军长征,在具有重要历史意义的遵义会议上坚定支持以毛泽东同志为代表的正确主张。

第三章 激流勇进

一、在白区秘密工作

1928年3月，根据中共中央决定，刘少奇以中华全国总工会特派员身份参加全国铁路总工会的领导工作，同时作为中央委员指导顺直省委的工作。

顺直指的是北平市和后来的河北省，但顺直省委的工作范围比这要大得多，它曾包括原由中共中央北方局领导的河北、山西、北平、天津、察哈尔、绥远、热河、河南北部及陕北等广大地区。这个地区，在大革命时期，曾经由以李大钊为书记的北方区委领导，大革命失败、李大钊等20多人被张作霖杀害后，北方党组织顿时失去领导中枢，工作陷入半停顿状态。

接受任务后，刘少奇发现顺直的问题与时任省委书记的王藻文有很大关系。在一次省委常委会议上，王藻文在报告他去上海向中共中央汇报工作的经过时说，中央对顺直省委完全没有诚意，故意截留省委的经费不发，与省委为难。王藻文的态度在省委内部产生了消极影响，一些同志竟然向刘少奇发出质问。王藻文还召集天津活动分子会议，继续煽动与会同志反对中央。王藻文甚至主张"反对国民党，现在可以不宣传了，我们只宣传工人要东西，（成）立工会"。刘少奇将顺直的问题概括为8个方面，最突出的是两个问题：一是极端民主化倾向的严重泛滥，在党组织中存在着组织纪律观念淡薄的现象；二是闹经济主义，认为"经济困难，工作无办法"。这一看法得到时任中央政治局常委、刚刚在顺直做过调研的蔡和森的赞同。

顺直省委的这种状况促使中共中央采取组织措施。6月底，中共中央决定成立"中央处理顺直问题特派员机构"，指派陈潭秋、刘少奇、韩连会（代号潭少连）为特派员，代行顺直省委职权。7月22日至23日，刘少奇与陈潭秋、韩连会一起，主持召开中共顺直省委扩大会议，传达中央的指示，决定改组省委,由韩连会任省委书记,傅茂公(彭真)、郝清玉等7人为省委常委。刘少奇、陈潭秋以中央特别处理顺直问题专员的名义常驻顺直省委,以加强对顺直省委的领导。此后,中央政治局会议对顺直问题负有责任者分别作出处理:开除王藻文的中央委员、王仲一的候补中央委员,调离顺直省委;批准顺直省委撤销韩麟符的内蒙古特委书记职务,留党察看6个月。

中央这一决定作出后,顺直地区一些干部和党员对此表示不满。一些干部和党员认为对韩麟符的处理过重;王藻文表面上接受中央对他的处理,暗地里却联合了一批被党开除的人及党内的落后分子反对省委,最后发生了勾结敌人叛党的严重问题。还有一些地方组织不承认改组后的省委,自行组织了赴中央控告省委的"京东护党请愿团"。

在这种情况下,刘少奇与陈潭秋商量决定:一方面报请中央组织特别委员会处理顺直一切问题,在3个月至半年时间内切实整顿顺直各级党组织,筹备党的全省代表大会;另一方面,在中央特别委员会未到顺直以前,由陈潭秋、刘少奇帮助省委进行整顿工作。为了统一思想,讨论解决顺直党内的问题,刘少奇与韩连会决定编印一个党内刊物,起名《出路》。

陈潭秋

《出路》是不定期出版的油印小册子,外表看起来简陋,起的作用可不小。一个时期以来,顺直党内意见纷纷,对许多问题看法不一。《出路》发表了一批战斗力很强的文章,对统一顺直党内的思想非常管用。

刘少奇除了指导《出路》的编辑工作外,还亲自为它撰写有针对性的文章。他先后在这个刊物上发表《客观环境很好,但是党没有出路?》、《怎样改造顺直的党》、《坏了无产阶级的领导权》、《只是几块钱的事吗?》、《职运须知》、《革命职业家》等文章。这些文章是他关于白区策略思想的最初一批著作。

这期间"谭少连"的一项重要工作,就是筹备召开中共顺直省委扩大会议。当时在顺直省委工作的徐彬如回忆说:"我们看了一段时间的材料之后,分四路到基层去调查:潭秋去平汉线保南、保北地区;少奇去京东唐山、玉田、丰润等县;韩连惠去津浦线沧州、大名府等地;我去平绥线北平、张家口等地。半个月以后,大家陆续回到天津,进行会议的具体准备。我们一面着手会议文件的起草,一面进行代表人选等组织准备……有关组织准备工作,由少奇同志负责,詹大权协助。"

1928年12月底的几天,对中共顺直省委是极为重要的日子。经过一段时间的艰巨准备,中共顺直省委扩大会议如期召开。会前几天,中共中央政治局常委周恩来从上海秘密来到天津,亲临指导会议。

天津张庄大桥兴义里附近有两排平房。房子是新盖的,但样子普普通通。12月底,来自北平、天津、唐山、张家口、石家庄等地的40多名代表,陆续秘密赶来这里,出席中共顺直省委扩大会议。

会议由陈潭秋、刘少奇轮流主持。首先由周恩来传达中共六大的精神,然后陈潭秋、刘少奇分别作报告。会议通过了《顺直党的政治任务决议案》、《顺直党务问题决议案》,产生了新的省委。顺直党的工作方向算是拨正过来了。

历时长久的顺直省委问题总算基本解决。刘少奇也结束了在顺直的工作,于1929年春返回上海。

二、中共满洲省委书记

1929年7月14日,中共满洲省委书记刘少奇和他的妻子从上海抵达东北。

　　20年代末的东北，处在帝国主义和封建军阀的双重统治之下，广大劳动人民备受煎熬，苦不堪言。奉天的街头，到处是衣衫褴褛的市民。孤儿寡母，露宿陋巷，到处都充斥着要饭的人群。萧条的街市上，呼啸的警车狂奔而过，军警的马蹄践踏在铅灰色的马路上，发出令人心颤的击打声。目睹眼前这一幕幕惨剧，刘少奇心情十分沉重，深深地感到肩上的责任重大。

　　初到奉天，刘少奇和满洲省委接上关系后，便全身心地投入到了工作之中。作为一个富有经验的领导者，上任伊始，马上开始了解各方面的情况。他十分关心基层组织的情况，一个支部一个支部地具体检查，听取汇报，征询同志们对工作的意见。8月20日，刘少奇主持召开了省委会议，制订近期工作计划，对省委常委做了分工。在分析东北的局势时，刘少奇向省委同志们指出：要注意研究张学良上台后的政治态度，研究统治阶级的内部矛盾和薄弱环节，深入掌握东北地区的特点和群众情绪，因势利导。党的工作要切合实际，尤其是提出策略性的口号，要能为多数群众所接受。

　　会后，根据奉天地区工厂较多、工人比较集中的特点，刘少奇决定首先发动这里的工人开展罢工斗争。

　　正好，这时奉天纱厂的工人们正在酝酿罢工。原来，由于奉系军阀势力的削弱，奉天纸币越来越不值钱。时值夏末，秋粮还没上市，粮价飞涨，工友们的生活非常困难。当时，负责奉天市工作的满洲省委常委孟坚，在同纱厂党支部领导和工人积极分子研究后，决心举行罢工，通过斗争改善广大工人的生活状况。一切准备工作，都在秘密的状态下准备着……

　　听完孟坚关于组织纱厂工人罢工的工作汇报后，刘少奇思索片刻，一连向他提出了几个问题：厂里工人队伍的情况怎样？工人们的情绪如何？罢工的条件是什么？发动罢工的方法、步骤是什么？刘少奇问得十分详细，对罢工的各个环节以及可能出现的大小问题都一一提及，这下可把孟坚问住了。对于这些问题，孟坚有的初步设想过，有的甚至连想都未想过，答不上来。

第三章 激流勇进

见此情形,刘少奇从椅子上站起来,在屋内来回踱着步子,以和蔼的语调问孟坚:"你过去搞过罢工没有?"孟坚摇摇头答道:"没有搞过。"一听此言,刘少奇若有所悟地点了点头,诚恳地说:"那么好吧,下一次纱厂支部开会,我同你一道去参加。"

几天后,刘少奇按计划前往纱厂开会。奉天纱厂,坐落在比较偏僻的郊区,厂周围一片荒凉,一些零散的坟堆夹杂在小树林中。下午6点左右,一个头戴礼帽、身穿绸长衫的教书先生来到纱厂门外的小树林中,他就是孟坚。约莫一刻钟之后,一身工人装束的刘少奇也来了。他们会合后,便等待着纱厂工人下班。

然而,时间一分分地过去。眼看已经超过了下班的时刻,可纱厂的大门依旧关得死死的,不见一个工人出来。见到这种情形,刘少奇立即警觉起来。他问站在一旁的孟坚:"平时也这样吗?"孟坚也迷惑不解地摇摇头,说道:"平时不是这样的,一到下班时间,工人们便涌出大门,十分热闹!"听了孟坚的话后,刘少奇立即严肃地说:"可能出了什么事,我们不能再等了,立刻离开此地!"说着,他和孟坚分成两路,疾步沿大路向前走去。正在这时,工厂大门突然打开,从里面冲出几个警察,不由分说,便把刘少奇和孟坚扣押起来。突逢变故,措手不及,刚刚到奉天不久的刘少奇就这样被捕了。这一天,是1929年的8月22日。

原来,产生变故的原因是有人做了可耻的叛徒。由于工作做得不机密,筹备罢工的事情让厂方知道了。于是,工厂当局抢先下手,逮捕了纱厂党支部书记常宝玉,并迫使他供出了这次开会的秘密。

面临着这骤然的剧变,富于斗争经验的刘少奇头脑十分冷静,他决定利用自己刚到奉天无人知晓的有利条件,伺机脱身。

第二天,厂方的审讯开始了,刘少奇被带到纱厂警卫队的办公室,由一个工头模样的人主持审讯。"你叫什么名字?"审问者凶神恶煞地问道。"成秉真",刘少奇操着浓重的湖南口音,不慌不忙地回答。接着,刘少奇主动地

"说明"情况,他告诉审问者:他是从武汉来到奉天的,因为在武汉那边生活不下去,听说奉天日子好过,就投奔这里一个亲友,想请他帮助介绍工作。没想到,刚刚到奉天,连住处都没找到,便被莫名其妙地抓了进来。说到这里,他自嘲地苦笑一声说道:"这样也好,没有找到工作,倒是有了一个可以解决吃住的地方了。"

望着刘少奇的表情,审问者似信非信地问道:"你是干什么的?"刘少奇回答说:"做工的工人。"审问者用眼睛足足盯了刘少奇有半分钟后,突然说道:"把手伸出来!"看过刘少奇伸出的手后,审问者"嘿嘿"奸笑两声,说:"工人?你骗得了别人,可骗不了我。看你细皮嫩肉的,连个茧子也没有,就敢来冒充工人?"看着审问者那副得意的神情,刘少奇神情坦然地回答说:"我是个排字工人,要是你们这里有排版的活儿干,我可以干得蛮好的!"在刘少奇机智的回答之下,主持审问的那个家伙终于黔驴技穷,什么也没捞到。

一计不成,又生一计。奉天纱厂见刘少奇和孟坚都不回答问题,便将提供情况的常宝玉找来对质。常宝玉没有见过刘少奇,无法指认,只好咬住孟坚不放。而孟坚,则拒不承认组织工人罢工,任凭敌人施以酷刑,一个字也不露,气得厂方恼羞成怒,将常宝玉打了一顿。

第二天,奉天纱厂见审问不出什么名堂来,就将刘少奇、孟坚和常宝玉三人解送奉天警察局,后又转押到奉天高等法院检察处看守所。这是一个待决犯临时关押场所,里边关押的人很多,而且管理十分混乱,这就为刘少奇等人争取蒙混出狱提供了有利条件。

在奉天高等法院看守所,每天都有20分钟放风时间,刘少奇便利用这个机会,悄悄地告诉孟坚:"纱厂方面把我们推到地方法院,这就说明我们的案情并不严重,敌人没有抓住什么把柄。现在,关键是那个常宝玉。你要做他的工作,告诉他,大家都是为工人做好事,不要相互乱咬。如果他能翻供,我们就有机会出去。"按照刘少奇的指示,孟坚利用与常宝玉关在一个牢房的

第三章 激流勇进

机会,做通了思想工作,三个人统一了口径。

十几天后,奉天高等法院开始审理纱厂工潮案。神气十足的法官坐在审判席上,开始审问刘少奇:"你叫成秉真吗?"刘少奇不慌不忙,按照在奉天纱厂回答的那些内容一一重复一遍。接着,法官又审问了孟坚和常宝玉。当问到常宝玉时,他照事先商量好的口径进行翻供,一口咬死原来所"交待"的内容都是在厂警刑讯下屈打成招的,因此全是谎话。不到两个小时,法庭的审讯调查结束。法官见案卷中根本没有物证,仅仅只有纱厂工人常宝玉一个人前后矛盾的供词,便认定此案证据不足。

过了几天,奉天高等法院对"奉天纱厂煽动工潮"案的判决下达。刘少奇、孟坚的判决结果是"证据不足,不予起诉,取保释放"。常宝玉因和纱厂有直接关系,判了四十天拘役。于是,被捕近一个月后,由于刘少奇的沉着和老练,终于化险为夷。

出狱以后,刘少奇马上向中央报告了这次被捕及获释经过,并检讨了在这一事件上的教训,便投入了新的战斗。

9月下旬,中共中央指示满洲省委:应该把中东路问题看作满洲党组织当前最严重的政治任务,其他的任务必须附属于这个政治任务之下,一切工作必须与这个政治任务联系起来。于是,刘少奇立即组织力量,开展工作。

所谓的"中东路问题",就是东北当局实行亲帝反苏政策,借以排斥苏联的影响的问题。中东路,称为"中国东北铁路",它包括满洲里—哈尔滨—长春、哈尔滨—绥芬河两段铁路,是19世纪末20世纪初沙俄利用同清王朝签订的不平等条约而强行在东北修筑的。铁路修好后,沙俄还独占了经营权。1924年以后,苏联政府清除了盘踞在中东路的沙俄残余势力,并与中国签订协定,废除原来的不平等条约,中苏两国共同管理并经营铁路。然而,1929年7月,国民党政府单方面撕毁了协定,策动东北当局以武力夺占中东路,排斥苏联人员,妄图消除苏联及其十月社会主义革命对中国的影响。8月,中国东北当局与苏军发生军事冲突,东北军惨败。东北当局的这一政策,

55

理所当然地遭到中国共产党的反对,因此,在中东路问题上发动群众,同东北当局展开针锋相对的斗争,就成了满洲省委的重要工作。

为了就近指导中东路工人们的斗争,刘少奇于9月底到达哈尔滨。

哈尔滨,在满族话中是"晒网场"的意思。早先,这里是满族人聚居的小渔村。因地处松花江边,得水陆交通之便利,日久天长,便发展成为东北地区的大城市。在这座久经殖民统治、充满异国情调的繁华城市中,不仅有帝国主义侵略势力的猖狂活动,而且聚集着中国各派反动势力。此时,铁路已由东北当局全面接管,苏联职工被赶走,大批声名狼藉的白俄分子混进铁路,中国工人的待遇大幅度下降。全路上下,矛盾重重,怨声载道。

到达哈尔滨后,刘少奇立刻深入到基层,了解情况。经过深入细致的调查,刘少奇发现:由于中共哈尔滨市委内部意见不一,特别是正确的意见得不到支持,导致了工作不力的局面。于是,在哈尔滨党组织的会议上,刘少奇公开支持郭隆真等人的正确主张,他指出:在目前白色恐怖十分严重的情况下,不宜立即组织游行示威,而应该利用怠工的形式进行斗争。要坚决反对那些只顾个人利益而拼命工作的小资产阶级意识,应向当局提出保障工人切身利益的要求。为了加强斗争的针对性,刘少奇还提出"反对白毛子,联络苏联工人"等鲜明易懂的策略口号。当地人对俄国人习惯上叫"老毛子"。于是,在实际的斗争中,这个口号被工友们通俗地称为"拥护红毛子,反对白毛子",在中东铁路沿线广为传播。它作为一个行动口号,把工人们要求清退白俄分子,让中国工人复工的经济斗争,同拥护社会主义苏联、反对军阀强占中东路的政治斗争,有效地结合起来,发挥了很好的作用。

在刘少奇富有成效的领导之下,中共哈尔滨地下党组织终于统一了认识,采取了正确而稳妥的斗争步骤,使得工友们的斗争逐步走向高潮。在工人运动的带动下,东北各地的农民运动和学生运动也有了发展。

第三章 激流勇进

三、出席赤色职工国际第五次代表大会

1930年3月下旬，刘少奇离开满洲，回到上海。

上海，这座中国著名的大城市，当时正处于严重的白色恐怖之中。国民党反动派用尽各种手段，千方百计地搜捕和破坏中国共产党的各级组织、机关。那时候，上海特务横行，党内少数意志不坚定分子也叛变投敌，向敌人告密。陈延年、赵世炎、罗亦农等中国共产党的一些重要领导人先后被捕牺牲。

上海，是当时中共中央领导机构的所在地，中国共产党在上海开展的各项工作是极其秘密的。由于中共中央政治局主席兼中央常委主席向忠发的思想水平和工作能力不高，无法在实际工作中起到主要领导作用，主要由周恩来主持中共中央日常工作。1928年7月，中国共产党第六次全国代表大会闭幕。这以后的两年，是中国革命由遭受严重挫败走向复兴的一个重要时期。在这一阶段的大部分时间里，周恩来实际上是中共中央的主要负责人。

在异常严酷的白色恐怖下，如何保证共产党的组织机构和主要领导人的安全呢？1928年11月4日，中共中央常委会议决定，向忠发、周恩来、顾顺章三人组成特别委员会，这个特别委员会简称中央特科。特科的工作极其重要又需极为保密，其主要任务是负责中共中央机关的安全保卫工作，组织人员到敌人内部去，了解国民党反动派的种种内幕，以便保卫党中央和参加地下工作的同志的安全；有条件时，中央特科还要营救被捕的同志，镇压叛徒、特务。

在周恩来的领导下，中央特科的工作很有成绩，使我党获得了许多非常重要的情报资料。例如，帝国主义国家在上海的驻军、军舰和吴淞炮台的情

况，侦探机关的情况；国民党驻上海的军警和特务机关的情况；上海各租界的街道结构、建筑楼层；上海各大商号、米店的情况，中央特科都派人了解得清清楚楚，为党中央及时决策提供了许多很有价值的情报。

刘少奇来到上海以后，一面总结中东路工人斗争的情况，一面领导上海的工人群众同反动派作斗争。

以前，刘少奇曾经在上海的沪东区领导工人运动。4月中旬，刘少奇再次来到沪东区，来到工人中间开展工作。在刘少奇的具体指导下，沪东区的恒丰纱厂、公大纱厂等单位，先后建立了党支部。刘少奇还到其他一些工厂去发展党的基础组织。

1930年，中国的形势发生了变化。5月，蒋介石同冯玉祥、阎锡山等军阀之间爆发了空前规模的军阀混战。为了争夺这场战争的主动权，蒋介石、冯玉祥、阎锡山等各方都全力以赴，前方交战的兵力达100多万，后方暂时显得空虚了。军阀混战的形势本来是革命力量发展的一个有利时机，但是，李立三等人过分夸大了当时的有利形势和革命力量，认为夺取全国的胜利已经不远了，共产党内以李立三为代表的"左"倾错误又恶性发展起来。

5月15日，李立三在《布尔塞维克》杂志上发表了名为《新的革命高潮前面的诸问题》的文章。20多天以后，李立三又在中央政治局会议上作了题为《关于目前政治任务决议案草案》的长篇报告。李立三说：从现在中国革命形势看革命高潮已经到了。目前夺取政权的任务已经到了我们前面来。李立三还认为，在当时的形势下，有首先在这一省或那一省爆发革命高潮而马上遍及到全国的可能。上海和武汉是最有可能爆发革命高潮的地方。

当时，中央政治局根据李立三的这个报告，通过了《目前政治任务的决议案——新的革命与一省或几省的首先胜利》，强调当时革命正急剧发展，党要特别注意在革命战争高潮爆发时，组织全国武装暴动，夺取政权的任务。"在中国革命高潮之下，革命可以在一省或几个重要省区首先胜利（在目前的形势看来，以武汉为中心的附近省区，客观条件更加成熟）。在新的革命高

第三章 激流勇进

潮日益接近的形势之下,准备一省或几省首先胜利,建立全国革命政权,成为党目前战略的总方针。"由于通过了这个决议,第二次"左"倾冒险主义便在中共中央内部取得了统治地位。

刘少奇认为,中国的工人运动应该从中国的实际出发,实事求是。

6月,刘少奇受中共中央委派,担任中国工会代表团团长,出席8月15日至27日在莫斯科召开的赤色职工国际第五次代表大会。

赤色职工国际,又称赤色工会国际、国际赤色工联。它是共产国际领导的工会国际联合组织。参加这次代表大会的有60个国家和地区的代表共538人。刘少奇在会上作《中国职工运动》的发言,并当选为第五届赤色职工国际执行局委员,会后留在赤色职工国际工作。

刘少奇在莫斯科工作期间,在对待黄色工会的策略问题上,曾与赤色职工国际领导人发生争执。他从中国实际情况出发,大胆地提出,赤色工会的会员可以加入黄色工会,利用合法身份来进行工作,争取群众,等条件成熟时,才可使黄色工会转变为赤色工会。这一正确主张被赤色职工国际领导人指责为"右倾机会主义"。

但是刘少奇胸怀坦荡,不迷信权威,不畏惧压力,尊重实际情况,勇于坚持真理。1931年3月下旬,刘少奇在共产国际执行委员会第十一次全会第九次会议上,不同意大会报告关于"由于世界经济危机的加深,中国革命高潮和革命危机迅速成熟"的夸大估计,认为必须注意到:中国各地区革命运动发展得不平衡;工人运动远远落后于农民运动;在苏维埃地区,还没有实行彻底的土地革命;红军中还没有建立起坚强的党的骨干队伍;共产党目前还不够坚强,党的领导在紧要关头犯了严重的、盲动的"左"倾宗派主义错误。所以党必须实行布尔什维克式的团结,坚持不懈地在两条战线上进行斗争,同时还需要共产国际各支部以及全世界无产阶级和劳动人民的支持和援助。刘少奇的这一基本符合中国革命实际的分析却被共产国际领导人否定。

1931年夏,刘少奇用"刘祥"的名字,给赤色职工国际写了题为《最近中国职工运动、国民党工厂法、工会法与赤色工会目前的任务》的报告。再次陈述他对中国职工运动策略问题的看法。他指出，在中国经济政治危机更加深重、工人斗争继续高涨的情况下，国民党政府颁布施行了工厂法、工会法，解散和改组工会。禁止工人罢工及一切言论、集会、结社的自由，这同他们进攻红军和召集国民会议的政策是不可分离的。我们应该向工人提议联合所有工会和无组织的工人，用同盟罢工示威的方法，反对国民党的工厂法、工会法等。那种认为国民党解散赤色工会我们就反对，解散黄色工会我们就不反对的观点，是狭隘的宗派主义观点。刘少奇在报告中还重点论述了有关黄色工会的问题，明确提出赤色工会目前一个重要的任务就是：宣传群众、组织群众，与黄色工会的群众建立统一战线，反对国民党的反动工厂法、工会法及一切破坏工会和工人权利的行动。

刘少奇关于中国职工运动的策略观点，同赤色职工国际领导人的观点处处不合，他无法再留下来继续工作。

1931年秋，刘少奇离开赤色职工国际回到上海。

四、支援第19路军

1931年9月18日，这是一个普通的日子，也是中国人民永远不能忘记的日子。这一天，发生了震惊中外的九一八事变。

九一八事变爆发后的第三天，中共中央发表《为日本帝国主义强暴占领东三省事件宣言》，22日又作出《关于日本帝国主义强占满洲事变的决议》，深刻地揭露了日本帝国主义侵华暴行，要求党的各级组织"加紧地组织领导发展群众的反帝国主义运动，大胆地警醒群众的民族自觉"。东北地区的党组织要迅速组织"兵变与游击战争，直接给日本帝国主义以严重的打击"，并

第三章 激流勇进

号召全国民众"一致动员武装起来",反对日本帝国主义。中国共产党的宣言和决议,有力地推动了全国抗日救亡运动的发展。东北地区的广大爱国军民,不愿当亡国奴,纷纷组织抗日义勇军,同日本侵略军展开了浴血奋战,表现出高度的爱国热情。这时,刘少奇在上海一·二八淞沪抗战中,也积极组织、直接指导反对日本资本家的沪西罢工斗争,组织工人义勇军,支援第19路军抗战。

继九一八事变发生之后,1932年1月28日,日本帝国主义的铁蹄又踏向上海闸北区。

驻守在上海的是蔡廷锴、蒋光鼐率领的国民党第19路军,他们对敌人的进攻做了拼死抵抗。这场战争的惨烈是自欧洲第一次世界大战结束以来所空前未有的。第19路军广大官兵的坚决抵抗,一扫九一八事变以后国人沉闷、痛苦的社会心理,极大地焕发了上海和全国人民的民族精神。

蔡廷锴

从莫斯科刚刚回到上海不久的刘少奇,积极投入到抗战的热潮。他响应中共中央的号召,直接组织领导了沪西纱厂工人反对日本帝国主义武装侵占上海的总罢工,并正确处理同社会上层各界的关系,使一·二八上海抗战中出现了工农兵学商联合抗战的局面。罢工工人反日情绪高涨,特别是沪西纱厂工人在刘少奇的组织指挥下,积极帮助第19路军运输枪炮弹药,挖战壕,筑工事,抢救伤员,组织宣传队进行抗日宣传、抗日集会和游行示威,沪西地区一时成为"赤色沪西",

蒋光鼐

罢工工人成为支援第19路军抗战的主力军,有力地促进了上海全市人民反对日本帝国主义侵略的爱国运动的发展。

但是,围绕着淞沪抗战和工人罢工问题,刘少奇同中共临时中央发生了严重分歧。当时,临时中央认为"工人斗争的形势是进攻的",要求将上海沪西工人罢工斗争发展为"大规模的总同盟武装暴动"。而刘少奇则清晰地看到:这时的工人既没有武装,力量也没有发展到可以举行总同盟武装暴动的程度,工人斗争的形势仍然是防御的反攻的。因此,他提议罢工斗争只能以沪西17家日本纱厂4万多工人为主,联合上海全市各阶级、各阶层人民,反对日本侵略者进攻上海,并组织义勇军,支援第19路军抗战。他的这一正确提议遭到临时中央的反对,认为这是"取消派的罢工斗争方针"。同时,他们也不同意接受宋庆龄和总商会等的所谓"资产阶级"的援助,对第19路军竭力推行"要兵不要官"的下层统一战线,鼓动士兵反对自己的长官。

然而,处在斗争第一线的刘少奇,从实际出发,坚持认为,目前实行武装暴动,群众没有发动起来,还未抓住工人要求的中心,条件不成熟,反对冒进。3月3日,他在为中共临时中央起草《给工会工作人员的一封公开信》中,明确指出:目前,在中国300万产业工人中,赤色工会的会员只有3000人(苏区除外),而且大半没有经常工作和工会的生活,赤色工会还拘束在极狭小的秘密范围之内;在广大的失业工人中,仅仅在上海登记了2万罢工失业工人,在数十万上海难民中还没有我们的工作;在全国的工厂、铁路、矿山中,还没有一个真正的工厂委员会;在黄色工会中,还没有一个多少巩固的革命反对派,连黄色工会的情形也知道的很少;最大多数的工人自发罢工,赤色工会不能领导或只有一些"关系";5个月来,赤色工会从白区派到红军和苏区的工人不到20个人。信中要求:赤色工会的工作非"有彻底的急速的转变不可",最大限度地武装工人到前线去。而中共临时中央却认为,赤色工会造成这种状况,完全是由于中央职工部、全总党团存在着严重的右倾机会主义,没有执行共产国际和中央的路线所致。3月14日,他们召开政治局会议,转达了共产国际的指示:"刘湘(刘少奇)不能担任领导工作",决定撤销刘少奇的中央职工部部长职务,并在党的刊物上接连发表文章,指责中央职工部和全总党团的领导已陷于"机会主义的泥坑之中",号召全党"坚决无情的打溃"这种"有害的机会主义路线"。在中共临时中央的强压下,刘少奇被迫于3月18日写出《我的错误》一文,表示接受中央的"批评和决定"。

7月28日,中共临时中央政治局召开常委会议,决定:取消中央职工部,中央职工部的工作任务,由全总党团担负。不久,刘少奇奉命进入中央苏区,担负起了新的使命。

五、在中央苏区

1932年冬,刘少奇按照中央决定,告别了妻子何宝珍,化名唐开元,离开上海经广东汕头、大埔进入位于江西省南部和福建省西部的中央苏区。1933年1月,中共临时中央也从上海迁到瑞金,与中共苏区中央局合并,称中共中央局。

合并后的中共中央局,除由刘少奇任委员长外,还有陈云任党团书记兼社会部长,梁广任组织部长,王子刚任宣传部长,王秀任青工部长,刘群仙任女工部长。机关设在瑞金城双清桥。

刘少奇这一时期对工会工作投入了很大精力。他和陈云一起,先后主持召开了中国农业工人代表大会、中国店员手艺工人代表大会、中国苦力运输工人代表大会和国家企业工人代表大会,分别选举成立了中国农业工人工会、中国店员手艺工人工会、中国纸业工人工会、中国苦力运输工人工会和中国国家企业职工工会等全国性的产业工会,并亲自起草了每个产业工会的组织章程。

红色故都：江西瑞金

为了在紧急的战争环境中发展和扩大红军，刘少奇还主持召开了一系列要求动员工人参军的会议，并先后参加组建"店员手艺工人师"、"苦力运输工人师"、"农业工人师"的工作。8月1日，由中华全国总工会苏区中央执行局主持筹建的"中国工农红军工人师"，在瑞金正式宣誓成立，被命名为中国工农红军中央警卫师。工人师发出豪迈誓言：我们是工农劳苦群众革命的武装力量，是苏维埃的军事柱石，我们已下定了决心，从今天起以无产阶级坚决性顽强性和我们的热血与头颅，同全国红军兄弟一致的为工农阶级与一切被剥削被压迫的劳苦群众的彻底解放与利益，同帝国主义、国民党进行决死的残酷的斗争，彻底推翻国民党在全中国的统治，创造苏维埃的新中国！

刘少奇还十分注意要求各级工会努力培养工人干部，以输送到各个需要的岗位上去。据统计，1933年初到1934年初的一年里，工会就为中央苏区的苏维埃政权、红军、党和各种群众团体输送了1万多工人干部。各苏区政权机关负责干部中，工人干部占到了三分之一到二分之一；各级苏维埃主席多数是工人、雇农、苦力出身；红军干部中工人占百分之五十以上。这些都同

第三章　激流勇进

刘少奇的辛勤工作分不开。

在建立各种工会的问题上，刘少奇很注重建立以产业工会为主的工会组织系统，他在安源搞工人运动的时候就曾说，对此问题，如果运用得法，则在长期的阶级斗争中，雄壮的凯歌将永远为工人所歌唱。从1933—1934年，刘少奇履行自己的职责，先后主持筹备和召开了农业工人、店员手艺工人、苦力运输工人、苏区国家企业工人等四个全国性的产业工人代表大会，并由代表大会选出和成立了各自的中央委员会。在这四个代表大会上，刘少奇都作了形势与任务的报告，而且这四个产业工会的组织章程、决议案、中央委员会的成员组成，都是经刘少奇起草、审定和指导的。此外，在刘少奇的发起和主持下，中央苏区建立起国家机关职员工人工会。对于苏区工会卓有成效的发展，毛泽东曾在1934年1月中华工农兵苏维埃第二次代表大会上所作的报告中，高度评价说："苏区工人组织了坚强的阶级工会。这种工会是苏维埃政权的柱石，是保护工人利益的堡垒，同时它又成了工人群众学习共产主义的学校。"

在中央苏区的党和工会中，当时也存在着忽视工人经济斗争，忽视工人的分田后经济上的要求，一方面不领导工人改善生活，一方面又认为工人落后于农民，有时甚至要工人在战争时期忍受资本家的任何压迫、不要反抗。由于敌人的经济封锁和资本家的消极怠工，成千上万的失业工人生活无着。而许多工会不仅不对这些情况引起足够重视，反而收了大量的社会保险金却不去做救济工人的事，给工会机关乱用。这就损害了广大工人群众起来参加革命的积极性，是当时"职工运动中危险的右的错误倾向"。与此同时，"在领导工人的经济斗争中，还存在着另一种极端危险的'左'的错误倾向"。这种倾向表现在只顾及行业的狭小的经济利益，妨碍苏区经济的发展和苏维埃政权的巩固。在许多城市的商店、作坊中提出了过高的经济要求，机械地执行只适用于大城市的劳动法；不问企业的工作状况，机械地实行八小时和青工六小时的工作制；不顾企业的经济能力，强迫介绍失业工人进去；在年关斗争中到处举行总同盟罢工。这使得许多企业不堪负担而迅速倒闭。

这些情况的发生，也同当时许多同志没有认识到苏区经济建设的重要性有关。他们认为："革命战争已经忙不了，哪还有闲工夫去做经济建设工作。"毛泽东为此曾指出：现在我们的一切工作，都应当为着革命战争的胜利，首先是粉碎敌人第五次"围剿"的战争的彻底胜利；为着争取物质上的条件去保障红军的给养和供给；为着改善人民群众生活，由此更加激发人民群众参加革命战争的积极性；为着在经济战线上把广大人民群众组织起来，并且教育他们，使战争得到新的群众力量；为着从经济建设去巩固工人和农民的联盟，去巩固工农民主专政，去加强无产阶级的领导。为着这一切，就需要进行经济方面的建设工作。

毛泽东的正确思想代表了许多具有远见卓识的同志的共同见解。刘少奇也曾经这样指出：目前，在苏维埃革命的国内战争环境中，工人阶级一切福利的基础，是革命战争的彻底胜利，是苏维埃政权的巩固扩大和在全中国取得胜利。"一切服从战争"，就是一切服从于工人阶级全体的长久的利益。这就要求国有企业与合作社企业中的工人职员们，为着战争，为着苏维埃的胜利，为着工人阶级全体长久的利益，而自觉地努力地工作。也就是从这个根本点出发，刘少奇对职工运动中存在的上述"左"右倾的错误做法，都进行了坚决的、积极的纠正。

他始终关心工人利益，提出维护工人日常经济利益是苏区工会最重要的工作之一。他指导各地工会制订劳动合同，坚持纠正工人中某些过高的要求、狭隘的习惯和行会的偏见，同时反对牺牲工人阶级利益的右倾机会主义，最大限度地保护和增进工人群众的利益。他指出，我们的目的是要在改订合同的运动中，更广泛地发挥工人积极性，提高工人觉悟，来参加苏维埃国家和红军的建设，巩固与扩大苏维埃政权。他要求各级工会认真领会苏区《劳动法》，注意建立劳动介绍所、社会保险局，救济失业工人。他批评采用强迫雇主安排失业工人的办法是挖肉补疮，迫使这些工厂和店铺只好关门。他还指

第三章 激流勇进

出,在停止强迫介绍就业的办法之后,一方面应从资本家和地主手里筹集救济款,另一方面也可动员失业工人参加合作社,参加革命,参加工人师,为失业工人广找出路,从而正确处理了工人与雇主、工人阶级长远利益和目前利益的关系。他在阐明苏区国有企业、合作社企业的地位和作用时,号召这些企业中的工人、职员,要用国家主人的新的态度对待新的劳动,应在目前革命战争中广泛组织与开展革命竞赛,用最高的劳动热忱迎接苏维埃政府所给予的生产计划,为着提高生产效能而必须与旧习惯作斗争,并加强技术训练等。对国有企业的领导方法和管理方法,他首先提出厂长负责制,以"三人团"(厂长、党委书记、工会主任)和建立工厂委员会的体制实行管理。这些措施有效地促进了中央苏区社会生产力的发展。

为有效地指导和推动中央苏区工会工作的健康发展和中央苏区经济工作的长足进步,刘少奇在这个时期,以极大的努力,撰写和发表了一批重要文章,主要有:《与忽视工人日常经济利益的倾向作斗争》、《用新的态度对待新的劳动》、《论国家工厂的管理》、《在粉碎敌人五次"围剿"决战中,边区的工会工作》、《每个工会会员加入赤少队去》等。

敌人为绞杀中央革命根据地,极重要的一个手段就是对中央苏区进行严密的经济封锁。而敌人的这一招,的确造成了中央苏区内盐、布、医药等物品奇缺,粮食、钨砂、烟、纸、樟脑等物资出口严重困难,影响着群众和红军的生活,影响着革命战争的进行。全力打破国民党反动派的经济封锁,是中央苏区经济工作的一项重要任务。据原中国苦力运输工人工会委员长王贤选等人的回忆,当时"毛泽东同志很重视这项工作,号召我们有计划地组织人民,发展对外贸易,把粮食、钨砂、木头、樟脑、纸张、烟叶、夏布输出到白区去,卖得适当的价钱,从白区购买必需品,如食盐、布匹进来,分配给人民,打破敌人的封锁。当时全国总工会委员长刘少奇同志,副委员长陈云同志、朱琪同志都亲自抓这项工作"。

为打破敌人严密的经济封锁,刘少奇还特别花大力气抓了一件组织苏区工人疏通河道、建造木船的大事情。当时陆路上的交通基本上都已被堵塞，不能货畅其流。而且陆路上的运输，原来也主要靠运输工人的长途肩挑，费力费时。在这种情况下，刘少奇大力主张发展水上运输。他组织了修缮河道委员会，并任命王中仁为委员会主任，专门抓这件事。在刘少奇的督促下，委员会先做了一番深入的调查研究，把赣江上的河道水路状况都摸了个一清二楚，然后正式提出了疏通河道的办法和搞活水上运输的意见。在这个过程中，却遇到一个意想不到的事情。瑞金武阳区河上有一段石节，船只行驶到这里，就都得停靠，把货物卸下船，再肩挑车推走上一段路，装到石节另一边的船上去。刘少奇与委员会的同志商量决定，把这段石节炸开，使上下两边的河道连接起来。可是这里的群众出来阻挡，说这样会破坏风水的。虽然是封建迷信，但关系到相当一部分群众，不能草率。刘少奇于是要委员会的同志都去做深入细致的工作，对群众晓之以理，动之以情。苏区的群众毕竟有一定觉悟，最后不仅被说服了，而且还积极地出来参加这项工程。人心齐，泰山移，原计划两个月完成的工程，一个月就竣工了。于是河道畅通，船只往来如梭。刘少奇又组织造船工人迅速赶制了300只船，大大地增加了水路运输量。苏区同邻近白区的贸易往来一时大为活跃。

刘少奇还领导苏区工会响应中央政府毛泽东主席关于"要使工会动员它的会员群众都加入到经济战线上来"的号召，多方位地动员和组织工人们参加苏区的经济建设。工会在国家企业中相应地提出了要"为巩固和发展苏维埃企业而斗争"的任务，号召工人增加生产、节约材料、改良技术、提高产品质量、加强劳动纪律，并经常组织生产突击队和生产竞赛，工人们在八小时工作以外自动延长工作时间一两小时成为常事。工会还在自己力所能及的范围内，协同苏维埃政府，通力组织失业工人办起手工业生产合作社、互助耕牛站，并协助发放农业贷款等，促进苏区生产的恢复和发展。提高了觉悟的工人们，还以主人翁的态度开展了无偿退回公债券和购买经济建设公债的革命竞赛。所有这一切活动，使苏区工会和工人运动，越发呈现出一派生气

第三章 激流勇进

勃勃的景象。

1934年1月,在瑞金召开了中共六届五中全会。这次会议的召开,只不过是"左"倾冒险主义路线的进一步贯彻。自从1933年1月临时中央在白区无法立足,迁入中央革命根据地后,"左"倾冒险主义者不仅立刻把中央苏区的党、政、军大权全部抓到手里,而且还开展了所谓对"对革命悲观失望"的"逃跑退却路线"的错误批判,使"左"倾冒险主义很快在全党贯彻。在共产国际派来军事顾问李德后,中共中央局(临时中央同苏区中央局合并后便称中共中央局)又把红军的指挥大权,交给了这位不谙军事、不明中国实际、作风独断专横、完全凭着地图瞎指挥的李德,致使红军的反"围剿"斗争一次又一次失利。正是为了进一步压制党内的正确意见,顽固地推行"左"倾冒险主义的路线,才召开了六届五中全会。会议从"在中国存在着直接革命形势"这一结论出发,把低潮看作直接革命形势,强调右倾机会主义是"主要危险"、"反对对右倾机会主义的调和态度",继续发展了宗派主义的过火斗争的打击政策。这就导致了中央革命根据地第五次反"围剿"不可挽回的失败。刘少奇虽然在这次会议上仍然当选为中央政治局候补委员,但他显然没有在会上发言的余地了。

在党中央已秘密决定准备作战略转移的时刻,刘少奇于7月至9月间,出任福建省省委书记。他从瑞金来到省委驻地长汀后,通过紧张的调查研究,及时召开省委会议,对各项工作做临战布置:精简省级机构,缩编工作人员充实到基层,组织军民抗击敌人,广泛动员群众坚持生产,支援前线,踊跃参军。刘少奇到兆征县蹲点,和县、区委干部一起走家串户,了解情况,解决问题。根据军事上越来越紧迫的局势,他主持召开省委、省苏维埃政府和省军区的紧急会议,要求加强独立领导,缩小行政区,实行干部地方化,充实地方武装,普遍成立独立团、独立营和游击队,建立秘密的党组织和工作网,将所有粮食转移后方,继续深入开展肃反等,以便在被敌人分割和占领时,仍能进行独立作战,广泛开展游击战争和转入地下斗争。一切部署停当后，刘少奇随即被召回瑞金。

从这些情况可以看到，刘少奇虽然受到了"左"倾路线者的严重压制、打击乃至组织处分，但这些都没有妨碍他一丝一毫的工作热情和实际上进行着的反对"左"倾的努力。

六、在长征前后

当中央苏区第五次反"围剿"节节失利，红军主力部队战略大转移的序幕即将拉开之际，1934年7月上旬，刘少奇被调往长汀担任了福建省委书记。这时，红六军团和红七军团已经离开福建，敌人的重兵已经逼近闽西的连城和长汀。

刘少奇到任后，对整个形势作了分析，针对当时敌我情况的变化，主动地对工作重心作了适时的调整和改变，逐步实施了一些措施：第一，狠抓扩大地方武装的工作，派人到连城、永安等地，具体领导红军独立九团，开展敌后游击战争，以掩护红军主力部队的战略转移。第二，为了日后机动灵活地对敌开展游击战争，在行政区划上作了变动，将原来的长汀县除了已经划为兆征、汀东和长汀县外，还增设了汀西县；将上杭分为新杭县和代英县。第三，为鼓励红军家属留下来坚持斗争，在兆征县召开红军家属代表会，表彰一批送子送夫的红军家属，恢复了帮助红军家属的耕田队，号召妇女学才溪乡，学会用牛犁田，以解决青壮年男子参军后，生产生活上带来的困难。

7月22日，中共中央又发出《关于在今年秋收中借谷60万担及征收土地税的决定》，于是，刘少奇领导福建苏区人民再次开展收集粮食的突击运动。据《红色中华》报道：长汀县完成30954担，兆征县完成20504担，汀东县16259担，上杭县5141担，新泉县3010担，全部超额完成计划，全省共

第三章　激流勇进

超过原定计划1万多担。宁化县从8月7日开始动员，半个月时间，就收集了34000余担粮食。福建苏区人民还组织了运输队，抢运粮食到指定的接收地点。在筹粮的同时，刘少奇还领导发动福建苏区人民积极筹款，收集军工生产的原料，编织草鞋等支援红军。兆征县在7月份便筹款17000余元。长汀县的赤男区一次就编织了1700余双草鞋。福建苏区各地的工厂也加紧生产，日夜赶制军需用品，长汀红军斗笠厂9月份产量超过了20万顶，中央被服厂长汀第三分厂5月以后，工人们每天加班2个小时，生产了大批的军用被服，确保红军转移的需要。其他如宁化被服厂、长汀硝盐厂、四都兵工厂等夜以继日地开足马力生产了大量军需用品，支援红军。长征前夜，红9军团在汀州休整，他们领取了大批军用物资，每个红军指战员领到一套斜纹布漕棉衣、夹被、鞋子等物，军容焕然一新。9月1日，党中央又发出《关于九月间动员3万新战士上前线的通知》，刘少奇领导福建苏区再次掀起扩红突击运动。据《红色中华》报道：至长征前夕的9月26日，宁化县又有200多人加入红军，长汀县又一次超额完成计划，新战士多达1300人，并继续为达到2000名的新指标而努力。

9月，刘少奇又主持召开党的活动分子会议，针对敌人第五次"围剿"的严重局势，决定将福建省划分为若干个小的行政区，以便在优势敌军的分割包围形势下，能够独立坚持斗争。同时，他决定实行干部地方化，加强地方武装建设，普遍成立独立团、独立营和游击队，广泛开展游击战争；建立秘密的党组织和工作网，准备转入地下坚持斗争；加紧运粮到汀西，准备长期坚持游击战争；深入开展肃反工作，纯洁内部，巩固内部的团结统一。这些措施，不仅有效地迟滞了敌军的进攻行动，掩护了中央红军主力的战略转移，而且为中央红军主力长征后，张鼎丞、邓子恢、谭震林等坚持艰苦卓绝的三年游击战争奠定了基础。

9月底，在长征前夕的最后一战——松毛岭保卫战（即两次温坊战斗）中，留守松毛岭的红军部队仅有五六千人。刘少奇领导紧急动员了新战士

1600多人入伍参战。同时发动长汀、连城邻近苏区群众组织了运输队、担架队、慰劳队奔赴前线，同红军一道修工事、抬伤员、运弹药，参加作战。长汀塘背乡，全乡除留2人外，全部投入紧张的支前工作。

但是，这时中共中央和中革军委的领导权指挥权仍操在一些不懂中国国情、却为共产国际信任的"左"倾教条主义者手里。他们全盘否定了毛泽东提出和制定的并经战争实践一再证明是正确的战略战术基本原则，实行了一整套完全脱离中国革命实际的所谓新原则，始则实行进攻中的军事冒险主义，继则实行防御中的军事保守主义，最后实行退却中的逃跑主义，最终导致中央红军第五次反"围剿"失败，党和红军艰苦经营近6年之久的中央苏区全部丧失，给中国革命和革命战争造成巨大损失。

1934年9月，中央苏区面临着极其严重的险境，中共中央、中革军委和红军总部被迫决定撤离中央苏区，率领中央红军踏上艰难的长征之路。这时，刘少奇又受命出任红8军团中共中央代表。同年10月，刘少奇与周昆、罗荣桓等人率领红8军团，随中央红军主力踏上了突围西去的漫漫征途。

1934年12月、1935年1月，他先后出席了中共中央政治局黎平会议、中共中央政治局遵义扩大会议，坚定地支持毛泽东的正确主张，积极要求在党中央和红军中确立毛泽东的领导地位，从根本上挽救了党，挽救了红军，挽救了中国革命。

遵义会议以后，中国共产党结束了长达四年之久的以王明为代表的"左"倾教条主义的统治，确立了毛泽东在党中央和红军中的领导地位。

中央红军四渡赤水之战中，刘少奇出任红3军团政治部主任，坚决贯彻执行毛泽东提出和制定的一整套机动灵活的战略战术，为实现党的战略指导思想的根本转变，夺取战略转移中的主动权，作出重要贡献。中央红军与红四方面军会师后，刘少奇同张国焘分裂党、分裂红军的错误进行了坚决斗争，为维护党和红军的团结统一，作出了重要贡献。

第三章　激流勇进

遵义会议旧址

1935年10月，刘少奇随中央红军长征胜利到达陕甘苏区后，继续负责党的工会工作。并于同年11月上旬，组建了中华全国总工会西北执行局，任委员长。这年11月27日，他在《斗争》第75期上发表了《在苏维埃政权下工会的作用与任务》文章，指出苏区内的工会，"是苏维埃最重要的群众柱石，是党的路线在农村中最可靠的传达者和组织者。因此，要巩固苏维埃政权，要加强苏维埃政权的群众基础，以及要使党与苏维埃的各种政策在苏区内得到深入的彻底的执行，都必须把苏区内的工人、雇农广泛地组织到工会之内，建立苏区真正群众的阶级工会。这应该看作是党的最基本的工作。"同时，他强调指出，目前工会在陕甘苏区的基本任务是："一、组织真正群众的阶级工会；二、努力改善工人群众的经济生活与文化生活；三、在进行上述两项不断的群众工作中，发动与引导广大的工人群众来积极参加苏维埃与红军的建设。"还指出："工会在国有企业中有完全不同的任务，工会除保护工人经济利益之外，还应为巩固与发展苏维埃企业而斗争。工会应参加与协助国有工厂的管理，应教育工人用新的态度来对待新的劳动，应为提高国有企业的生产而斗争。工会应教育工人，现在的苏维埃工厂，不是资本家剥削者的工厂，不是为剥削工人而设立而生产的。现在的苏维埃工厂，是全体劳动阶级所共有的工厂，是为着革命战争与全体劳动阶级的解放和利益而生产。国有企业中的工人从前都是为剥削者为资本家、地主而生产的，现在是自有历史以来头一次的为自己为劳动阶级而做工了。因此工会要号召工人为国有企业增加生产，增加工作速度，改善工作技术，节省工厂的材料。因为这不是为着阶级敌人，而是为劳动者自己。"

1935年12月17日，中共中央政治局为适应蓬勃兴起的抗日救国形势，在陕北的瓦窑堡召开扩大会议，确定党在新形势下的方针和政策。出席会议的有：毛泽东、张闻天、周恩来、博古、刘少奇、邓发、张浩等。会议通过了《关于目前政治形势与党的任务决议》，确定了抗日民族统一战线的总政策，并相应地调整了各项具体政策。决议强调指出：在目前形势下关门主义是党的主要危险。党确定抗日民族统一战线工作总政策，是中国共产党政治路线的重大转折。会议还讨论了党在新形势下的军事战略问题，特别是红一方面军的行动方向问题。会议一致同意毛泽东关于军事战略的报告，通过了《关于军事战略问题的决议》，确定了党的战略方针是：在以坚决的民族解放战争反对日本帝国主义进攻中国的总任务下，首先须在一切政治的、军事的号召上和实际行动上，"把国内战争同民族战争结合起来"，1936年应"准备直接对日作战的力量"、"猛烈扩大红军"。在此方针下，红一方面军的行动部署，应该确定地放在"打通抗日路线"与"巩固扩大现有苏区"这两个任务之上，并把"打通抗日路线"作为中心任务。"具体步骤，即把红军行动与苏区发展的主要方向，放在东边的山西，和北边的绥远等省去"。

第四章

华北风云

红军长征胜利到达陕北后,党中央提出建立抗日民族统一战线的策略方针,并派刘少奇同志前往民族救亡浪潮高涨的华北地区。他领导迅速恢复和发展了党在华北地区的组织,成功实现党在白区工作的历史性转变,巩固和发展了党领导的一二·九运动的胜利成果。

一、前往北方局

1936年1月17日，刘少奇出席中共中央政治局会议，讨论红军的行动方针和工作计划问题。会后，刘少奇化名胡服即从瓦窑堡出发去北方局所在地天津，从事党中央交给的新的具有开创性的工作，并且在工作中进一步展现出他的领导才能和高超的领导艺术。

出发的时候，确定由谈国帆担任打前站及与沿途地下党联络安排接送事宜的任务。谈国帆1935年12月受中共关中特委的派遣到瓦窑堡，向中央白区工作部汇报工作。他对渭北一带的地理环境和人事关系都很熟悉，他家所在的临潼栎杨又是地下党的活动据点。后来，谈国帆回忆护送刘少奇出发的情景时说："一大早，我们一行上了路，同行的除贾拓夫、张德生同志外，还有我不认识的两位同志，是一男一女。那位不认识的男同志，当时叫胡服……按照组织原则，我不能多问。所以，我当时并不知道他是谁。事后，张德生同志告诉我才知道，他就是我党著名的活动家、伟大的马克思主义者刘少奇同志。当天晚上，我们歇在驮儿坪。这一天正是民间送灶王爷的腊月二十三，因此日子记得较准，我们几个人是一路步行走的。虽在边区内，为了安全，我们仍然避开大路。陕北的地形，梁峁交错，沟壑纵横。离开了川道大路。尽是山间小道，僻野荒径，十分难走，一会儿翻过深沟，一会儿爬坡越岭，有的地段还得穿过树林。虽然刘少奇同志年龄比我们大，但他不畏艰难，总是精神抖擞地走着。"

1月23日，刘少奇一行来到陕甘边区前沿的一个村庄，在一位农妇家里驻脚。这一天，正好是旧历年除夕，老百姓都忙着准备过年。按照传统习俗，家家户户把房子打扫得干干净净，透着色彩浓烈的红颜色，还飘溢着年饭的

第四章 华北风云

醇香。见到这种情景,刘少奇提议,在边区的家门口欢度新春佳节,吃一顿年饭。大家自然很高兴。刘少奇派人买来了鸡、肉、酒菜和大家围坐在一起。他谈话风趣,亲切和蔼。席间欢声笑语不绝,气氛十分热烈。在尽情的欢乐中,大家决心用新的胜利迎接春天的到来。

1月27日,他们抵达中共陕甘省委所在地——甘泉下寺湾,受到省委副书记李富春和蔡畅的热情接待。

2月初,刘少奇等人到达今富县套筒原。为了刘少奇的安全,张德生命谈国帆先行赶赴栎杨,通知地下党做好迎接"贵客"的各种准备。之后,由渭北十九路军游击队负责人王杰担负护送任务。

刘少奇在中共关中地委驻地度过元宵节。这里是苏区和白区的交界处。刘少奇在这里为进入白区做好了准备:一是将组织交给的金子(经费)打成了5件小金器:金镯子一对、小项圈、皮带扣、金鞋拔各一个,便于随身携带;二是找了一个向导。

元宵节过后,刘少奇夫妇化装为富商,继续南行。他们穿过国民党军队设置的道道关卡、哨所,由耀县直奔栎杨镇。

2月中旬的一天,黎明时分,刘少奇一行安全抵达栎杨西北的徐杨村,住在开明士绅杨宜汉家里。杨宜汉是三原、高陵、临潼一带地方武装的领导人,又是栎杨镇公所的头头,在当地有一定名望和势力。他为人富有正义感,喜欢结交朋友,和国民党有杀兄之仇,在政治上反对国民党。他与渭北地下党组织早就建立了密切的联系,积极为边区运送物资,护送过往人员。地下党的同志都亲热地称他为"杨二哥"。他所控制的地区,成为地下党活动的安全地带。因此,谈国帆和渭北地下党组织经过慎重研究,选定徐杨村作为刘少奇的停留地点。

刘少奇踏进杨家大门,主人迎上去说道:"客来啦!"随即安排刘少奇住在后院,并吩咐他的夫人王秀莲烧菜做饭,为客人洗尘。

晚上,刘少奇去杨宜汉的房里回拜。此前,刘少奇曾听地下党负责人唐玉环介绍说，杨宜汉平时敬仰共产党人，很爱听讲红军的英雄事迹。刘少奇坐下后，杨宜汉再三表示愿意领教。于是，刘少奇向他讲了红军在二万五千里长征中，如何抢渡金沙江，飞夺泸定桥，爬雪山，过草地……主人听得入了神，直至深夜仍无倦意。刘少奇还向他详细讲解了共产党"停止内战，一致抗日"的主张。刘少奇说：日本帝国主义不是占领了东北、华北就满足得了的，其最终目的是要灭亡中国，让中国人当他的亡国奴；所以中国人应当团结一致，共同抗日。话音刚落，杨宜汉兴奋地说："我能与贵客相见，感到十分荣幸！听了贵客的话，我精神爽快，病都好了。"刘少奇为杨宜汉的盛情所感动，连连称赞这里可算是敌占区中的"小边区"。第四天，吃过早饭。杨宜汉专门借来一辆马拉新轿车，送刘少奇夫妇去火车站。

临行前，刘少奇对杨宜汉说："我这个外乡人，来到这里像在自己家里一样。感谢杨二哥的真诚招待！"杨宜汉把刘少奇一行一直送到村外，不停地祝愿客人："珍重！珍重！后会有期！"

刘少奇一行经北田，过临潼，来到新丰火车站。候车室里挤满了人。

突然，警察来到刘少奇跟前盘问："到哪里去？""到郑州去。"刘少奇镇静地回答。警察又问刘少奇旁边的交通员："你到哪里去？"交通员答道："我去看儿子。""你儿子在哪里？"警察继续追问。交通员脱口而出说："我儿子在白军里工作。"刘少奇听着心里一紧。"白军"、"红军"，那是苏区老百姓的语言，在这样的场合根本不能使用这样的称呼。

幸好，火车马上进站了，警察没有再追问下去。事后，刘少奇严肃地告诫交通员说："我们已经进入国民党统治地区了，稍有不慎就会出问题。以后遇到警察盘问时，不要紧张，说话要注意，不能像刚才那样回答。"

二、中央来的胡先生

  1936年初春的天津，虽说有了一些春意，但这里尚有积雪的天气依然很冷。

  刘少奇一行经过30多天的长途跋涉，终于踏上了北方海滨城市天津。这是他第二次来天津。很快，他们就到了预定的日租界兴安路北洋饭店住下，此时刘少奇化名胡服。

  几天后，一位知识分子模样的人，手拿一卷报纸来到刘少奇居住的门前，看了看门牌号，轻轻敲了几下。这时，刘少奇正在房间里踱来踱去，等待着地下党组织派人来接头。听到敲门声，他急忙开门迎客。

  "您是胡先生吗？"来客问道。

  "是的。"刘少奇一面回答，一面瞟了一眼来客手上的报纸。从露出来的报头可以看到，这是一张《益世报》。

  "我是李先生介绍来的。"来客自我介绍。

  刘少奇点点头，把客人让进房间。客人又把带来的《益世报》放在桌子上。这时，两人都会意地笑了起来。他们立即把房门关上，秘密交谈起来。

  他们按照事先规定好的暗语暗号，接上了关系。来客是中共河北省委秘书长王林。

  当时，国民党统治下的天津，白色恐怖严重，共产党活动非常困难。党的负责人只能通过秘密电台和地下交通员单线联系。随时有坐牢杀头和组织被破坏的危险。

  刘少奇一到天津便开展了深入细致的调查。他急于了解情况，先后让王林两次来到饭店汇报工作。每次王林汇报时，总是打消不了心中的问号。

以前从没有听说过胡服这个名字,这位新来的中央代表胡服先生究竟是谁呢?言谈中,刘少奇似乎看出了这一点。为了让王林放心,在第二次谈话结束后,他用手指在桌子上写了"刘少奇"三个字。王林一看十分惊喜地站起来:"你就是刘少奇?这太好了,你来了,我们北方的党组织有希望了。"

住大饭店固然是好,但人多且杂,很不安全。因此,刘少奇在北洋饭店只住了三天,便在中共天津市委书记林枫的协助下,租赁了黑龙江路隆泰里十九号楼上的房间居住。这幢小楼位于日、法租界的交界处,靠近海河广场吊桥,周围街道纵横,四通八达,既适于隐蔽,又便于转移。楼下就是房东王惠开的"惠兴德"成衣铺,收有一个徒弟叫郭大,专门承做各种中式便服。当时,王惠曾亲手给刘少奇做过一身便服,郭大还曾经给刘少奇打过开水,但从不过问刘少奇的来历,只知道他是准备到一家大学教书的"教授",眼下正在家中养病。

刘少奇名义上在养病,实际上密切关注着外面形势的发展。一天,当刘少奇从天津《大公报》上看到《北平学生抬棺游行,警队弹压略有冲突》的报道后,陷入了沉思。他察觉到,参加游行的都是民族解放先锋队队员和少数思想激进的青年,他深为感情用事的学生痛惜,同时也感到"左"倾冒险主义影响太深。于是他开始对北平抬棺游行事件进行处理。

事情的起因要从这年春天国民党政府颁布《维持治安紧急办法》谈起。随着日军向京津地区侵略的深入,人民群众特别是青年学生抗日爱国的热情逐步高涨。国民党为了讨好日本当局,镇压学生爱国运动,便颁布了这一法令,规定当局可以解散抗日救亡团体,可以逮捕甚至枪杀爱国分子。按照这一法令,仅北平一地,就有200多名爱国青年被捕入狱。

年仅18岁的北平高级中学学生郭清就是这200多名中的一位。入狱后他遭到反动派的严刑拷打和折磨,惨死在狱中。临死前,郭清面对打手毫不屈服,依然坚定地说:"我决不怕死,因为我的牺牲是有代价的。我是中国人,

第四章 华北风云

我必须救中国。"

不久,郭清惨死的消息传到北平各学校,学生们对国民党当局的残酷镇压愤怒了。有的学生说:"我们不是绵羊,我们不能任人宰割。我们中的一个被敌人杀了,我们要争取掉泪的机会,我们要表示复仇的决心!"学生运动中"左"的急躁情绪有所抬头。于是,北平市学生联合党团决定于3月31日在北京大学三院为郭清举行追悼大会。这时的中共北平市委主要负责人对白色恐怖形势的严重估计不足,遂同意了这个计划。

3月31日那天,北平天色阴沉。强烈的西北风在街道上狂暴地吹着,门窗发出刺耳的尖啸。上千名学生运动积极分子早早地来到北京大学。追悼会场上摆放着许多吊唁的花圈和挽联。平津学联送来一条白色横幅,上写"郭清今日不死,为民族而奋斗,虽死犹生!"的醒目大字。一位东北籍学生从棺材铺弄来的棺材,放在礼堂中央,棺材前挂着郭清的遗像,会场庄严肃穆。

追悼大会开始以后,先由学生联合会主席致辞,再由学生代表宣读祭文。这时会场的气氛更加沉痛,表达爱国学生心情的祭文在礼堂里回荡。

"我们要把血淋淋的事实大声告诉全世界,我们要清算这一笔血账。"

"我们只有沉痛的愤恨,像火一样烈,海一样深的愤怒和仇恨……"

突然间,一名学生跑进来,大喊一声:"警察来了,警察把大院封锁了。"

学生们听到这一消息更加愤怒了。有人高喊:"为了追悼郭清和巩固我们的精神,我们要抬棺游行!"这一建议马上得到大家的响应,参加追悼会的学生争先恐后地抬起棺材,冲到大街上游行。

不幸的事情终于发生了。当游行队伍来到南池子附近时,突然遭到大批军警的袭击,游行的学生被打散,40多名学生被捕,100多名学生被打伤。

抬棺游行事件,虽然显示了北平爱国青年崇高的救亡激情和不屈不挠的斗争精神,但是,这次行动也暴露了革命骨干力量,使一些敌人费尽心机拿

81

着黑名单也抓不到的学生干部被捕了,其中有北平市学联负责人黄华、北大学生会负责人谢云晖、清华大学党支部负责人赵德尊等。北大学生会主席韩天石、巫省三、吴沛仓和叶纪霖四人被校方开除。从此,北大学生会被迫停止活动,青年学生爱国救亡运动陷入严重困境。

这一事件,是继1935年一二·九学生爱国运动后,学生抗日救亡运动受到的又一次严重打击。刘少奇认为,这一问题如果不及时解决,瓦窑堡会议提出的建立华北地区乃至全国的抗日民族统一战线新政策就会落空。他决定抓住这个典型事件,对党员和干部从思想上进行一次斗争策略和工作方法的教育。

于是,刘少奇立即给北平的有关同志写了题为《论北平学生纪念郭清烈士的行动》的一封信,刊登在内部刊物《火线》第55期上。署名为"K·V·"。

在信中,他分析了形势,指出了这次行动的错误与危害。他说:"正当敌人想尽一切办法来进攻爱国人民的时候,处于防御地位的爱国阵线,应当暂时避免和敌人进行决定胜负的战斗;在这时,鼓励少数先进分子,向敌人做冒险的进攻,结果就会招致敌人更残酷与更野蛮的进攻,使自己陷于更加孤立的地位,使建立统一战线的事业受到损害。"针对抬棺游行,他指出:"这样的行动,如果再有一次以至几次的话,在敌人严重进攻之下,会使一切民众的爱国组织完全不能公开,会使你们完全脱离广大群众,使许多组织塌台,使许多同志和先进的爱国志士被捕被杀,使汉奸法西斯蒂夺到'爱国运动'的领导地位来窒杀爱国运动。最后只剩下你们几个布尔什维克在秘密的房子内去'抗日救国'。这里还有什么'统一战线'?!这是怎样明显的脱离群众的关门主义?!这不简单是错,而是罪恶啊!"

信中还指出:这种关门主义与冒险主义错误,在党内"是有长久历史的",所以,这种错误"不是你们负责的"。事实上,大批学生运动的骨干都是新党员,他们不了解过去的"左"倾错误造成白区许多同志流血牺牲的惨痛教训。

第四章 华北风云

他还耐心地对北平的同志说:"郭清是应该追悼的,应利用这件事来更激发群众抗日反汉奸的情绪。但不应采取今天这样的方式。可以设置灵堂由各界人士自由去致祭送挽。如果要开追悼会,可以与学校当局商议,可以请学校当局教授讲演,也可以举行比较盛大的葬仪,就是说完全公开地进行纪念。如果遇到某些事不能得到允许(如开会、盛大葬仪等),就少做一件两件也不是什么可耻的事。这样做,我们相信会得到成功,不会失败。"

多来年,华北地区地下党的同志在党的刊物上看过不少鼓吹斗争和暴动的文章,这封信一扫过去那种充满火药味的论调,实事求是,以理服人,给他们带来了不小的震动。有的党员在打听这个署名"K·V·"的是什么人?

从此,中共北平市委吸取抬棺游行事件的教训,根据北方局和刘少奇的指示,做了许多善后工作。如把平津学联改组为平津学生救国联合会;北平市学联改名为北平市学生救国联合会,并发表宣言,检讨过去学联的错误,提出要以新的姿态和新的路线来指导学生运动,"把一切的同学们都组织起来"。后来,在这些华北救亡团体的努力下,全国学生救国会在上海成立。刘少奇认为,上海有党的改组基础,城市大,又有租界,便于掩护,便于联系华中、华南。

为了把抗日爱国运动持久坚持下去,他们号召各校同学复课,提出了"救国不忘读书,读书不忘救国"的口号,进一步健全和巩固学生自治会组织,设法营救被捕的进步教授和同学;同时要求各校充分利用各种公开合法的形式和机会,关心广大学生的切身利益,从各种学生的不同觉悟程度、不同兴趣爱好的实际状况出发,对广大学生进行艰苦深入的团结、教育和组织工作。他们一方面批判胡适等人"读书救国"的谬论,引导那些关门读书不问政治的学生,参加抗日救国活动,为此,在燕京大学成立了公开社团"北平求知学会",各校成立了分会,会员有1000多人。他们还联络其他学术团体,经常组织"新哲学讲座"等演讲活动,出版《求知月刊》,向广大学生宣讲辩证唯物主义基本知识和抗日救亡的道理。北平师范大学组织了"科学战争研究会",把读书、科学探讨和抗日救亡工作结合起来。清华大学成立了"实用科学会"等团体。这些社团组织的活动,吸引了许多平常不大关心政治,但对科学有兴趣的学生参加,使他们在学术活动中受到了教育。另一方面他们教育进步学生,在积极参加抗日救亡活动的同时,也要认真学习好功课,取得优异成绩,并帮助学习上有困难的同学。

在党的领导下,各校进步学生还根据广大学生的实际情况,成立文艺团体,创办文艺刊物。燕京大学有"十二九"文艺社,清华大学有"清华文学会",中国大学有"文艺茶会"等等,并利用假期组织同学到西山去野营。一时间,歌咏活动普及各大中学校,《渔光曲》、《义勇军进行曲》、《毕业歌》等救亡歌曲唱遍了城市和乡村。学生们演出的《放下你的鞭子》等街头剧,受到群众的热烈欢迎,使许多学生受到了集体主义的教育。

同时,学联又要求学生们主动团结教师。北平学联发表了争取"师生合作"的文件,检讨过去处理师生关系不当的地方,诚恳请求爱国师长给予帮助、教育和支持。不久,北京各校66名著名教授发表了《对时局的意见书》,要求蒋介石国民党抗日。学联马上发动签名运动,支持教授的行动,使学生与教师联合起来。

在北方局和刘少奇的领导下,曾遭到反动当局破坏的北方党组织相继得到恢复,华北各界的救国联合会相继成立,天津地区出现了各界联合的抗日救亡运动新高潮。

三、指导华北平原抗战

在创建敌后抗日根据地的过程中,遵照毛泽东的指示,刘少奇首先重

第四章　华北风云

点抓了晋察冀抗日根据地的建设。晋察冀边区经过前一时期的工作，已有了相当基础。平型关战役后就留在晋察冀开展游击战争的聂荣臻，在1937年11月7日根据中共中央指示成立了晋察冀军区和四个军分区。11月12日，毛泽东致电刘少奇、周恩来等，要求即速以五台为中心建设省委，以山西最强干部的四分之一以上配置于该地，每县建立县委和组织1000人以上的游击队。刘少奇立刻加派从北平到太原的黄敬率领一批干部赴晋察冀，由黄敬担任晋察冀省委书记，并在各地成立同各个军分区领导范围相应的特委；县以下各级党的组织也先后建立起来，为建立敌后抗日民主政权打下了比较好的基础。

此时，聂荣臻也在斗争实践中感到"为着持久的斗争与民主，发展统一的政权是必需的"。11月8日，聂荣臻《关于成立晋察冀临时行政委员会等问题的请示报告》报送朱德等并转北方局，提出了政权建设问题。11月16日，刘少奇同周恩来联名复电聂荣臻，作出明确的答复：

"在晋察冀全区，为了加强与统一军事政治领导，应即进行统一战线的民主政权的改造与建设。（一）立即普遍进行区乡临时政府委员会的民选；（二）由当地武装部队、各党派团体代

聂荣臻元帅

表组织临时县政府委员会，好的县长可为主席；（三）立即筹备边区政府的建立，名义可称为晋察冀边区政府委员会，主席即以宋劭文担任。""边区政府、军区司令部一面筹备成立，一面向蒋、阎提出，力求取得其同意后，向全国公开，以便推广到其他边区。在未得承认前，边区可先行办理，唯暂不

向全国公开。此电并致各边区省委，晋西北及绥远亦可采取此种原则，依当地实况，逐步进行。"聂荣臻召集冀察两省各军、政、民领导人交换意见后，便于12月5日在阜平成立了"晋察冀边区临时政府筹备处"，着手进行边区军政民代表大会的筹备工作。

经过1个多月的准备，1938年1月11日，敌后第一个抗日民主政权——晋察冀边区临时行政委员会成立了。这是敌后第一个由中国共产党领导的统一战线性质的抗日民主政权。这在全国是一个首创，对鼓舞沦陷区人民同日本侵略者展开斗争具有重大意义，根本改变了原国民党政权在日军进攻面前土崩瓦解而出现的混乱局面，稳定了社会秩序，使晋察冀边区的抗战力量得到迅速发展。

冀中地区的抗日游击战争随着战争的不断发展也迅速开展起来，建立平原敌后抗日根据地的任务逐渐提上议事日程。1938年3月11日。刘少奇和杨尚昆联名致电毛泽东、任弼时、朱德等，提出要发展河北平原的游击战。他们说："太行山脉、冀晋边各得力游击队，似应更多地到平汉路以东去行动，更大发展河北平原的游击战争；如有可能，目前即组织一支得力游击队到山东去。"

刘少奇在我们党内一向特别重视总结工作，这在他的工作历程中充分得到了验证，也是他工作阅历的沉淀和独到之处。每当一项重大工作告一段落时，他总要及时地总结，并努力从理论上作出新的概括和说明，吸取经验教训，指导下一步的工作。同时，他还在实践中善于总结经验教训，并从理论和思想的高度进行总结和探寻，从中找出适合中国特色的发展之路。他的许多理论文章和重要思想都是这样形成的。3月21日，他在抗日军政大学所作的《华北战区工作的经验》报告，就是对在平原地区建立敌后抗日根据地的有力论证和经验总结。他指出：

平原"虽然地形条件便利敌人不便利我们，但有其他条件也能坚持游击战，也能建立根据地。在华北，我们看到日寇并没有兵力把冀鲁大平原都占

第四章 华北风云

领。因为中国是一个大国,日兵并不多,不够分配,全中国的坚持抗战,使日兵大都到前线去,后方更加空虚,所以在平原坚持几年的游击战争与建立不大稳固的抗日根据地还是可能的。""只要我们在那边的工作好,有好的军事家游击战专家的领导,有好的群众组织与武装,我们是可能长期坚持游击战争的。所以在今天,不管山地也好,平地也好,最重要的任务就是:最广泛地发动华北民众走上抗日战场,拿起武装和日寇拼命,并建立坚固的抗日根据地与日寇长期战斗!"

这就在党内比较早地从理论上提出了在平原地区建立抗日根据地的可能性。一个月后,即1938年4月21日,毛泽东、张闻天、刘少奇共同发出《在河北山东平原地区大量发展游击战争》的指示电,指出:

"(甲)根据抗战以来的经验,在目前全国坚持抗战与正在深入的群众工作两个条件之下,在河北、山东平原地区扩大的发展抗日游击战争是可能的,而且坚持平原地区的游击战争也是可能的。(乙)党与八路军部队在河北、山东平原地区,应坚决采取尽量广大发展游击战争的方针,尽量发动最广大的群众走上公开的武装抗日斗争。秘密的抗日斗争,只有在敌人统治的城市与铁道附近,才成为主要的方式。"

在随后,八路军一二九师和一二〇师先后挺进冀南和冀中,宋时轮、邓华两支队组成八路军第四纵队挺进冀东。这样,抗日游击战争在华北平原上逐步发展起来。

毛泽东曾指出:"在华北以国民党为主体的正规战争已经结束,以共产党为主体的游击战争进入主要地位。"华北游击战争一般是以山地为支点,逐步向平原发展。依托山地,建立巩固的抗日根据地固然非常重要,但这是后方。深入广大平原,广泛组织民众进行敌后抗日游击战争,才能最终打破日本侵略者掠夺中国资源、继续进行战争的企图,而给山地抗日根据地提供人力物力的支援。反过来,山地根据地又为平原的部队提供兵力转移、休整和培训干部的场所。这种相互依靠、相互支援,就能有力地形成对日军占据的主要交通线和中心城市的战略包围，从而更有力地钳制敌人，使华北抗日游击战争长期坚持并走向胜利。

此后，刘少奇用了很大精力来具体指导在河北平原建立敌后抗日根据地的工作。

第五章

 抗 日 反 顽

　　刘少奇同志是华北、华中抗日根据地的主要创建者和领导者。抗日战争时期,他先后担任中共中央北方局书记、中原局书记、华中局书记,曾在三大战略区独当一面地开辟根据地和领导工作。他坚决贯彻执行毛泽东同志提出的开展独立自主的山地游击战的战略方针,卓有成效地领导了华北抗日根据地和山西新军创建工作。他组织创建华中抗日根据地,出色完成党交付的发展华中的重任。皖南事变后,刘少奇同志临危受命,出任新四军政治委员,同陈毅等同志一起,重建新四军军部,为把新四军建设成为党领导下的一支铁军作出了重大贡献。

一、出席中共六届六中全会

1938年10月,广州、武汉失守后,抗日战争逐渐转入战略相持阶段。日本侵略军陆续停止对正面战场的战略进攻,把重点转向"以恢复治安为根本",巩固其占领区,实行所谓"以战养战"的方针,大肆掠夺占领区的资材,建立所谓"长期自给体制"。这样,以中国共产党和八路军建立的华北敌后抗日根据地和开展的敌后抗日游击战争的战略作用凸显,形成了一种犬牙交错的战争形态。为了更好地坚持持久抗战,巩固和发展抗日根据地,中共中央于1938年9月29日至11月6日,在延安桥儿沟的一座天主教堂内召开了扩大的六届六中全会,刘少奇出席了会议。这次会议,不仅在中国共产党历史上"是决定中国之命运的"会议,而且对刘少奇的一生发展也起了相当重要的作用。

中共六届六中全会扩大会议合影

第五章 抗日反顽

这时，经过一年多抗日战争的实践，已经雄辩地证明：党在洛川会议确定的全面抗战路线、抗日游击战争的战略方针和独立自主的基本原则是正确的。而王明提出的"一切经过统一战线"和"以运动战为主"、轻视敌后抗日游击战争的主张，是不符合中国实际情况的。1938年7月，王稼祥从莫斯科带回了共产国际肯定以毛泽东为首的中共中央政治路线是正确的指示。这就需要召开一次中央全会，总结抗战以来特别是"十二月会议"以来的经验教训。明确当前的任务，统一全党的思想，以便在新的历史阶段更好地担负起领导责任。

出席这次会议的中央委员有毛泽东、朱德、周恩来、王明、张闻天、项英、博古、康生、王稼祥、彭德怀、刘少奇、陈云、关向应、张浩、杨尚昆、李富春、李维汉等17人，中共中央各部门及各地党和军队的领导干部贺龙、邓小平、罗荣桓、彭真、林伯渠等38人，共计55人。会议由张闻天主持并致开幕辞，王稼祥传达了共产国际的指示，毛泽东代表中共中央政治局作了《论新阶段》的报告和会议总结，张闻天作了《关于抗日民族统一战线与党的组织问题》的报告，项英作了关于新四军工作的报告，朱德作了关于华北八路军工作的报告，周恩来作了中共中央代表团工作的报告，陈云作了关于青年工作的报告，刘少奇作了关于党规党法的报告。贺龙、邓小平、杨尚昆、关向应、彭真、罗荣桓等也向会议报告了各方面、各地区的工作情况。全会通过了《中共中央扩大的六中全会政治决议案》、《关于中央委员会工作规则与纪律的决定》等主要文件。会议由王稼祥致闭幕辞。会议总结了抗战以来的经验，特别是就武装斗争和统一战线问题展开了讨论，明确了中国共产党在抗日民族战争中的领导地位，确定了中国共产党在抗日民族统一战线中的独立自主原则。会议明确提出在统一战线中必须坚持独立自主和又团结又斗争的方针，批判了统一战线工作中只讲联合不讲斗争的错误。指出，对于国民党的种种限制，应区别不同情况，分别采取"先奏后斩"、"先斩后奏"、"斩而不奏"、"不斩不奏"的灵活对策，绝不能把自己的手脚束缚起来。会议认真讨论了战争和战略问题,重申了组织人民进行抗日武装斗争的极端重要性,强调了抗日游击战争的战略地位,提出全党的工作重点在战区和敌后,批判了把抗战胜利希望寄托于国民党军队,把人民的命运寄托于国民党统治下的合法运动的错误思想。会议要求全党努力学习马克思列宁主义理论,把马克思列宁主义和国际经验应用于中国的具体环境,坚持理论和实际相结合,反对教条主义。会议重申了党的纪律,强调要增强党内团结和加强党的纪律。会议分析了敌后抗战形势,确定了巩固华北、发展华中的战略方针,并相应地调整了党的组织和领导。全会决定撤销中共中央长江局,建立以周恩来为书记的中共中央南方局,统一领导南方各省国民党统治区党的工作;建立以刘少奇为书记的中共中央中原局,负责指导长江以北河南、湖北、安徽、江苏地区党的工作。中共中央北方局的组织领导作了调整,由杨尚昆任书记。将中共东南分局改为中共中央东南局。

二、定远自卫反击战

在抗日战争时期,曾经打过十年内战的共产党和国民党,在中华民族存亡危机的紧急关头,携起手来共同对敌,组成了抗日民族统一战线。可是在国民党内部却有那么一小部分顽固的反共分子,他们不执行两党共同商定的不打内战一致对外的政策,时不时地向忠心救国的共产党领导的抗日军队放冷枪。从1940年3月起,刘少奇领导新四军在皖东狠狠地教训了一番那些顽固坚持反共立场的"摩擦专家",打得他们知道了共产党的厉害。

1940年3月7日,正在凤阳县红心铺整训队伍的新四军第四支队第十四团团长谭希林和政委李世焱突然接到一份"万分火急"电报。电报是新四军江北指挥部从定远县大桥镇打来的。此刻,刘少奇领导的中共中央中原局机

第五章 抗日反顽

关也设在那里。

电报内称：国民党安徽省第五行政专员公署专员、广西军阀李本一令其第一三八师1000余人，由古河北犯，经广兴集向我界牌集进攻；国民党皖北行政公署主任兼国民党第五战区第十二纵队司令颜仁毅，率3000余人从西面南下，已逼近大桥镇。定远县县长吴子常也率领五六百人从北面而来。这三股敌人妄图合击消灭新四军江北最高指挥机关。电报命令谭、李火速率团南下，增援大桥镇作战。

这是一场蓄谋已久的突然袭击。

1940年初，驻在皖东的新四军，生存和发展面临严重威胁。首先，部队人数不多，只有第四和第五两个支队和一支苏皖游击队，三支队伍加起来，不超过1万人；其次，部队驻地分散，四、五支队驻定远县的津浦铁路东西两侧。驻在指挥部一侧的四支队的几个团也没有形成拳头。加上全体新四军都处于武器弹药匮乏生活困苦的境地，更使皖东新四军处境非常不利。

对此，国民党顽固派是非常清楚的。他们不仅不帮助新四军反而是挖空心思地想方设法，妄图置新四军于死地。

1940年2月初，李本一致信新四军江北指挥部指挥张云逸，诬称新四军向民间勒派粮款，不尊重地方行政系统，擅自扩大游击队，阻碍国军征兵等等。强令新四军江北部队立即开调江南，离开新四军亲手开辟的皖东抗日游击区。

2月23日，张云逸复信李本一，坚决拒绝新四军南调，信中说："我军南调并无上级之命令。当此抗战相持阶段，敌后抗战实为胜负关键。皖东地处要冲，我军奉命坚持皖东游击将近两年，与敌大小数百战，伤亡巨大，用战士头颅热血保障了皖东国土，攻克了来安、盱眙两县城……当前敌人时刻准备进犯，正须全力坚持游击，断不能南调。"

李本一接信后甚为恼火，从此接二连三地制造事端。

2月底，李本一公然捕杀新四军数十人，地方优秀青年数百人。他称被捕青年参加共产党、接近新四军，还残忍地将抓住的女青年剥光衣服反剪双手游街示众。与此同时，国民党滁县县长樊公纯带领常备队数次向新四军第七团进犯，抢走十余支枪，捉去新四军战士十余人。事件发生后，张云逸前去交涉，数次谈判未果。

对于国民党顽固派的挑衅，以刘少奇为首的中共中央中原局和新四军江北指挥部是有思想准备的，同时也作了军事反击的部署。

3月6日，刘少奇在新四军江北指挥部的干部大会上作了反顽斗争动员讲话，他说："军队嘛！就要打仗，人家来打你，你也要打人家。有些人不是这样想，等人家打上门来，就把部队拉出去打游击，这是被动挨打的观点。能够搞几个根据地，不比打游击好吗？一旦国民党投降，摩擦仗打起来了，我们没有根据地，力量又比他们小，不能克服投降派，也谈不上抗日了，那还有什么游击可打呢？"刘少奇的讲话道出了建立抗日游击根据地的重要性。

谭希林、李世焱接到电报后，连夜策马赶到新四军江北指挥部。只见刘少奇、张云逸、郑位三、赖传珠等军政领导围坐在火盆边，举止安详，谈笑自如。

刘少奇对谭希林说："现在敌人向我们进攻了。这次摩擦是顽固派挑起来的，非打不可。如何打，要研究一下。仗一定要打好，要坚决打退敌人的进攻，消灭敌人的有生力量。你们打了胜仗，我们就有理可讲了……"

就在刘少奇、张云逸等作指示的时候，通信兵跑来报告大部队到了。

"报告首长，部队已经集结在大桥镇安子集一带。"通信兵说完，立正敬礼，转身退了出去。

"如何打呢？"刘少奇继续说："采取调动敌人的办法，强攻定远城。这样一来，颜仁毅必然回师北返，援救定远城他的部队。你们就可以在运动中歼灭他，把敌人的进攻彻底粉碎。"

谭希林和李世焱领受任务后，立即率领部队由安子集出发，向定远县城开进。

第五章 抗日反顽

刘少奇、张云逸在调遣谭希林的十四团增援大桥镇的同时，还作了如下部署：调新四军第四、五支队主力于津浦路西，反击威胁最大而战斗较弱的地方顽军，以巩固定远县城的侧翼路西阵地；然后挥戈东向，击破韩德勤顽军的进攻。在大桥镇方面，命令特务营迅速抢占池河东岸有利地形，修筑坚固工事准备坚守待援；同时，派干部连夜动员群众，在顽军开来的时候，佯装不知是来进攻新四军的，故意锣鼓齐鸣欢迎国民党军与新四军团结抗日。

当谭李率部到达定远县城的时候，驻守城中的敌人一个大队见新四军兵力强大，未作抵抗就缴了械。十四团迅速占领了四个城门，缴获轻机枪数挺，步枪200多支，且无一人伤亡。敌定远县县长见势不妙，化装逃逸。

根据刘少奇的部署，十四团占领定远县城以后，当天下午回师北调。敌颜仁毅部果然按照刘少奇的"调遣"，向张桥、早香庙开来，企图夺回被新四军占领的定远县城。十四团迅速做好战斗准备，并令九团火速北上增援。经过一昼夜激战，新四军彻底粉碎了国民党顽军对定远县大桥镇指挥中心的进攻，缴获轻机枪数十挺，步枪数百支，俘敌数百人，取得了皖东地区第一次反顽斗争的胜利。

定远县的国民党县长吴子常被打跑了，造成县长缺任。一天，谭希林问刘少奇："县长跑了，怎么办？"

"我们派嘛！"刘少奇回答说。

"人家不承认怎么办？"谭希林还是担心。

"要谁承认？党承认、人民承认就行！在这革命高潮的时刻里，我们一定要大刀阔斧地工作，发动群众，建立武装，建立我们的政权。如果不把政权掌握到手，建立根据地是不可能的！"刘少奇以不容置疑的口气回答。

刘少奇和中原局几位领导商量决定，派新四军江北指挥部统战科科长魏文伯去担任定远县县长。

刘少奇派秘书刘彬把魏文伯找来。

"少奇同志让你去一趟。"刘彬一见到魏文伯就笑眯眯地说。这时，大约是夜里两三点钟的光景,魏文伯正在永宁集一位老乡家里休息。

"马上去?"魏文伯问。

"对!快起来,现在就跟我走!"刘彬不容分说,拉起魏文伯就出门,边走边说,"让你去做官——当县长。"

两人摸黑深一脚浅一脚地来到刘少奇住处,只见他正在同郑位三等人谈工作,一见魏文伯进来,刘少奇转身笑着问郑位三:"他行吗?"

"行。"郑位三肯定地说。

刘少奇没有客套话,示意魏文伯坐在他对面的长条板凳上,立即下达指示:决定派你担任定远县县长,在那里建立抗日民主政权。革命就是为了夺取政权,现在我们夺取到了。这个政权要全面发动群众起来抗日救国,要团结群众,武装群众;要抓税收,同时取消国民党的苛捐杂税,要征粮,保证军、政人员的给养。

刘少奇与魏文伯谈了大约半个钟头。接着郑位三又与他谈,主要介绍红军建立根据地的经验和如何帮助人民认识抗日民主政权的性质。两个人一直谈到天亮。

1940年3月17日,魏文伯身穿谭希林命十四团为他赶制的一套新蓝土布制服,在群众敲锣打鼓的庆祝中,走马上任定远县县长,主持皖东第一个抗日民主政府的工作。

三、指挥半塔集战斗

1941年3月21日清晨,新四军第五支队指挥所的电话铃急促地响了起来,正在值班的支队副司令员周骏鸣立即抓起耳机,里面传出了驻守在盱眙县半塔集(分属来安县)的第五支队教导大队大队长黄一平的声音:"报告

第五章 抗日反顽

副司令员,韩德勤顽军一一七师两个团对我半塔集发动突然袭击,现我已组织军事队和学生队进行反攻……"

半塔集位于皖东的天长、仪征、六合、来安、嘉山、盱眙诸县之间,是新四军在淮南津浦路东的抗日根据地的中心。它是一个东西短、南北长的小镇。新四军第五支队教导大队驻在镇内。韩德勤来进攻的时候,那里只有五支队的后方机关和地方游击队2000多人,大部主力正在津浦路西作战。狡猾的韩德勤恰恰选择这里兵力空虚之际,调集一万兵力,配以精良武器,发动进攻,用心狠毒。

韩德勤是国民党军苏鲁战区副总司令兼第二十四集团军总司令、江苏省政府主席,也是一个顽固的反共派。1940年初以来,他和国民党军第五战区副司令长官兼第二十一集团军总司令、安徽省政府主席李品仙相互配合,从东西两面夹击,妄图消灭活跃在皖苏两省交界的皖东地区的新四军。这次对半塔集的进攻,就是他们已经进行或者正在准备进行的一系列反共事件中的又一起事件。

韩德勤此次进攻半塔集,抱有很大侥幸心理,妄想一举偷袭成功。岂料新四军将士早已时刻准备着反击顽军的挑衅。一个月以前,刘少奇在中原局会议上就制定了针锋相对反摩擦的方针。

周骏鸣听完黄一平的报告后当即指示:"动员一切力量阻击敌人进攻"。同时,向中原局和江北指挥部报告敌人进攻的情况,请示作战方案。

在半塔集阵地上,我新四军将士严阵以待,当韩军进到离新四军阵地不到百米远的时候,反击的子弹和手榴弹像雨点般落入敌群。这猛烈的打击,使韩军死伤惨重。然而,敌人是不会善罢甘休的,这试探性的进攻,已使他们颇感新四军并非像想象中的那样不堪一击。于是,他们又调整一下部署,向我军阵地发起了第二次进攻,结果又被我军击退。两次进攻失败,令敌指挥官十分恼火。下午,顽军集中两个连的兵力,在密集的炮火掩护下,先抢占半塔集西北制高点光山,接着将半塔集紧紧包围起来,并以轻重机枪火力封锁半塔集和苏郯间的通路,企图全歼我半塔集守军,攻占半塔集全部阵地。

情况危急,只有夺回制高点,才能解我新四军之围。在前线指挥战斗的周骏鸣副司令当机立断,决定亲自率领特务营二连从光山后面隐蔽接近顽军,同时命令坚守半塔的教导大队从正面配合,两面夹攻。这一招果然奏效,占据光山的顽军突围无望,只得纷纷下跪哀求:"新四爷饶命",一副溃军狼狈相。

21日这天,新四军击退了顽军三次进攻,牢牢地控制了半塔集周围所有制高点,保住了半塔与苏郯的通路。

22日,中原局和江北指挥部根据周骏鸣的请示报告,电示前线:"动员和组织一切力量坚守半塔,待西路主力挥戈东援,歼灭韩顽。"

前线指挥部接到电示后决定:迅速向坚守半塔集的部队传达上级指示,要求部队固守七天,以待援军;命令已到古城的十团赶至高庙,接出特务营,向半塔集靠拢。

为了实现固守待援,前线指挥部采取了这样几项措施:第一,号召部队发扬吃苦耐劳连续作战的精神,并动员自卫队(民兵组织)参战;第二,节省弹药,由特等射手,包括自卫队中的猎手组成射击小组,有效地杀伤顽军;第三,严禁部队随意打枪,配齐大刀、长矛和手榴弹,准备迎战;第四,夜间派出若干小组袭扰顽军;第五,加固工事;第六,把女生队、少先队接到支队政治部,担任救护任务;第七,开展政治攻势,号召顽军枪口对外。

战斗进入第三天,占领竹镇的敌人又向半塔集东南十九华里的乔王村进攻。村民们组成了战斗小组,分守四个炮楼,因子弹少,便准备了许多石头,决心与阵地共存亡。白天,他们击退了顽军多次进攻。夜间,顽军把浇上汽油的公鸡点着火以后扔向村民们守卫着的炮楼。用稻草做顶的炮楼起火了,村民们不顾烟薰火烤,一面组织救火,一面抗击顽军。拂晓前,顽军见久攻不下,又闻对方援军将到,便退了下去。就这样,乔王村村民们经过一天一夜的战斗,牵制住了顽军一个团的兵力。

第五章 抗日反顽

经过三天激战，顽军士气大减，他们没有想到，以其绝对优势的兵力和武器，竟然连吃败仗，而且成了新四军蟹钳紧夹之物。从24日起，半塔集地区作战的主动权已完全操在新四军之手。为了保存实力，等待援军，新四军不轻易主动出击。但是只要顽军探头，即扣动扳机送其上"西天"，打得顽军白天不敢出来活动。为了使顽军不得安宁，夜晚，各战斗小组不时地去袭扰顽军驻地，虚虚实实，搞得顽军欲动不敢，一夕数惊。

在战斗间隙里，新四军积极开展政治攻势，不断地向顽军喊话：

"我们是抗日的新四军！"

"中国人不打中国人，你们是中国人，为什么主动来打我们？"

"弟兄们！调转枪口，留着子弹去打日本鬼子吧！"

那些穷苦出身被国民党强行征兵上战场的顽军士兵们，听到这些话，受到很大震撼，因而士气更加低落。

3月23日，陈毅派驻在新四军江南指挥部的叶飞挺进纵队前来支援。他们从苏中吴桥地区出发，一路过关斩将，歼灭了一日军小队和几十名伪军；击溃了顽军忠义救国军行动总大队和韩顽独立六旅的两个团，乘着三个胜仗到达安徽六合县境内马集一线。

顽军为转变不利局面，于23日也从三河北岸调集常备十旅向半塔进发，妄图再次发动进攻，但被先一步到达六合的叶飞部堵住。这时，从津浦路西回援的新四军部队也在张云逸、罗炳辉的率领下到达半塔集西南二十公里处。韩顽见新四军援军云集，已对其形成强大的夹击之势，仓皇撤退。

至此，新四军半塔集保卫线的防御阶段结束。从3月29日起，开始全线反击。因为这一天，延安党中央毛泽东、王稼祥给中原局书记刘少奇和新四军军长项英发来电示：在华中武装冲突中，"应以淮河、淮南铁路为界，在此线以西避免武装斗争，在此线以东地区，则应坚决控制在我手中，先肃清地方顽固派。"对韩德勤部"在有利、有理条件下，即当其进到我军驻地时，坚决消灭之。"

反击以半塔集为中心分中路、西北路、东北路和东南路四路展开。最终歼敌有生力量3000多人，缴获大量武器弹药和军事装备。

半塔集保卫战创造了一个反摩擦斗争的成功范例：以少量部队固守阵地，吸引、消耗围攻的敌人，然后大部队增援合围歼敌。4月10日，刘少奇致电毛泽东，向党中央报告，这次胜利的保卫战不但创造了以少胜多的作战经验，而且冲开了建立民主根据地的大道。毛泽东获悉后甚为高兴。

制造摩擦的反共顽固派们偷鸡不成蚀把米，他们在进攻新四军的挑衅中不但没有消灭皖东新四军，反而使津浦路西侧的大片地区为新四军所占领。在定远自卫反击战胜利后建立了第一个以共产党领导的抗日民主政权。后来，滁县、凤阳、全椒等十几个县也先后建立了抗日民主政权，使新四军在皖东地区有了自己的家——皖东抗日民主根据地。

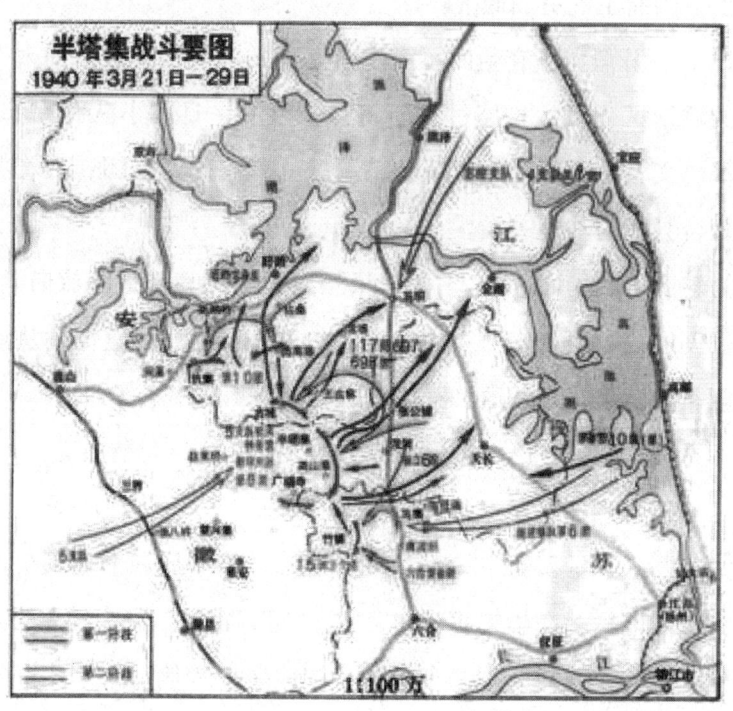

半塔集战斗要图

四、水牛冲激战

1940年4月21日，刘少奇经盱眙到皖东北视察和指导工作。因为刘少奇担任中原局书记，所以他要及时和在延安的党中央保持联系，也要不断地与皖南新四军军部、皖东江北指挥部、豫鄂边李先念部、豫皖苏边彭雪枫部等散驻各地的军事指挥机关沟通情况，因此，这次视察工作，他随身带了两部电台，几乎每天都要开机收发报。

终于有一天狡猾的敌人通过测向台测到从皖东到皖东北有移动中的电波，据此他们判断这一带必有一个中共高级指挥机关，或有一位中共重要人物在频繁活动。

于是，一张捕杀中共政要的大网张开了。日伪派出了大批汉奸、特务、侦骑、密探，像猎狗一样，到处乱窜，东闻西嗅，企图抓住线索，一网打尽，抢立大功，杀手们一路跟踪电波来到罗岗。

特务们与刘少奇一行几乎同时到达罗岗，一场短兵相接之后，以日伪军战败告终。这一仗，新四军第六支队第四总队长兼政治委员张爱萍立了大功，是他率领四总队战士保卫刘少奇跳出了敌人的合击圈。

这场有惊无险的遭遇战之后，中共皖东北区党委考虑到与刘少奇随行的中原局机关警卫力量不足，难以抵挡日后路上的险情，决定派老八路部队苏鲁豫支队一大队负责刘少奇一行路上的安全保卫。

苏鲁豫支队的前身是赫赫有名的北伐军第四军叶挺独立团，秋收起义后随朱德、陈毅开赴井冈山。这支部队在十年内战时期可谓历经百战，屡立战功。抗日战争爆发后，被改编为八路军一一五师三四三旅六八五团，在参加了震惊中外的平型关、娘子关、午城镇和井沟战斗后，奉命东进，改编为新四军苏鲁豫支队,下辖四个大队。1939年2月,苏鲁豫支队队部和其他三个大队留在微山湖以西活动。其主力第一大队奉命开进苏鲁皖边区活动,先后取得丰县华山战斗、宿县符离集战斗、睢宁魏洼战斗、灵璧冯庙战斗等胜利,军威大振,部队也壮大到三个营。当地群众拍手称快,奔走相告说:"平型关上的八路军来了!"而那些助纣为虐的汉奸则闻风丧胆。这支大队的队长姓胡,名炳云,政委姓田,名维扬,当地的老百姓称它为"胡田大队"。"胡田大队"英勇善战,所以有一句"天不怕,地不怕,就怕来了胡老大"的顺口溜在伪军中不胫而走。

这次中共皖东北区党委把保卫刘少奇和中原局的任务交给胡田大队,是对这支英雄部队的莫大信任。

由于有了前次罗岗遭遇战的教训,胡田大队接到任务后进行严密的防范。他们紧随刘少奇和中原局左右寸步不离,一起行军、一起住宿、一起开会,并且时常变换驻地。尽管保安措施严密,但嗅觉灵敏的敌人还是紧紧地咬住他们不放。

刘少奇刚到郑集,准备在郑集与双沟之间的水牛冲召集东北地区党的负责同志开会,敌人就尾随而到。

事前,胡炳云大队长已经得到侦察员的报告:徐州、蚌埠的日军第二十一师团已获悉中共中央要人"胡服"在水牛冲,敌人已经集中了一个联队的兵力,企图一举歼灭在水牛冲开会的所有中共要员。

那年6月的皖东北大地,久旱无雨,赤日炎炎。稻田里的禾苗东倒西歪地趴在龟裂的田里。农民们望着辛辛苦苦播下的秧苗就要干死了,心急如焚。

一天早上,从灵璧向郑集方向走来一支抬着龙王和土地爷塑像的求雨队伍,一路上吹吹打打,好不热闹,顿时吸引了许多老百姓前来围观。有些善良的老太太竟不自觉地跟在队伍后面帮着壮威风。她们哪里知道,一场血战就要开始了。

第五章　抗日反顽

原来，这群求雨的人，是由日伪军装扮的。按说，敌人到水牛冲，必须经过灵璧、泗县。为了保证会议正常进行和全体与会同志的安全，必须中途引爆敌人。胡炳云和田维扬商定：派便衣侦察队、骑兵侦察队和敌后武工队分赴灵璧、泗县搜集情报，掌握敌人动向；派一个连的兵力驻水牛冲保卫会场；再派部分武工队和一个骑兵排入泗县境内迎敌，如遇敌，交手后佯败，把来犯之敌引离水牛冲方向。

岂料敌人竟乔装打扮，一路求神弄鬼地向郑集、双沟扑来。这是胡炳云始料不足的。

胡炳云见第一方案的三计不成，又拿出第二方案，来个以逸待劳，将全大队主力和部分地方武装布置在郑集、胡桥、江桥一线的几个村庄里，严阵以待，寻机歼敌。政委田维扬和各营教导员下到部队进行战前动员，战士个个表示要以鲜血和生命保卫根据地和首长的安全。

胡炳云布置停当后，遂骑马赶到水牛冲，向刘少奇汇报了敌情和对策。

刘少奇神情泰然地问："部队情绪怎样？"

"干部战士情绪很高，只要首长一声令下，我们就坚决歼灭来犯的敌人！"胡炳云胸有成竹地回答。

"好！你们打你们的仗，我们开我们的会，这叫打仗开会两不误。各自完成任务。"刘少奇说完，一挥手："就这样办吧！"示意胡炳云可以去执行任务了。

那支"求雨"的队伍慢慢地向胡田大队三营九连驻守的一个小村庄走来。

胡田大队的武器装备和战斗力之强，在皖东北敌我军界是人所共知的。也许是敌人已得知胡田大队早有准备，"求雨"的队伍刚刚走进村口忽然停了下来。在哨位上站岗的胡田大队九连的战士发现求雨队伍里领头的一位神色有些异常，预感其中必有蹊跷，连忙派人向连长报告。

说时迟，那时快，走在队伍最前面的抬塑像的几个"农民"，突然从神龛下抽出手枪，朝胡田大队哨兵开起火来。几个哨兵顿时中弹倒下。看热闹的老乡惊叫着四处逃散。

九连长闻讯，一边命令战士们据守村庄，一边派通信员火速前往郑集，向大队部报告敌情。

胡炳云得到报告后，立即派三营长张万春、教导员石英指挥第十连增援九连。当十连赶到时，九连已伤亡大半，连长和指导员均壮烈牺牲。十连一到便投入鏖战，与九连剩余部队一起，一鼓作气，打退了"求雨"的敌军。

其实，这股"求雨"的敌军只是日伪军进攻水牛冲的"引子"，是其设下的声东击西圈套。当"求雨"部队鸣枪宣战之时，日军主力兵分三路迂回包抄郑集。真正的战斗还在后头。如果日军攻打郑集得逞，那么，刘少奇和其他领导同志的安全将无法保证。

战斗进入千钧一发之际。胡炳云、田维扬和参谋长颜理英、政治部主任王东保迅速商议决定：集中第一、三营和直属队先打左路日军；二营在郑集以北丘陵地带赶修工事，准备阻击右路和中路之敌，不惜一切代价确保水牛冲的安全。

当胡炳云亲率部队赶到敌左路时，十一连已经同敌左路进攻部队交火多时。日军连续发动六次进攻均被击退。胡炳云见正面难以扼制敌攻势，当机立断，率部向敌人侧后包抄。左路敌人见已遭遇前后夹击，便停止进攻，向中路和右路靠拢收缩。

这时的三营阵地上，有二百多敌骑兵正耀武扬威地挥动着马刀，向我三营阵地冲杀。日军骑兵伏在马背上，速度快，眼看就要冲破我军防线。胡炳云见情势危急，大喊一声："轻重机枪快打鬼子骑兵的马肚子！"刹那间，密集的枪弹射向敌兵坐骑，敌人的五六十匹战马一匹接一匹地倒下。敌军顿时乱了阵脚，人仰马翻，四下逃窜。

日军见骑兵受挫，稍事休整，又以山炮猛烈轰击我方阵地，不少战士中弹。

第五章　抗日反顽

胡炳云急红了眼，他命令本大队的三门迫击炮猛轰敌人的炮阵地，直打得敌人的火炮成了哑巴。

敌人多次进攻都遭到失败，便恼羞成怒，像一群疯狂的野兽一样再次向三营阵地扑来。

"听我的枪声命令，把敌人放近再打！"胡炳云从容地下了命令。

敌人一步步逼近，"呼！呼！"胡炳云手中的枪响了，随后手榴弹的爆炸声、步枪、轻重机枪的怒吼声交织在一起，敌人仿佛走进了地狱，一片一片地倒在地上。

战斗进入白热化。日军倒下一批，又上来一批。胡田大队从指挥员到炊事员都投入到了与敌人的白刃格斗。此战是胡田大队东进以来最激烈的一仗。

战斗从清早一直打到天黑。入夜，胡田大队发挥善打夜战的优势，派小队四处袭扰敌人。日军不熟地形，不敢恋战，不得不退回泗县、灵璧。

日军袭杀中共政要的阴谋破产了。

水牛冲会议按原计划顺利召开。会后不久，胡田大队护送刘少奇安全到达洪泽湖岸的管镇，继续实施中原局东进计划。

五、就任新四军政委

1941年1月7日至14日，新四军军部及所属皖南部队9000余人绕道北移时，遭8万多国民党军合围聚歼，军长叶挺被俘，副军长项英遇难。这就是震惊中外的皖南事变。皖南事变是抗日战争中共产党遭受的最严重损失。皖南事变后，中国共产党依然牢牢掌握着政治斗争和军事斗争的主动权，不但打退了国民党的第二次反共高潮，而且迅速重建新四军军部，使部队由原来的6个支队扩编为7个正规师。在这一过程中，作为中原局书记的刘少奇发挥了极其重要的作用。

皖南事变发生后,全党全军义愤填膺,强烈要求反击国民党,为新四军死难将士报仇。1月14日,中共中央指示,"在政治上军事上迅即准备作全面大反攻,救援新四军,粉碎反共高潮",要求各地准备对付最严重事变。刘少奇收到中央电报后,于1月15日向中央建议"在政治上全面反攻,在军事上暂时不实行反攻"。这是刘少奇运用马克思主义唯物辩证法,分析第二次国共合作的特点,结合华中地区的斗争实际提出来的,有很强的针对性。1月7日皖南事变发生后,刘少奇每天通宵达旦,随时为新四军军部和延安的联系收转电报,提出建议,以便更有效地援救新四军军部。12日,刘少奇向中央提出用"围魏救赵"的办法来缓解皖南军部困境的建议,"请朱(瑞)、陈(光)、罗(荣桓)在山东准备包围沈鸿烈,苏北准备包围韩德勤,以与国民党交换。"第二天,中央采纳了建议,决定"苏北准备包围韩德勤,山东准备包围沈鸿烈,限电到10天内准备完毕,待命进攻,山东由朱陈罗负责,苏北由胡陈负责,以答复蒋介石对我皖南1万人之聚歼计划。"14日,收到了新四军军部陷入绝境后的最后一封电报。叶挺被俘,毛泽东怒不可遏。15日,他电告周恩来、叶剑英并告彭德怀、左权、刘少奇、陈毅等:"蒋介石一

叶挺

项英

第五章 抗日反顽

切仁义道德都是鬼话，千万不要置信。中央决定发动政治上的全面反攻，军事上准备一切必要力量粉碎其进攻。"并强调说："只有猛烈坚决的全面反攻，方能打退蒋介石的挑衅与进攻，必须不怕决裂，猛烈反击之，我们的温和态度须立即终结。""围魏救赵"变成了"全面反攻"。

面对皖南新四军全军覆没的严重情况，刘少奇经过认真思考后认为，"围魏救赵"已失去了意义，经过反复考虑，权衡利弊后，15日，刘少奇致电毛泽东及党中央指出，在当前的形势下，国民党未投降，仍继续抗战，对国共合作仍不敢分裂，且怕影响对苏联的关系，在皖南消灭我军，蒋亦曾下令制止，即证明蒋生怕乱子闹大。在此时，我党亦不宜借皖南事件与国民党分裂。何应钦下令只说严防我军报复，未说借此在全国乘机进攻我军。另外，目前华中根据地很大，但兵力不够，不能巩固。盐阜区土匪亦蜂起，黄桥已被敌占，海安亦有被敌占领可能。我们部队尚须休整补充。故以华中来看，在半年、一年之内不发生大的战斗，肃清土匪，巩固现有地区，对我为有利。根据上述情况，刘少奇提议：以在全国主要的实行政治上全面大反攻，但在军事上除个别地区外，以暂时不实行反攻为妥。

刘少奇在分析了实行军事反攻的不利之处后，提出了在政治上实行全面反攻的具体建议：向国民党提出严重抗议并发宣言和提出立即释放叶挺等条件；在全国全世界实行大的政治反攻，宣传抗议皖南事件，揭穿国民党分裂行为。"如此我在政治上有利，在军事上稳健，可能使蒋、何在半年至一年内，不敢再向我华中进攻，使我能巩固华中阵地，以待变化。"这个从实际出发的建议，对中共中央作出处理皖南事变的正确决策起了重大作用。

刘少奇的建议得到了毛泽东的采纳，党中央确定了"政治上取全面攻势，军事上取守势"的方针，对蒋介石继续采取"一打一拉"的政策，在全国展开猛烈的政治反攻，深刻揭露蒋介石制造皖南事变的真相，强烈要求严惩肇事祸首。中国共产党的严正立场和有理有节的斗争得到了国内外舆论的广泛支持，各界进步人士和国际有识之士纷纷谴责国民党的行为，苏、美、英等国也对国民党表示极大的不满。蒋介石和国民党顽固派陷入了四面楚歌之中。蒋介石不得不在3月1日召开的第二届国民参政会上表示"以后再亦决无剿共的军事"。至此,以皖南事变为顶点的第二次反共高潮实际上被打退了。

1941年1月20日,中央革命军事委员会发布命令:"兹特任命陈毅为国民革命军新编第四军代理军长,张云逸为副军长,刘少奇为政治委员,赖传珠为参谋长,邓子恢为政治部主任。"从此,组建起不可战胜的新四军。

1937年12月,新四军由南方8省13个地区的红军游击队1.03万人组成,皖南事变前的三年中,由于项英贯彻王明"一切服从统一战线,一切经过统一战线"的右倾路线,无法打破敌伪顽的夹击,发展缓慢,皖南事变时只有2.5万人。与此同时,八路军已由组建时的3万余人发展到50余万人。

皖南事变后,蒋介石诬蔑新四军为"叛军",宣布撤销新四军的番号,并将叶挺交由军法审判。对此,刘少奇当天致电中共中央,提出:"此间干部提议以陈毅代理新四军军长,立在苏北成立军部,在队号召,可否望复。"18日,刘少奇又同陈毅联名致电中央,再次提出这一建议,并发出《关于驳斥国民党顽固派发动皖南事变借口的通报》,运用大量具体事实,逐条驳斥国民党为取消新四军而制造的种种诬蔑,深刻揭露蒋介石制造"皖南事变"的真相,指出:所谓新四军"违抗命令,不听调动","不按指定路线由繁昌、铜陵一带北移,而经泾县南想袭击友军的言论,纯属捏造"。中共中央根据刘少奇和陈毅的建议,对组建新的新四军军部人选进行了慎重研究,于是就有了1月20日的任命。

接到中央军委的命令,刘少奇开始着手重建新四军军部。1月24日,刘少奇在新四军干部会议上详细介绍了皖南事变的经过,并针对反蒋情绪明确指出:目前的国际形势和国内形势对我们、对抗战的中国人民是完全有利的,而不利于反共顽固派与内战挑拨者。因此,我们要坚持统一战线的方针,坚持反对内战、反对分裂的方针,以挽救时局的危机,坚持抗战到底。这是刘少奇到华中后的第一次公开"亮相",并宣布了真实姓名,此前他一直使用

第五章 抗日反顽

"胡服"的化名。

为了整顿和统一新四军编制体制,1月26日,刘少奇同陈毅致电中央:"为整理与统一新四军编制,拟将新四军部队整编为4个师,以苏北部队为第一师,皖东为第二师,李先念部为第三师,苏南为第四师,在师以下设旅、团,均以三三制编制。"29日,毛泽东等复电指示:"应将彭雪枫部编为新四军,共编5个师。"整编重在统一思想,刘少奇针对皖南事变后出现的悲观失望情绪和部分八路军指战员不愿意改为新四军的问题进行了艰苦细致的思想工作。新四军全军最后共编为7个师,9万余人,并重新划定活动区域。2月18日,中央革命军事委员会任命粟裕为第1师师长,刘炎为政委;张云逸为第2师师长,郑位三为政治委员;黄克诚为第3师师长兼政治委员;彭雪枫为第4师师长兼政治委员;李先念为第5师师长兼政治委员;谭震林为第6师师长兼政治委员;张鼎丞为第7师师长,曾希圣为政治委员。

损失9000,整编90000。新四军军部重建后,部队迅速发展壮大,到抗日战争结束时已达到了30多万人。

皖南事变后,毛泽东指出:"应把此次反共高潮看作我们奠定华中基础的机会,如同上次反共高潮奠定了华北基础那样。"刘少奇创造性地落实这一指示,抓住打退第二次反共高潮的时机,把皖南事变这一坏事变成了发展、扩大新四军和根据地的好事,奠定了共产党在华中的基础。过去新四军的军长、副军长是蒋介石任命的,现在蒋介石撤销了新四军番号,中共中央重新任命了新四军的军师班子,完全脱离了蒋介石的控制,刘少奇把这看作是天大的好事,抓住这个机会,把铁的新四军真正建成中国共产党的党军。

新四军统一整编后,部队数量急剧扩大,驻防范围北至陇海铁路,南至皖南和苏南,活动区域远远超出中共中原局的管辖,而中共东南局因项英遇难和情况变化已不能发挥作用,中共中央决定将东南局与中原局合并,组成华中局,相应成立新四军军分会,刘少奇任华中局书记兼任新四军军分会书记,以加强新四军的政治工作。配齐配强各级政工干部和政治机关,不但新四军八路军新合编的部队强调政治工作的重要地位和作用，而且成建制整编为新四军的八路军老部队也进一步强调政治工作的重要地位和作用，很快形成全军政治上一致，解决了各师发展不平衡的问题。

刘少奇通过写文章、发文件、讲话，反复宣传统一战线主要是国共两党的统一战线；党的抗日民族统一战线政策，是坚持独立自主，既坚持无产阶级领导权，又团结一切抗日力量和以斗争求团结的政策；批驳"一切经过统一战线，一切服从统一战线"的口号，说如果我们所要的"一切"均事先要取得国民党的同意，它不许我们就不能办，那我们不是成了国民党的工具了吗？使广大干部战士认清皖南事变的惨重打击是放弃独立自主，以退让服从求合作的恶果，进而认识统一战线理论的正确性。

5月下旬，日军发动了目标直指新四军军部的大"扫荡"。刘少奇同陈毅领导新四军的3个师及地方部队互相配合，"以积极游击动作打击敌人，逼其撤退，并阻止其下乡'扫荡'和建立据点。"至8月20日，在3个月的反"扫荡"中，新四军共进行重要战斗135次，毙伤日伪军1932人，俘日伪军1089人，击沉敌汽艇13艘，缴获炮1门，轻、重机枪15挺，步枪1123支，并破坏路345里。通过反"扫荡"的锻炼，新四军越战越强。

刘少奇在新四军工作时间只有一年多，但他在皖南事变后对新四军的恢复发展所作的贡献是不可磨灭的！

第六章

 奔赴延安

刘少奇同志受毛泽东同志委托，统一山东党政军领导机构，调整策略方针和各方面政策，使山东抗日根据地迎来大发展的生动局面。1943年3月，他任中央书记处书记、革命军事委员会副主席。在党的第七次全国代表大会上，刘少奇同志代表党中央作关于修改党章的报告，对毛泽东思想作出科学概括，提出毛泽东思想就是马克思列宁主义的理论与中国革命实践之统一的思想。正是从这次代表大会起，我们党在党章中明确规定毛泽东思想为全党的指导思想。抗日战争胜利后，他在毛泽东同志赴重庆谈判期间，主持制定"向北发展，向南防御"的战略方针，适时作出"让开大路，占领两厢"的战略部署，为建立巩固的东北根据地作出了卓越贡献。

一、在山东分局

1942年3月19日，根据中共中央的安排，刘少奇前往延安。途中第一站便是山东根据地，他需要在这里待一段时间，解决工作中存在的一些问题。

为了保证行程的安全，刘少奇一行夜行晓宿，离开根据地的当天就是夜行军，并且规定路上不准讲话，不准抽烟，总之，一切可能暴露目标的行为都在禁止之列。刘少奇和随行的100多名干部都严格地遵守着这一规定，在黑暗的夜空下，伴随着他们快速前进的只有沙沙的脚步声。

苏北一带河流较多，过陇海铁路前就要先过一条五六十米宽的盐河。这天，当刘少奇一行来到盐河边时，已是午夜时分，这里离敌人的据点较近，而他们的渡河工具只有十几条小船。数百人的队伍，只靠这么几条小船要想平安过去，确实让人担心。为了加快过河的速度，护送部队的领导决定分批过河，并在河两岸拉起一条大绳子，有的同志干脆就坐在大木桶里，自己拉着绳子渡过去。两个警卫员把刘少奇扶上了一条小船，由于船小人多，小船在河里直摇晃，好像要翻过去似的。但这时谁也没有多说什么，大家忙着把小船调整平稳一些以后，马上用手里的篙、木桨一起用力向前划去。

终了，大家都平安地过到河对岸，并且在天亮前赶到离陇海铁路三里左右的一个村子。他们准备在这里稍作休息后，穿越陇海铁路。

陇海铁路是交通要道，日本鬼子沿途派了重兵把守。他们在铁路两旁修建了许多碉堡炮楼，挖了又宽又深的封锁沟，还派了铁甲车沿铁路巡逻，要想安全地穿越过去确实是件棘手的事。

刘少奇一行来到这个小村子以后，有关领导再次检查了通过封锁线的战斗部署。为了便于夜间行军辨别和联络，每人在左腕子上系了一条白毛巾。

第六章 奔赴延安

很快，检查部署停当，开始行动。按照预定计划，护送部队兵分两路，分别摆在刘少奇一行的两翼，静悄悄地向铁路线前进。到离铁路还有半里多远的地方，部队停了下来，隐蔽监视铁路两侧敌人的碉堡。然后，由一支专门组成的突击队出其不意地插到前面的铁路卡子，把伪铁路人员全部绑了起来。这一切都进行得有条不紊、沉着敏捷。指挥员看到一切行动都顺利完成，立即下令："过封锁线！"早已做好充分准备的队伍像离弦箭一样，迅速越过了陇海铁路封锁线。

但是，越过铁路不等于进了保险箱，铁路北侧也有敌人驻守。为了不暴露目标，整个队伍依然保持着肃静。黑黑的夜幕下，大家排着队一个接一个地快速朝前走着，后面的同志紧跟着前面的同志，寂静的田野中，除了队伍中偶尔发出低沉的传达命令的声音外，只有轻微的脚步声。

经过一整夜的急行军，第二天上午10点多钟，他们顺利到达山东抗日根据地滨海区边沿的一个小镇子。这里是抗日根据地的边沿区，虽然紧靠敌占区，但由于经常有八路军驻扎在这里，群众基础较好。于是，他们决定在这里吃午饭，休息一下，下午再继续向中共中央山东分局前进。

奔波了一夜的同志们都已十分疲劳，来到自己部队的驻地，就像回到家里，心里又轻松又踏实，听到休息的命令，有的战士放下背包就睡着了，更有的连背包都没顾得解，靠在墙上就发出了鼾声。刘少奇看到战士们疲劳的样子，轻声对身边的同志们说："咱们轻点儿，别吵醒了战士们。"

有关同志也连忙为刘少奇安排了一间比较安静的小屋，以为他同大家一样，急行军了一夜，也要抓紧时间休息，恢复体力。但大家没有想到，刘少奇只在屋里喝了一杯水，就又走了出去。一些奉命和刘少奇一起回延安的干部看到了，也跟着他一起走了出去。原来，在长期的革命斗争中，刘少奇养成了一个习惯，每到一个新地方，总要先观察当地的地形，了解那里的风土人情。这次，他也不例外。

这个镇子很小，只有一条南北走向的街道，街道两旁是一些小店铺和民房。刘少奇发现这里张贴着许多宣传画和标语,并且由于这里是游击区,各方的宣传画和标语都有一些。突然,他的视线被一张彩色招贴画吸引住了。这是一张天主教的宣传画,画的上端写着一排黑色的大字:"升天堂之路",一行穿着西装革履和长袍大褂的老爷们,牵着服饰华丽的女人和孩子,正在向这几个大字奔去;而画的下端,则完全相反,一群面黄肌瘦、衣衫褴褛的穷人正在凄凄惨惨地向着画面的下角走去,他们走向的也是五个黑黑的大字:"入地狱之门"。

刘少奇在这幅画前站了好一会儿,回过头来对随行的同志们说:"你们看,这样反动的画也贴到这里来了。从这张画上,我们可以看出他们在宣传上是挖空心思的,它的阶级性、目的性也都很明显。"

有的同志脸上露出了困惑,好像还没太懂刘少奇这番话的意思,于是,他又解释说:"你们看,这画上说的是只要信他的教,就可以上天堂。那些穿长袍马褂、西装革履、服饰华丽的老爷太太们,都是些什么人呢?还不是有钱人、地主、资产阶级。他们走的是通向天堂的阳关大道。而不信教的,也就是反抗帝国主义的人,就要下地狱,走'地狱之门'。"停顿了一下,刘少奇说:"但是这幅画倒是给了我们一些启示。这种宣传画使人一目了然,感染力很强,这种方法我们可以学习和借鉴,我们可以用它来为人民大众服务嘛!这不也挺好吗?"一番话使大家顿开茅塞,深为刘少奇看问题的深刻透彻所折服。于是他们小心翼翼地摘下这张画,把它保存起来。

说话间,镇上的一些老乡看到一个首长模样的人在同随行人员讲这张画,便靠上来,想听听他们在说些什么。刘少奇看到老乡们围了过来,便主动同他们打招呼,亲切地聊起来。

刘少奇同老乡们聊村里的生活、日本鬼子和伪军对乡亲们的祸害和村里开展的减租减息活动等。老乡们你一言,我一语,说得十分热烈。交谈中,刘少奇掌握了不少当地的情况。

这时一名警卫员找过来说:"首长,回去吃饭吧。"乡亲们听说同他们谈

第六章 奔赴延安

话的首长奔波了一夜，还没休息吃饭，忙说："首长先吃饭吧，让你饿着肚子和我们说话，我们可过意不去。"说着，站在刘少奇周围的老乡们自动让出一条路，刘少奇这才同大家一起往回走。

刘少奇这种为了人民的利益，不怕疲劳辛苦的精神，深深感染了大家。

回到驻地，匆匆吃过午饭以后，刘少奇一行又上路了，继续向着中共中央山东分局的驻地快速前进。

刘少奇到达山东分局驻地临沭县朱范村以后，受到根据地领导罗荣桓等同志的热烈欢迎，他根据中共中央的指示精神，调查研究，解决山东分局工作中存在的一些问题，在短短三个多月的时间里，使山东的工作有了较大的转变和起色。

在山东分局刚住下，一些随行的勤务人员和干部可能是因为沿途劳累，患了腹泻。刘少奇听说了，忙去看望，并让有关同志把山东分局为照顾他的身体所准备的一些食品给生病的同志们送去。过了几天，刘少奇听说生病的同志们还没有好转，就把有关同志找去，问："我们还有什么药吗？"

当时，刘少奇的身体，尤其是肠胃很不好，而各根据地又没有条件生产药品，因此，临出发前，华中局特地派人到上海购买了一些，以备路上急需。这些药品在现在看来都是些极普通的东西，但是在当时的条件下，它们确实都是宝贝。有关同志听刘少奇问还有什么药，就知道他是要把为自己准备的药给同志们吃，心想，从这里到延安，路途还很遥远，现在就把这点药给吃了，万一以后刘少奇在路上病了，可就抓瞎了。想到这儿，他就对刘少奇说："把食品给病号送去就行了，药还是不要送了吧。到延安还远着呢，你的肠胃又不好，万一在半路上病了，找不到合适的药，可怎么办？从党的利益出发，我们觉得保护你的身体是特别重要的。"

刘少奇听了十分不以为然，他恳切地说："这些药就摆在这里，可是你们却要留给现在没有病将来可能会生病的人。我们不应该眼看着现在有病的人不给吃，而给没有病的人以后吃。药，本来就是治病救人的嘛！凡是参加革命的人，大家都是革命大家庭中的一员，病了就应该吃药，别说我们现在手里有药，就是没有，也应该设法给他们找药吃。"

刘少奇这番话使同志们深受感动，他们只好服从命令，把药给病号们送去。当病号们听说这些药原来是为刘少奇准备的，又是他亲自让医生送给他们的，都很感激。大家心情舒畅，服药不久，病情都有了好转。

在山东分局停留期间，刘少奇派几位跟随他一起回延安的同志到山东分局帮助做宣传工作。一天，分局宣传部研究对敌宣传工作，一位同志提出把我国古代诗人的反战诗歌译成日文，对敌宣传，以达到瓦解敌人的目的。被刘少奇派来帮助工作的同志立刻想起，在陇海路边上的那个小镇子上，刘少奇向他们讲解的那幅天主教宣传画，于是就把刘少奇当时对那幅画的分析以及对同志们的教育向分局宣传部的同志们讲述了一番，并提出诗文配画，宣传效果更好。同志们一听，都认为这是一种很好的宣传形式。说干就干，大家立刻动手，几天的工夫，一张张诗画并茂的宣传品创作出来了。其中有一些宣传画特别成功，如"可怜无定河边骨，犹是春闺梦里人"的诗句，配上两个反差强烈的画面，上端是在日本富士山前的樱花树下，一个美丽的日本少妇正在痴情地期待着丈夫的归来，下端是在中国广漠无垠的原野上，一面破碎的太阳旗半盖着一堆白骨。又如，在"一将功成万骨枯"的诗文下面，画着一个胸前挂满了勋章的日本军官，双脚踩在一堆日本士兵的尸体和骷髅上，左手高举酒杯，右手搂着"爱国妇人慰劳队"的女人，得意扬扬地狞笑。这些宣传画画好以后，同志们拿去给刘少奇看，刘少奇高兴地说："对，做工作就是要肯去想办法。我看，这些宣传画日本士兵一定会喜欢看，而日本军官一定会阻止他们去看。这样，就不只是达到了宣传的目的，还会扩大日本官兵的矛盾。"

果不其然，当他们把这些宣传画张贴到日军经常出没的地方以后，吸引住了许多日本士兵，有的触景生情，还偷偷地抹眼泪。日军军官十分恼火，下令不许观看中国人的宣传品，违者严惩。但"禁令"不能禁止日军士兵的

第六章 奔赴延安

思乡和厌战情绪，他们当着军官的面不看，但背地里仍然偷偷地看。为此，有不少日军士兵遭到他们长官的拳打脚踢。而这种局面正是刘少奇所预见的。

大家了解到上述情况后，兴奋地向刘少奇做了汇报。刘少奇听了以后，泰然自若地微笑着说："是的，一定会是这样的。"

刘少奇在山东分局停留了3个多月，圆满地完成了中央交给他的任务。然后，他不顾旅途的艰险，毅然启程，继续西行。

二、奔赴鲁南抗日游击区

1942年7月下旬，刘少奇从中共中央山东分局所在地——山东临沭朱范启程，继续向延安前进。

这次出发前，为了应付沿途的险情和行动方便，刘少奇和山东分局将随行的100多人精减为18人，大家脱下军装，分别化装成不同行业的老百姓。刘少奇化名老许，装扮成做买卖的生意人。

从临沭出发后，第一站直奔鲁南抗日游击区。山东分局决定，这一段路由一一五师独立旅旅长曾国华率一支精干部队负责护送。

从临沭到鲁南要过两条大河——沭河和沂河。这两条河都是南北流向，两河间的距离约有10里，而日本鬼子在两河沿岸修建了许多炮楼据点，因此，要冲过这一封锁线，必须一气渡过两条大河，否则被敌人夹在两河之间的狭长地带，就难以脱身了。

刘少奇事先了解到这些情况，同曾国华具体研究了过河的方案：由曾国华派出几批精干的侦察人员，到沭河、沂河两岸了解情况，组织水手，安排渡船；刘少奇一行则于傍晚先秘密渡过沭河，以急行军的速度穿过两河间的狭长地带，再连夜渡过沂河，闯过敌人的封锁线。

一切都安排布置下去以后，傍晚，刘少奇一行开始行动。他们先悄悄地渡过沭河，紧接着，又以最快的速度向沂河方向奔去。没想到，半路上突然狂风大作，沉雷震耳，顷刻之间，瓢泼大雨就自天而降，把大家都浇了个透湿。这段时间，刘少奇正好患肠胃病，随行的同志们都怕他的身体吃不消，但他一点不提自己的身体，反而关切地照顾其他的同志们。

经过急行军达到沂河东岸时已是深夜，

1955年被授予中将军衔的曾国华

大雨还一直未停，而且在预定的河岸边也没有找到事先派来的侦察人员和准备的渡船。曾国华有些着急了。他是一位善于游击战尤其是夜战的指挥员，久经沙场，具有丰富的战斗经验。但突然发生了这样的情况，而且护送的是刘少奇同志，党的重要领导人，他有些着急了。

刘少奇看出曾国华的心情，宽慰地对他说："不要着急，既然派来的侦察员和布置的渡船没有到，我们可以先到河岸边比较隐蔽的地方等待和研究情况，不要被敌人发现了，遭受不必要的损失。"

于是，大家来到岸边一座摆渡人的茅屋里等候。一个钟头过去了，大雨仍在哗哗地下，侦察员和渡船还是没有踪影。曾国华估计，可能是出了意外，便亲自带人到附近村子了解情况。老乡们说，今天没有发现沿河敌人有什么动静，在这种大雨天里，伪军很少出来。但老乡们又说日本鬼子在这种天的夜里，和我们渡河的同志开过火。

曾国华认为，这种雨天，能见度这么低，对我们隐蔽过河十分有利，但日本鬼子为防止我们利用天黑雨夜偷渡，也可能设下埋伏，因为已有这样的战例。因此，到底过不过河，实在是难以下决心。

曾国华火速回来向刘少奇汇报情况，提出自己的想法，并检讨自己事先

第六章 奔赴延安

布置不够周密。刘少奇听了曾国华的汇报,没有丝毫焦急的表示,反而安慰曾国华说:"不要紧张,我对情况不了解,究竟怎样行动,还要请你决定。"停了一下,又思索着说:"根据你所讲的情况,这里是敌人一个重要的口子;我们的侦察员没有消息,预先布置的渡船也没有来;过去我们在这样的夜晚出动过,敌人也有这个经验;目前是夏收季节,敌我对粮食的斗争正处在激烈的时期;在我们白天经过的地方,有些是市镇,也有可能走漏消息,当然,也有可能完全没有问题,但是,我们要从最坏的情况来考虑问题。过不过河,还是由你决定。不过,这个地方不宜待得过长,如果不强渡,就应考虑转回到沭河东岸去。"

刘少奇这一番冷静的分析使曾国华心里有了底,他决定立即回到沭河东岸。于是,全体人马调头向东,又急行军回到沭河东岸。第二天夜晚,刘少奇一行又一次渡过沭河,急行军奔到沂河东岸。这一次,终于顺利地渡过了沂河,脱离了险境。

后来,曾国华得到情报:在他们第一次过沂河的那个大雨夜里,敌人不知从哪儿得到的消息,说有一支部队要在这天晚上过河,便在沂河西岸渡口附近设了埋伏。那次,如果强行渡河,后果不堪设想。很多同志都为刘少奇的沉着冷静和准确判断所折服。

过了沂河,就进入鲁南抗日游击区,护送部队也在此交接。刘少奇同曾国华分手后,由鲁南的同志负责护送。他们仍然夜行晓宿,隐蔽前进。鲁南这里是黏土区,老百姓中历来有"干如铁,湿如鳔,不干不湿抠不掉"的说法。如果赶上下雨,走在路上就好像走在糨糊上,黏黏糊糊,拔不出脚。刘少奇一行路过这里时,正好是雨季,天上下着蒙蒙细雨,路上是一片泥泞的"糨糊"。按照计划,刘少奇他们要在这天夜里走出敌占区,到鲁南游击区边联县的迷龙汪休息。但是没有想到,在黑夜里,请来的向导迷失了方向,一直走到下半夜,也没走出敌占区。同志们都着急了,有的忍不住小声嘟囔起来:"怎么搞的?这么半天也没走出去!""天快亮了,被敌人发现了怎

119

办?"大家都在为刘少奇的安全着急。

这时,刘少奇听到同志们的埋怨声,就缓步走过来,对大家说:"不要怪他,他也很着急嘛。我们不要打搅他,让他冷静地想想。"说完,他又侧过身去,对向导说:"这一带你很熟,仔细想想,会找出路来的。来,咱们先辨明方向。你看,如果夜间有星星,我们可以找北斗星来确定方向。没有星星的夜里,我们也有办法。你注意了没有,凡是正房都坐北朝南;在野外没有房屋的地方,可以通过周围的树木来辨明方向。你用手摸一摸,向阳的一面长得粗糙,背阳的一面长得比较平滑。粗糙的这面就是南,平滑的那面就是北。"

刘少奇这番话稳定了大家的情绪,也使向导紧张慌乱的心情镇定下来。他弄清了南北方向,又静静地盘算了一阵,终于辨明了通向迷龙汪的道路。队伍在天亮前赶到了预定地点迷龙汪。

吃过早饭,大家就地休息,有的同志说起了昨晚迷路的事情,刘少奇问护送部队的负责同志:"你常在这一带活动,知道不知道这里为什么叫迷龙汪?"负责护送的同志听了,笑着说:"这还真有段故事。相传前清时候,乾隆皇帝下江南,坐着轿子到了这个地方,突然下起了大雾,什么也看不到,乾隆皇帝和抬轿子的人都迷了路。乾隆皇帝想:我是'真龙天子'呀,把我都迷住了,那好,这地方就叫'迷龙汪'吧。这样,'迷龙汪'这个名字就叫下来了。"刘少奇听了这段轶事,若有所思地说:"历代的帝王将相都把自己当成诸葛亮,把群众当成阿斗,因此他们迷失方向,走错路就不奇怪了。我们的党是把人民群众当作历史的主人,和人民群众心心相印,所以我们才能在迷雾中找到方向,道路也越走越宽广。"听了这段富有哲理的话,大家都禁不住赞同地点点头。

从迷龙汪再往西,要穿越津浦路,这又是一道敌人重兵把守的封锁线。这一段路的护送任务交给铁道游击队来完成。经过研究,铁道游击队的负责同志决定在沙沟到临城(今薛城)之间的干沙河处穿越铁道线,直奔微

第六章 奔赴延安

山湖。

这天,刘少奇一行在夜幕下直奔津浦路。突然在离铁道线三四百米处时,一道白光从北面闪过,原来鬼子的巡逻车从临城方向驶来了。同志们一看,都迅速地在沙河边隐蔽下来。只见车上的探照灯漫无目的地扫来扫去,一挺机枪也在胡乱扫射着。

刘少奇低声对大家说:"敌人这是在虚张声势,别看他们表面上那么嚣张、猖狂,其实是在为自己壮胆,这正说明鬼子内心十分空虚害怕。"

果然,巡逻车走走停停,照一会儿探照灯,打一阵机枪,什么也没发现,就向南开去了。一会儿,铁路两边又恢复了平静。

铁道游击队的同志们连忙护卫刘少奇一行沿着干沙河一路小跑,从涵洞穿过铁路,接着,又离开干沙河,避开大路,走小道,直向微山湖边挺进。他们一口气跑了七八里路,再没有发现敌人,才算松了一口气。

这时,刘少奇把铁道游击队的负责同志叫到身边,边走边说:"鬼子控制了铁路交通线,对我各抗日根据地进行分割封锁,妄图割断各根据地之间的联系。现在,延安同山东、华中根据地的联系,只有这一个口子,你们要用一切努力,保住这个交通线。今后,铁道游击队的重要任务之一就是护送东西过往的干部。"铁道游击队的负责同志说:"这个任务是挺重要,就是有的队员觉得执行这样的任务不如打仗、扒火车过瘾。"刘少奇听了说:"要做好大家的思想工作,使大家明确,完成好护送干部的任务,从一定意义上说,比你们开展军事斗争更有意义,对革命的贡献更大。"

就这样,他们边走边说,来到了微山湖边。由于这几天附近的几个鬼子据点又增加了兵力,形势有变化,负责护送的同志决定改变计划,在微山湖上住一昼夜,到天黑再去湖西。于是,他们连夜上船,进入湖中的隐蔽地方。但到他们准备出发的时候,形势又发生了急剧变化,日本鬼子突然在微山湖湖西一带进行疯狂"扫荡",上级指示暂时不要通过。这样,刘少奇和铁道游击队的同志们在微山湖上一起度过了令人难忘的10多天。

这10多天里,日本鬼子疯狂"扫荡",封锁了交通,刘少奇他们住在微山湖上,有时一整天吃不上饭,夜晚还要忍受寒凉的湖风和蚊虫的叮咬,虽然是10多天的时间,但条件十分艰苦,而且谁也不知道要坚持到什么时候。在这十几天的时间里,刘少奇和铁道游击队的同志们同甘共苦,一起天当房,船当床,野生湖藕当干粮。当他看到同志们想方设法专门为自己煮了一锅小米饭时,坚决要和大家一起分享;夜晚睡觉,船舱里伸不开腿,同志们都到舱面上去睡了,刘少奇就把自己的衣服和毯子给同志们盖上。

在这段艰苦的日子里,刘少奇经常和同志们一起谈天,利用各种形式鼓舞大家的革命斗志,指导进行革命斗争的方式方法。一天,刘少奇让大家把几条船围拢在一起,同大家一块儿谈铁道游击队如何进行革命斗争的问题。他坐在船头上,说:"你们在这里坚持革命斗争,我看要注意三条:首先,既要用力地打击敌人,又不要过于暴露自己,做到出其不意,掌握主动。另一条,对敌伪下层组织,如伪保长、伪乡长等,要把打与拉结合起来。对坏的不打不行,但光打不拉也不行,在敌占区斗争要讲策略。再一条,铁道游击队要注意游击区的建设。"讲到这里,刘少奇用了一个生动的比喻,他说:"蜘蛛为什么能捉住虫子?就因为它拉了网,这网就是它的根据地,小飞虫撞上来,一触网就粘住了。我们打游击,也要学蜘蛛拉网,建立自己的根据地。有了根据地,就有人、有粮,就能在群众中站住脚。"刘少奇的这番话给铁道游击队的同志们很大的启发,他们说,同少奇同志在一起的这些天就好像上了一次革命斗争的学校,不只是我们护送他过路,他还给了我们革命斗争的武器。

终于,湖西的敌情趋于缓和,刘少奇决定继续西行,便告别了铁道游击队的同志们,向延安前进。

三、越过封锁线

刘少奇从华中返回延安,这一路就好像踩着石头过河,在日本鬼子的眼皮底下,冲破封锁线,一个根据地、一个根据地地接力前进,到了哪个根据地就由哪个根据地负责护送,环环相连。

刘少奇到太岳军区时,正碰上日本鬼子进行秋季大"扫荡",为了保证安全,太岳军区安排刘少奇辗转隐蔽到沁源涧崖底村,并安排富有秘密工作经验的平介县县委书记成克负责将他护送到晋绥军区。

成克曾在中共中央北方局当过交通员,经常住在敌占区,对秘密工作尤其是秘密交通十分熟悉,由于群众基础工作做得好,他领导的交通队情报工作也很出色。这天,他接到军区的通知,立即对工作做了安排,然后连夜出发,来到刘少奇一行的驻地。

刘少奇见到成克,很高兴地听取了他的汇报和行动计划。他对成克说:"敌占区的工作最重要的是面向群众宣传。发动群众、依靠群众,这是我们能够存在的基础。要做到每个村、区都有地下党组织和群众组织,游击队就算扎下了根,敌人就怎么也不能把我们消灭。如果能做到这样,敌占区表面是敌人的,但实际上岂不成了我们的?"一席话,说得在场的人都露出了笑容。

经过一番准备工作之后,刘少奇一行在成克率领的护送队的保护下,离开涧崖底村,翻山越岭,向晋中前进,这一路要越过敌人的两道封锁线。

首先要通过的是平遥城封锁线。敌人在平遥城上修筑了明堡暗碉,在城外重要村镇和交通要道设有据点和关卡,防守戒备十分森严。

刘少奇一行到达离平遥县城不远的一个村子时停下来休息,准备晚上通过封锁线。刘少奇把成克等人找来，又一次了解行动方案。成克说："根据目前的情况，咱们还是按原订方案行动。"刘少奇说："好，从现在开始，你可以布置过路的一切工作，我完全听从你们的安排。"

下午5时，过路行动开始。由于这里党组织在群众中有较好的基础，他们布置安排沿途村庄、村口放哨接应指路，因此行动比较顺利。晚饭时分，刘少奇一行已接近同蒲铁路。晚上9点多钟，来到平遥城与洪善镇之间的京陵村（距平遥城5里路）。

正要过铁路，突然从南面开来一列急驶的列车，成克立即命令："隐蔽"！大家马上就地卧倒。当火车过去以后，刘少奇一行便快速通过了同蒲铁路。

过了同蒲路，前面还有敌人。平介县委在这里布置了一支20多辆自行车组成的飞行队，用自行车带着刘少奇一行快速穿过几个村子，送到汾河渡口徐家镇的小徐村。等候在这里的交通员见刘少奇一行到了，便朝对岸拍了几下巴掌，对岸的小船很快划了过来，分两批把他们送过了汾河。这一切都有条不紊，进行得鸦雀无声。过了河，队伍继续前进，又过了几个村子，大约四更时分，到达了平遥仁庄。

这时，天还没亮，经过一夜急行军，大家都很累了，成克连忙安排同志们休息。他把刘少奇安置在镇东南角的一个大院里休息。这户房东是个农民，他的院子里有一间暗房，如果发生意外，藏在里面，不易被发现。其他随行人员也都分散住到附近的老乡家休息。

这里是敌占区，四周都是日本鬼子的据点，最近的一个距这里只有5里路，因此，大家休息也不敢埋头大睡。天刚亮，几个住在一位木匠家里的随行人员听说敌人出动，已经到了邻村的消息，拔腿就要往刘少奇的住处跑。木匠的母亲把大家拦住，并让老伴带大家隐蔽到村外，然后，她自己去探听消息。过了不久，老妈妈高兴地回来了，她告诉大家："快回去吃饭休息吧，敌人到别的村去了。"大家这才松了一口气，但那几个随行人员仍不放心，还

第六章 奔赴延安

是立即赶到刘少奇的住处,见到成克已在那里,才放下心来。

他们在这里等到天黑才开始下一步行动,穿越最后一道封锁线。越过这里,成克一行就完成任务,下一段将进入晋绥军区,接送工作由晋绥军区负责。为了照顾刘少奇的身体,成克等人给刘少奇准备了一辆大车。他们走到距太(太原)汾(汾阳)公路附近的一处古庙处停了下来,这里是太岳军区同晋绥军区的交接点,成克一行要在这里向晋绥军区的来人交接护送工作。但是,一直等到半夜,还不见来人。成克派去的侦察员回来报告说,前面村子里鸦雀无声,静得可疑。刘少奇根据几次的经验,分析说:"敌人可能有埋伏。他藏在那里,不会哇哇叫,引得人喊狗叫,而老百姓看到日本鬼子来了,也要躲在家里不出来。因此,没有动静,很可能正是敌人埋伏在那里的结果。我看咱们可以返回仁庄,那里群众基础好,可以再隐蔽一天。"听了刘少奇这一番分析,焦虑中的成克也镇定下来,立即命令返回仁庄。

后来,据侦察员报告,那天晚上,敌人不知如何探听到八路军要有队伍从这里经过的消息,便在那里埋伏了一二百人,后来由于八路军其他支队的配合活动,声东击西,在其他方向活动,日本鬼子第二天拂晓才把队伍调走。听了这一汇报,成克等人都更加佩服刘少奇的沉着冷静,更加佩服他敏锐的判断力。

刘少奇一行返回仁庄休息一天后,到傍晚又开始行动。这次行动,根据头一天的情况重新做了研究安排,他们决定,第一,不乘不骑,缩小夜间行军的目标;第二,不走大路,顺着地垄、河畔绕行,防止敌人截路伏击;第三,轻装前进,以最快的速度通过敌人的封锁线,使敌人摸不着头脑,一路60多里山坡路,一起奔袭通过。但行动方案一定下来,成克等人又有些犹豫了。刘少奇当时身体状况不好,这种走法他吃得消吗?没想到,刘少奇听到这一行动方案和成克等人的顾虑时,连声说:"很好,很好,我们的任务是安全通过,吃点苦有什么关系呢?什么事情都是一样,只有艰苦奋斗,才能获得胜利。"行动方案就这样决定了。

从仁庄出发，他们一路急行军，穿过层层障碍，又到了太汾公路的边上。敌人在公路两边挖了很深的封锁沟。大家都急切地想让刘少奇先过去，但他却总是扭过身子，先去拉别人，只怕其他同志们不能很快跃过去。

穿越太汾公路以后，还要翻过一片丘陵地带。道路越走越崎岖，但刘少奇同大家一道，互相鼓舞着，帮助着，终于到达了一个不大不小的山村。没想到进村以后发现许多老乡家的门是倒锁着，村子里没有一丝声息。成克等人挨门挨户察看，才发现一个上了年纪的老人在家里看门。老人说："白天村子里住着部队，天黑前刚开拔走了。老乡们看到部队走了，也不敢在家里待了，牵着牲口，赶上羊群躲到后山里去了。"说着，他热情地招呼刘少奇一行进屋休息，忙里忙外地赶快抱柴火烧开水。刘少奇见状，忙说："你年纪大了，让我们自己来吧！"这样，在这位老人的热情招呼下，刘少奇一行在这里休息了一夜。

为了防止敌人的奔袭包围，第二天一早，他们又上路了。这回比较顺利，前面刚翻过了一个山岗，事先派出联络的侦察员同晋绥军区前来接应的同志联络上了。成克忙迎上前去，说："你赶快返回去，告诉你们首长，派几匹马来，部队不必过来了。"前来接应的同志一听，高兴得差点跳起来，扭头跑回去。原来，他们也已等待一些时日了。

一会儿，几匹战马迎面而来。刘少奇一行休息片刻后，整理好行李，准备上路。这时，成克请刘少奇上马，但他却不肯先上，一定要让其他同志把背上背的东西先放到马背上。直到大家都轻了装，刘少奇才跨上马背。

走不多时，同晋绥军区的接应部队会合了，成克等人心里别提多高兴了，他们历尽千辛万苦，终于胜利地完成了这项重要的任务。

就要分手了，成克对刘少奇说："前面还有一段路，请您一定好好休息。"刘少奇却说："同志们一路辛苦啦，这里很安全，你们在这里休息几天吧，给你们一些钱，给同志们改善改善生活。"

"护送您是我们的光荣任务，能把您安全地护送到这里，就是我们最高兴

第六章 奔赴延安

的事。我们都带有伙食费。再说,您还要继续往延安走,路还挺远呢,我们怎么能要您的钱呢。"成克一个劲儿地推辞着。

这时,不知是哪个战士,在旁边半开玩笑半认真地说了句:"我们不要钱,我们要子弹。"

刘少奇听见了,笑着说:"好!好!给你们子弹。"说着,他把四名随身警卫叫到身边,要他们每人拿出一些子弹给成克他们。

这几名警卫员一看有些犹豫了。当时,我们没有大的军工厂,子弹,尤其是手枪子弹十分缺乏,给一颗就少一颗,而前面还有一段路呢。于是他们几个你看看我,我看看你,谁也不说话,也不往外拿子弹。

刘少奇见了他们几个面面相觑的样子,不禁哈哈大笑起来,说:"我们已经到了根据地,虽然还有一段路,但比较安全了,给人家几发子弹还那么舍不得。他们还要执行任务,搞到新子弹又十分困难,你们就大方一点儿,拿出一些给他们吧。"

听了刘少奇的这几句话,几位警卫员嘴里唠叨着:"你总是替别人着想,就是不想想自己。"但还是每人拿出了两条子弹,交给成克。成克拿起子弹看了看,发现,他们挑的都是最好的红屁股头的子弹。看着亮晶晶、黄澄澄的手枪子弹,成克他们都高兴地笑了。

同刘少奇分手后,成克一行往回走,这时一个交通员突然好奇地问:"我们送了几天,究竟送的是哪位领导同志呀?"护送队里的另一位干部反问道:"嗨,《论共产党员的修养》是谁写的来着?"大家呆了,突然恍然大悟似的齐声喊道:"噢!是刘少奇!""你们怎么不早告诉我们?"有的同志埋怨道。"走,我们追上去,再看看少奇同志去。"大家嚷着,爬上了刚才分手时的那个山坡,向刘少奇一行远去的方向眺望着,他们激动地说:"少奇同志虽然同我们在一起仅待了三天,但这三天,我们会记一辈子。"

四、建立东北根据地

1945年10月10日,国共双方签署了《国民政府与中共代表会谈纪要》(简称《双十协定》)。

11日,去往重庆同蒋介石谈判的毛泽东返回延安。

稍事休息之后,毛泽东便开会向在延安的中共中央政治局委员们报告重庆谈判经过。刘少奇等也向他汇报了中共中央的工作情况。

由于连续的奔波操劳,毛泽东回延安后感到身体疲乏。在他离开延安的40多天中,这里的情况已经发生了不小的变化。毛泽东顾不上多休息,便急切地要了解动态,进入工作。

然而毛泽东却感到周身不适,睡不着觉。有时躺在床上全身发抖,手足痉挛,冷汗不止。他让人用冷湿毛巾敷在额头上以减轻痛苦,但毫无效果。无奈之下,只好住进医院边治疗边休养。

1945年11月,毛泽东正式住院疗养,一直到12月中旬出院。在这段时间里,刘少奇继续担负起主持中共中央日常工作的重任,以便让毛泽东安心休息。

令人欣慰的是,按中共中央部署调往东北的10多万部队,这时已基本到位,正抓紧进行休整和扩编。

蒋介石也在竭尽全力向东北调兵,同共产党争夺这块战略要地。国民党军队原驻九龙的全美式机械化部队第十三军石觉部,和原驻越南的半美式机械化部队第五十二军赵公武部,共7万人,已海运到秦皇岛登陆。这两个军在蒋介石新任命的东北保安司令长官杜聿明亲临指挥下,正凭借其精良装备和炮空优势,杀气腾腾向中共军队控制的山海关、锦州方向扑来。

第六章 奔赴延安

林彪奉命火速赶往辽西前线指挥御敌。中共各部队远道新到，协调联络不畅，只得在立足未稳又弹药缺乏的情况下仓促应战。山海关很快于11月16日失守。11月19日，驻东北的苏联红军当局通知中共东北局，苏军将按照中苏条约把中长铁路沿线及城市移交给国民党当局，要求中共军队撤出大城市。11月26日，东北人民自治军主动撤出锦州。11月底，中共东北局也由沈阳迁往本溪。

情况发生变化，刘少奇迅即调整方针。11月20日，刘少奇以中共中央名义指示东北局说，退出大城市后，"你们应迅速在东满、北满、西满建立巩固的基础，并加强热河、冀东的工作。应在洮南、赤峰建立后方，作长久打算。在业已建立秩序的地方，要发动群众控诉汉奸及开展减租运动。"

刘少奇把这种策略叫作"让开大路、占领两厢"。11月22日，他打电报转告在重庆的周恩来说："已去电要彭真、林彪在苏军撤退后，速从城市及铁路沿线退出，让开大路，占领两厢。"

这一策略方针的改变关系到东北今后的行动，是万万大意不得的事情，一定要东北的领导同志切实了解。11月28日，刘少奇又以中共中央名义指示东北局说，苏联由于受条约限制，长春铁路沿线各大城市将交蒋介石接收，我独占东北已无此可能，但须力争在东北的一定地位，除长春铁路沿线及东北各大城市我应力求插足之外，东满、南满、北满、西满的广大乡村及中小城市与次要铁路的控制要作为工作重心，建立根据地，作长期打算。东北局应本上述方针速作部署。

然而中共东北局动作迟缓，路子也不大对。12月7日，刘少奇向东北局并林彪、程子华发去一电，告诫说：我们目前不应以争夺沈阳、长春为目标来布置一切工作，而应以控制长春路两侧地区，建立根据地，利用冬季整训15万野战军，建立20万地方武装，以准备明年春天的大决战为目标来布置一切工作。这是一个工作方针问题，望你们迅速考虑成熟加以确定，否则，动摇不定，妨害工作，丧失时机。12月24日他又给彭真发电强调："我对你们的部署总有些不放心,觉得是有危险性的。你们主力部署在沈阳、长春、哈尔滨三大城市周围及南满,似乎仍有夺取三大城市的态势,而在东满、北满、西满的许多战略要地(如通化、延吉、密山、佳木斯、嫩江、洮南等),并无坚强部队和有工作能力的党的领导机关去建立可靠的根据地。""你们今天的中心任务,是建立可靠的根据地,站稳脚跟。"

还在休养中的毛泽东对东北形势的发展也是牵肠挂肚,很不放心。12月下旬他的病情一有好转,便要人把一个多月中东北和延安的往来电报统统调来,细细阅读。一番研究之后,毛泽东在休养所的病房里写了一篇对中共东北局的指示,再次系统阐述了中共中央对东北工作的方针。他写道:"我党现时在东北的任务,是建立根据地,是在东满、北满、西满建立巩固的军事政治的根据地。""建立这种根据地的地区,现在应当确定不是在国民党已占或将占的大城市和交通干线,这是在现时条件下所作不到的。也不是在国民党占领的大城市和交通干线的附近地区。这是因为国民党既然得了大城市和交通干线,就不会容许我们在其靠得很近的地区内建立巩固的根据地。""因此,建立巩固根据地的地区,是距离国民党占领中心较远的城市和广大乡村。"

刘少奇革命活动旧址

第六章 奔赴延安

中共东北局按照中共中央的指示迅速行动起来，东北形势逐渐改观。到12月底，军队已经扩编到22万多人。部队和干部分散向东满、北满、西满各战略要地铺开，发动群众开展剿匪、清算汉奸、减租和开展生产，使东北根据地从无到有，一步一步建立起来。

蒋介石当然不甘心坐视共产党同他分庭抗礼。他一面假装同中共代表和谈，一面秘密印发所谓《剿匪手本》，发布进攻解放区的密令，继续调集大批军队开往内战前线。

在中共领导的各解放区，人民军队也是早有准备，严阵以待！

五、奉命转移

解放战争进行半年之后，英勇的人民解放军以大无畏的英雄气概，粉碎了国民党军队的全面进攻，给国民党蒋介石以迎头痛击。但是，国民党蒋介石并不甘心自己的失败，重整旗鼓，卷土重来。

国民党当局过高地估计自己的力量，悍然决定首先攻占中国共产党的党、政、军指挥中心延安，摧毁或驱逐中共中央首脑机关出西北；然后相继进行消灭，进而北渡黄河，"肃清"华北的人民解放军，实行各个击破。1947年2月28日，蒋介石飞临西安。亲自部署34个旅25万人的兵力和100架美制飞机，突然向陕甘宁边区发动猛烈的进攻。

3月11日，国民党开始轰炸延安。当晚，中央书记处召开紧急会议，决定刘少奇、朱德、任弼时率领中央机关部分人员，先北移子长县。毛泽东和周恩来从枣园迁入王家坪中央军委总部办公。指挥延安保卫战，掩护中央机关转移。

第二天，刘少奇、朱德、任弼时率领中央机关部分工作人员撤出延安。

16日，到达子长县的瓦窑堡、清涧一带。中共中央原定5月4日在延安召开的全国土地会议，自然不可能举行了。19日，刘少奇为中共中央起草电报，通知各中央局、分局："延安情况紧急，五四全国土地会议之地点及日期，恐须看以后情况的发展再行决定。望各地出席会议代表暂在原地待命，待中央通知后再起身，但东北代表应即起身到山东或冀察晋待命。"25日，从延安撤出的毛泽东、周恩来同刘少奇、朱德、任弼时在子长县的王家坪举行书记处会议，初步决定："中央和军委机关除留极少数人员（二三百人）于延安以北地区保持工作以外，其余部分和老弱妇孺包括董老吴老等均移到晋西北柳林、临县、兴县地区"，并派周恩来到晋西北安排中央机关的转移事宜。

29日，毛泽东、刘少奇、朱德、任弼时等又转移到清涧县的枣林沟。在这里，中共中央召开会议，讨论中央机关今后的行动问题。最后，"中央决定组织中央工作委员会，在少奇主持下进行各项工作"；中央工作委员会成员由刘少奇、朱德、董必武组成，准备"经五台往太行"，或其他适当地点，进行中央委托的工作。毛泽东、周恩来、任弼时三人率领中央机关和人民解放军总部留在陕北，主持中央工作。

这时，胡宗南所部已进入清涧县城，先头部队离中央纵队驻地只有30里。他们该转移了。毛泽东、刘少奇、朱德和任弼时一起从石咀驿出发，驱车向临县行动。这时，上弦月还没有升起，老黄风夹带着从毛乌素沙漠吹来的飞沙，强劲地向人们刮来。到达田庄镇，稍事休息后，大家握手道别。刘少奇紧紧握着任弼时的手，叮嘱他：一定要想尽办法保证毛主席的安全，不能出一点儿差错。说罢，大家分别踏上征途。中央五大书记开始了长达一年的分别。

3月31日晚，刘少奇、朱德等渡过黄河。4月2日晨，到达山西省临县的三交镇，与周恩来、贺龙、董必武会面。短暂的交谈情况后，周恩来乘车西返陕北。刘少奇和朱德、董必武、叶剑英一起，组织已到这里的中央机关和军直机关4000余人，分别向太行和五台地区转移。早在延安备战时，大多

第六章 奔赴延安

数中央机关和工作人员即由叶剑英、杨尚昆率领先期转移到这里。这些机关和干部原计划是要随中央工委全部赴华北的,但4月11日按中共中央电,将在晋西北的中央工作机构分为三部分,一部分回到陕北,一部分暂留原地不动准备将来仍与中央会合,一部分随中央工委前行。这样,在中央工委下的机构有:中组部、中宣部、解放报社、社会部、政治部、青委、徐特立文教工作团和三局一部、中央机要处一部、中央办公厅及秘书处各一部、总卫生部一部、杨家岭行政处及军委供给部各一部。

4月11日,中共中央根据枣林沟会议精神,作出《中央关于在晋西北的中央工作机构分为三部分的分配方案》。方案指出:"根据目前战争形势,与上月中央仍留陕北,另组中央工作委员会去华北之决定,要求中央领导及工作进行的便利起见,现在晋西北的中央工作机构应分为三部分:一部分回至陕北,一部分去太行,一部分暂留原地不动,准备将来仍与中央会合。""中央工作委员会现由刘、朱、董三同志为常委,刘为书记。朱、刘先至晋察冀指导工作一时期,董经五台即转太行参加财经会议,准备担任华北财经办事处主任。将来康生、彭真参加全国土地会议后,亦留中央工委为常委。""中央及军委大部工作机构暂留晋西北,组织以叶(剑英)为书记、杨(尚昆)为后方支队司令的后方委员会。"

由于连日旅途劳顿和高原地区的春寒,使刚踏上晋绥土地的刘少奇感冒了。但他还同以前一样,仍然坚持一路走一路调查了解情况,克服身体的不适。

4月4日晚,刘少奇、朱德等乘汽车到达设在山西兴县的晋绥军区司令部。在这里,他和贺龙、李井泉、康生等进行谈话,了解晋西北各方面特别是土改工作的情况。4月8日,在蔡家崖向晋绥干部作了讲话,提出了解决土地问题的意见。接着刘少奇和朱德经静乐、宁武,到达崞县晋绥第六军分区司令部,又同第六地委的领导人谈话两天。19日,他们到达五台县的善义村。

在这一路上，刘少奇目睹了晋西北人民生活的贫困状态，心中十分震撼。4月22日，他在致贺龙、李井泉、张稼夫等的信中写道："从兴县到原平，沿途看了山地农民许多穷困及破产的现象，特别是他们没有衣服穿，如在贵州所见的那种衣衫褴褛的情形，更加刺目。许多农民多年未置过衣服，一家八九口人共穿一套烂衣服。"

刘少奇意识到这个问题的严重性。不改变这种状况，就会引起群众对共产党的不信任，就会失去群众的坚强后盾，也就难以支持长期战争。他进一步分析了造成这种状况的主客观原因，告诫晋西北的各级领导应该提高警觉，关心群众生活，一切为晋西北三百万人民着想。各级干部要下去，切实给老百姓办些好事，想各种办法使老百姓多生产，改善生活。

正如他在晋绥边区干部会上提出的：共产党就是为人民办事的，"如果我们真是那样无利于人民，我们自己就可以宣布取消解散"。他在肯定晋西北工作成绩的前提下，认为必须采取新办法，首先要使人民的穷苦状态有所改变，发展生产，有吃有穿。要进行土地改革，解决土地问题是转变人民观感的中心一环。强调，要彻底解决土地问题，使农民真正得到土地，然后帮助其生产，而解决土地问题的中心一环是发动群众，要依靠群众自己来解决土地问题，群众不起来，任何英雄好汉都是解决不了的。

4月16日，中央工委离开三交镇，刘少奇、朱德等乘汽车前行，其余大部机关队伍由中组部副部长安子文率领徒步在后跟进。行进的路线是：由临县经兴县、静乐、宁武、原平、五台，然后翻越太行屋脊，到达晋察冀。

4月24日，刘少奇和朱德又向中央系统地汇报他们在晋绥地区了解的情况，并提出改进工作的意见。中共中央把刘少奇和朱德的信转发给晋绥分局，要求他们坚决执行。

26日夜，刘少奇和朱德到达晋察冀中央局和晋察冀军区所在地河北阜平县城南庄。他们不顾沿途的疲劳，27日、28日连续两天听取中共晋察冀中央局的工作汇报。30日，刘少奇在晋察冀中央局干部欢迎会上讲话，他分析了

第六章 奔赴延安

全国的形势和土改问题。指出,晋察冀解放区在一切为着前方军事胜利的方针下,后方要用一切力量彻底完成土地改革,以此为中心,结合各种工作把它搞好,使党更巩固,根据地更巩固。一定要切实节省人力物力的消耗,减轻负担,爱惜民力,保护民力,单纯的财政观点,没有群众观点是错误的。5月1日,他批转晋冀鲁豫根据地土改情况的报告。为欢迎中央工委来到晋察冀,5月3日,边区各机关举行集会。

会场设在城南庄东面的黄芽沟口。会议由晋察冀中央局副书记刘澜涛主持,阜平县委书记李国庆、城南庄区委书记苗寿堂和县委机关部分干部也参加了会议。

由于丢掉了大城市的包袱,回到了老根据地,晋察冀部队的作战行动就自由主动得多了。当时,聂荣臻和萧克、罗瑞卿等军区领导人正在平山县的封城村指挥正太战役作战。

晋察冀中央局在城南庄村边的树林里组织了个欢迎晚会,欢迎中央工委来到晋察冀。刘少奇、朱德在欢迎会上讲了话。之后,由火线剧社和战地服务团演出了文艺节目。

5月3日,刘澜涛陪同刘少奇、朱德到达平山县封城村,与聂荣臻、萧克、罗瑞卿等晋察冀军区领导人见面。

原定5月4日在延安召开的全国土地会议推迟后,这时决定改在河北省的平山县召开。5月31日,刘少奇和朱德联名致邯郸中央局、华东局、东北局、热河分局、晋察冀中央局、晋绥分局并报中央电:"全国土地会议急需召开,兹决定7月7日在晋察冀之平山县开会,望各地赴会代表于7月7日以前赶到平山报到。"

此时,刘少奇的老毛病肠胃病又犯了,身体状况很不好。留在陕北的毛泽东十分关心他的健康状况,6月14日致电朱德和刘少奇:"各电均收,处置很对。少奇身体有进步否,望安心休息一个月,病愈再工作。我们身体均好。""就全局看,本月当为全面反攻开始月份,你们在今后六个月内如能

(一)将晋察冀军事问题解决好;(二)将全国土地会议开好;(三)将财经办事处建立起来。做好这三件事,就是很大成绩。"

这个电报,十分明确了中央工委要在半年内完成的三大任务。遵照毛泽东的这一指示,刘少奇领导中央工委,一方面进行晋察冀的军事整顿工作,同时准备成立华北财经办事处;另一方面以主要精力筹备召开全国土地会议。

第七章

辅助建国

解放战争时期,他以很大精力参与领导土地改革运动,指引亿万农民彻底摆脱几千年封建土地制度的剥削压迫,为我们党领导人民夺取全国胜利提供了雄厚的物质力量和群众基础。受毛泽东同志委托,刘少奇同志对新中国经济构成和发展道路进行系统研究,提出比较完整的设想,为党的七届二中全会绘制新中国建设蓝图作了重要理论准备。他领导建立华北人民政府,使之成为中华人民共和国中央人民政府的雏形。新中国成立前夕,他率领中共代表团访问苏联,为建立新中国争取了有力的政治支持和经济援助。刘少奇同志是新中国政治和经济制度的创立者之一,主持制定《中华人民共和国土地改革法》,悉心指导土地改革运动,参与制定《中华人民共和国宪法》,为新中国宪法制定和实施作出了奠基性贡献。

一、主持华北财经工作

由于抗战时期日军的封锁和残酷"扫荡",中国共产党领导的华北各抗日根据地被分割成几块,财经工作只能实行分散管理。进入解放战争时期,随着石家庄的解放,华北各解放区逐渐连成一片,贸易往来频繁,货币需要互相流通,原来的分散管理已不能适应新的情况。能否解决各解放区财政经济问题,为长期战争提供充足的后勤支援,是关系解放战争能否取得彻底胜利的关键。因此,建立统一的财经机构、财政上的相互调节和各地区货币贸易关系的调整,就成为中央工委亟待解决的问题。

刘少奇作为中央工委的主要负责人,对财经工作也倾注了大量心血,与董必武一起受中共中央委托,承担了解决各解放区财政经济工作所存在的问题,统一组织各解放区财政经济力量的艰巨任务。由于财经工作的复杂性和解放区被分割的条件,这项工作起始于中央工委成立之前,最后完成于中央工委结束历史使命,中共中央进驻西柏坡之后。

1947年1月,刘少奇首先提出了统一各解放区财政经济工作的方针,指出,必须"统一各区步调,利用各区一切财经条件和资源,及实行各区大公无私的互助调剂,完全克服本位主义,才能支持长期战争"。他指示立即召集华北财经会议,并具体指导了华北财经会议的筹备工作。刘少奇指示:"会议的议程,应为交换各区财经工作经验,讨论各区货物交流及货币、税收、资源互相帮助、对国民党进行统一的财经斗争等项"。他还提出,由各解放区派人组织成立"永久的华北财经情报和指导机关",即华北财经办事处。刘少奇所制定的一系列指示,为华北财经会议的顺利召开、华北财经办事处的成立奠定了基础。此后,各解放区财经工作的统一,基本上是按照这些要求运

第七章 辅助建国

作的。2月24日，他为中共中央起草致电晋察冀中央局等："华北财经会议，对于克服困难，支援战争，非常重要，务须使其有成就，各项问题务须获得解决。""望即催促各地代表携带材料，准备意见，迅速起身前往邯郸使会议能如期召开。"

1947年2月至5月在邯郸举行的华北财经会议，提出了以后财经工作的一系列方针和政策问题。中共中央根据刘少奇的意见于4月16日决定成立华北财经办事处。统一各解放区的财经政策。7月间，华北财经办事处在晋察冀建屏县的峡峪村开始工作，拟订了组织规程。11月中旬石家庄解放后，华北各解放区负责财经的杨立三、薛暮桥、南汉宸等到达中央工委后，华北财经办事处的组织机构逐步健全起来。

这时，刘少奇也集中相当多的精力来处理财经问题。他和董必武通盘计算明年全国各人民解放军的财政供给，提出统一的目标和计划，进行必要的调剂。刘少奇和中共中央工委直接领导华北财经办事处，统一领导了暂时除东北以外各解放区的一切财经工作，担负起筹措除东北以外各个战场军需供给的艰巨任务。石家庄是华北各解放区联结的中心，其重要性关系到华北解放区国民经济和财政收入。因此，他十分关心石家庄的经济工作，在石家庄解放后立即做出指示：要采取长期建设的方针，不允许任何破坏。这就为石家庄的城市管理和经济建设指明了方向。石家庄作为我军解放的第一座大城市，在为全国解放战争提供财政支援和军需供给等方面做出了重大贡献。由于战争规模和区域的不断扩大，军火军械的生产和供应成为战争胜利的决定因素之一，同时，军需物资运输量急剧增加，交通问题也日益突出。

华北财经办事处建立后，实行统一的第一项工作就是华北地区的兵工生产和交通运输事业。

随着解放战争进入战略进攻阶段，攻打国民党军队坚固设防城市的任务日益增多。充足的炮弹、炸药的补充和源源不断的后勤供应，成为争取战争胜利的必要条件。抗日战争时期，华北各根据地适应游击战争的需要，各自都有规模不等的军工工厂,来解决当地的军事需要,各地区之间互不调剂。生产技术方面的问题,有些地区自己能够解决,有些地方就比较差,不能适应大规模战役的需要。

为了增加生产、交流经验和技术,并协调各根据地的运输能力,12月下旬,华北财经办事处在中央工委的直接领导下,召开华北各解放区的兵工和交通会议。

会议于12月21日开始,刘少奇在开幕典礼上讲话。他说:中国的形势主要的方面是战争,我们工作如何是带着决定性的一面。现在我们在许多方面比蒋介石占了优势,人民力量空前强大,但困难还是有的。我们的工作就是要检讨各种缺点。我们的财经部门、交通部门缺点很多,主要的是贪污、浪费,不讲民主。这些缺点阻碍着我们工作的进展,使我们党、军队和政府脱离群众。如果克服了这些缺点,充分发挥人民力量,打倒个把蒋介石是没有问题的。这个会议一方面要解决兵工生产这个问题,再一方面要加以整顿。他说:

"全党整顿,我们的兵工生产、工厂管理以至于工人是不是也要整理一下呢?也要整顿,要提高生产,提高质量,加以建设。这些工作对于争取胜利是一个重要的条件。"

"过去在兵工生产上各地不一致,互不调剂,彼此没有关系;现在在中央统一领导之下,彼此互相调剂,使其更合理一些,那就可以更节省,生严更多,效果更大,生产出来的东西更好。"

会议对军工企业的管理组织进行了讨论,主要是如何实行"企业制"、工会工作、工资制度,以及工厂中的政治工作等问题。31日,刘少奇根据会议代表提出的问题,系统地回答了什么是"企业制",什么是军管制,工厂里的厂长、工会、党支部三者怎样结合等问题。他强调,生产是工厂的唯一任务;生产任务具体说就是要做到数量多,质量好,成本低。因此,全厂一切工作人员:工人、厂长的任务就是搞好生产。在公营工厂中,他们之间是

第七章 辅助建国

有矛盾的,但不是阶级对抗的矛盾,是可以和解的矛盾;不需要用革命办法去解决,而用协商的、批评的办法来解决。所以,厂长和工人的方针是合作生产。工厂应实行完全的统一领导,实行厂长负责制,由厂长、支书、工人代表组织工厂管理委员会,厂长有最后决定权。刘少奇的这些思想,对建国以后的工厂管理和组织起了一定作用。

这次会议后,晋察冀和晋冀鲁豫的军工企业实行了企业制,军工与公营轻重工厂合组,实行统一领导,互相调剂,建立核算制度,使解放区的军工生产有了很大发展。大批武器弹药源源不断地运往前线,促进了战争的胜利发展。

华北军工生产和交通运输的统一,反过来又要求整个华北在经济和政治上尽快实现全面统一。

从1948年2月,刘少奇提议合并晋察冀、晋冀鲁豫两个解放区,建立华北解放区、筹建华北人民政府,各解放区的财经工作进入建立统一的财经行政机构和统一的货币、金融体系阶段。2月,他在中共中央工委财政经济座谈会上提出,为有利于统一财政、货币等经济工作,可考虑先从晋察冀和晋冀鲁豫两个中央局合并起,先统一晋察冀与晋冀鲁豫和西北,而后再及其他。因此,合并华北解放区是彻底统一各解放区财经工作的重要步骤。在华北人民政府筹建过程中,刘少奇提出以华北财经委员会统一管理华北、西北、华东解放区财经工作的具体计划。他于8月在中共中央各部门负责人会议上提出,把几个中央局统一起来,搞一个财政部、一个大华北政府。他所说的"财政部"、"大华北政府",即指以后建立的华北财经委员会。10月,中共中央决定成立华北财经委员会,西北、华东各设分会,统一管理华北、西北、华东解放区财政、经济、金融、贸易、交通等工作。至此,除东北以外全国各解放区的财经统一工作正式完成,各项体制正式确立。其中,刘少奇的决策起了关键作用。在此过程中,建立各解放区统一的货币、金融体系,是加强各解放区经济联系的一个关键问题。

1948年3月，刘少奇向中共中央提出建立全国各解放区统一的银行体系，"以冀南银行为基础，合并晋察冀银行，成立华北银行，发行华北银行新钞……统一两区货币"，下一步再以华北银行新钞统一西北货币，"再下一步即以华北银行统一渤海与山东的货币"。不久，他领导中共中央工委和华北财经办事处在石家庄召开华北金融贸易会议，决定了成立中国人民银行，发行统一货币等政策。此后，各解放区货币、金融机构的统一工作，即按刘少奇制定的计划进行。12月，中国人民银行成立，该银行新币成为华北、华东、西北三区的本位货币。这对于各解放区发展经济，支持战争起了重大作用，并为新中国金融工作做了必要准备。

在彻底扭转了华北军事形势之后，刘少奇经过缜密思考，果断及时地提出并直接领导了合并晋察冀、晋冀鲁豫两个解放区的工作。他认为，"这两大解放区完全合并与统一后，即成为关内的基本解放区，发动五千万人民统一的力量，去支援西北、中原与华东，是不可限量的"。因此，1948年2月16日，他向中共中央建议，并制定了完善的两区合并计划：两区完全合并，两个中央局合并成立华北中央局。两个军区司令部、政治部、财经办事处、银行贸易机关、后勤机关等，亦均合并办理。野战军仍分南北两个兵团，但指挥与建制统一，若干军分区亦实行合并统一。5月9日，中共中央决定采纳刘少奇的建议，建立华北解放区。

中共中央工委时期，刘少奇同朱德一起彻底扭转了晋察冀的战局，决策并指导实现了华北、西北、华东解放区财经工作的统一管理和华北解放区的建立。这就为国共两党的战略大决战建立了强固的后方基地和充足的后勤支援，同时也为中共中央由陕北移驻华北，在西柏坡建立最后一个农村指挥所提供了安全保障。

二、重视发挥工人阶级的主导作用

继俄国十月革命胜利之后,中国革命的胜利是国际共产主义运动中的又一重大胜利。新中国建立之后,如何迅速发展生产、巩固政权、提高人民的生活水平,成为全党全军和全国人民亟待解决的重大问题。

1949年5月5日,刘少奇在代表中共中央向华北职工代表会议致贺时明确指出:"目前整个形势很迅速地胜利前进,全国的军事时期将会很快结束。结束以后,中国就要进入建设时期,特别是经济建设。现在华北基本上已经没有战争了,战争是在华东华南进行,华北已成为后方。因此,华北可以开始进行工业、农业生产的建设工作。以前组织起来的军事时期的战时工业、战时经济,以及经济的军事化,现在要转变为平时工业、平时经济。华北应该有步骤、有计划地进行这种转变。"同时,他强调指出:"城市问题,工业问题,是现在党和人民政府所要特别注意的问题。一定要搞好城市,搞好工业、商业经济,否则胜利是不能巩固的。"他还说:城市工作的总路线,就是依靠工人阶级。"工人是领导阶级,是国家的主人"。"有许多事要工人办,但怎么办呢?就是要把工人组织起来。"列宁说,无产阶级的力量在于组织。如果不组织起来,就没有力量。刘少奇根据自己长期从事工人运动的斗争经验,针对全国解放、党的工作重心由乡村转向城市、党要接管城市、接收现代化工矿企业等情况,明确指出:"现在是全国范围的事情了。组织工人就要想到这一点。"

刘少奇历来重视发挥工人阶级主力军的作用。他认为,无论是在战争年代或在和平建设时期,都需要大力开展工人运动,充分发挥工人阶级主力军的作用。特别是工人阶级取得政权以后,工人运动与生产运动是一致的,更应该注意充分发挥工人阶级的主导作用。他指出：发展生产是全体人民的要求，是国家的要求，也是我们工人的要求。中国的生产要发展，特别是要发展工业，那些办工厂的人，如厂长、经理、资本家，统统都应有一个发展生产的观点，不能说只是厂长、经理的责任，我们工人、我们工会便不负责，这是不可想象的。"工会和工人对发展生产要负责，要采取负责的态度，站在负责的地位。"他批评"有些工会同志觉得发展生产不是我们的事，或只是帮助一下，这是不对的。对私人的工厂以为发展生产只是资本家的事情，而不是工人和工会的事，这样的态度也是不对的。所以不论公营或私营工厂的工会同志，都须注意，使生产发展，因为只有生产发展了，工人的生活才能提高和改善，不然生活是不能提高和改善的。工会要保护工人利益，但生产不发展生活是不能改善的，利益也无法保证。这是个整个社会的问题。"他认为："工人阶级是劳动的阶级，他们创造了世界，要提高他们的组织性、纪律性、坚定性、创造性，以便在国家建设中作出成绩来。"他还指出："工会工作做好了，不仅对工人有利，对生产有利，而且对全国政治有很大的影响，它可以使全国其他阶级接受工人阶级的领导，这是工人阶级的最大利益。工人阶级的团结和统一，全国人民的团结和统一，是全国人民的最大利益。部分的利益必须服从全体的利益，暂时的利益必须服从长远的利益。以部分破坏全体，小道理破坏大道理是绝对不允许的。"他要求中华全国总工会一定要把全国工人组织起来，提高他们的思想觉悟、劳动热忱，增强他们的组织性、纪律性，要保证统一整个阶级，保证内部不分裂，才能团结全国人民来把我们的国家建设好。

刘少奇对于工人阶级夺取政权后，在发展生产巩固红色政权的工人运动中，如何开展社会主义生产竞赛，以先进帮后进，后进赶先进，先进更先进，以及提高全体企业的生产技术水平，提高工人阶级的共产主义思想觉悟等问题，都从理论和实践的结合上，进行了不懈的探索。特别是在抗美援朝过程中，他对沈阳第五机器厂的马恒昌小组生产竞赛的经验十分重视。后来，他

第七章　辅助建国

刘少奇视察马鞍山钢铁厂

在中华全国总工会扩大的常委会议上指出:"马恒昌小组发动竞赛,这个经验是好的,这是正规竞赛,工会应领导这个竞赛。过去生产竞赛是自上而下布置的,而马恒昌小组则是自下而上发动起来的,它是与技术相结合的,能够保持经常性,不是单纯依靠增加劳动力的强度。马恒昌小组的生产竞赛方法比以前任何生产竞赛方法都搞得好,大大提高了一步,我们应该提倡这种产业工人的竞赛方法,应加以组织。各地可以组织马恒昌小组委员会,召集马恒昌小组代表会议,全总也可以召集一个马恒昌小组的代表会议,各地马恒昌小组派代表来开一两天会,大家讲讲话,研究一些问题,通过一下文件,有些问题不好解决,就由全总与工业部去商量。"同时,他强调指出:"过去,工人有两个思想问题:一个是不愿将技术教给别人;一个是不愿别人批评自己的缺点。马恒昌小组打破了这两点。他将全部技术教给别人,打破了技术工人的保守观点……中国行会思想很厉害,教徒弟要慢慢教,怕别人学会,自己就失业了。把技术工人的行会思想彻底消除,是一个大革命。"

刘少奇还说:"我们的国家是人民民主制度的国家,在我们的国家里,一切工作都必须贯彻执行依靠群众的路线,都必须依靠由上而下的方法和由下而上的方法相结合。离开群众的积极性主动性,离开群众的智慧和力量,任何少数人的领导都不会是正确的、有效的和巩固的。反过来说,只要我们不是在口头上而是在实际行动中密切地依靠群众,我们就能够战胜一切困难。"

刘少奇视察南京工学院

三、出访苏联

1949年5月10日,刘少奇正在河北唐山视察,突然接到毛泽东的通知,要他速回北平,有要事。刘少奇按原定计划,向唐山市干部会议作了报告,又察看了开滦林西煤矿的生产设施之后,于当天夜里乘火车经天津返回北京。

第二天,他向毛泽东汇报天津、唐山之行的情况时,才得知要他火速返京,是中共中央决定派他率中共代表团出访苏联,为开国做准备。

出访苏联是当时中共中央的一件大事。苏联是世界上第一个社会主义国家,中国的革命,包括中国共产党的建立都同苏联有着深刻的关系。现在,

第七章 辅助建国

全国解放战争的胜利捷报频传,大部分国土已获解放,开国建府的准备工作必须大大加快,在这方面还毫无经验的中国共产党当然十分想听听"老大哥"的意见,学习学习他们的经验。

中共中央决定,代表团由刘少奇任主任,中央政治局委员高岗和中央委员王稼祥为代表团成员,工作人员有师哲、戈宝权、邓力群等人。

经过一番紧张的准备工作,刘少奇一行准备定于6月20日启程。为了严格保守秘密,同时也是刘少奇的一贯作风,他临行前没有对自己的亲人,包括夫人王光美讲,家人只是知道他去执行中央交给的任务。

6月20日这天,有关工作人员和陪同赴苏的苏联专家一起先从中南海出来,准备先回驻地香山,再到清华园火车站乘火车。没有想到,汽车从中南海开出来没多远就出了车祸,把一个骑自行车的青年撞倒了,轧伤了腰腿,撞坏了自行车,汽车上的玻璃也碰破了。出了交通事故,他们只能停下来处理,由中南海派人把受伤的青年送到附近的北大医院门诊部检查治疗。这一折腾,当天就走不成了,但去苏联访问是重大事宜,不能拖。于是,刘少奇一行在第二天,也就是6月21日从北平清华园乘火车,开始了去苏联的旅程。

中共中央代表团成员高岗当时是中共中央东北局第一书记,东北局驻地在沈阳。刘少奇等人从北平出发,先到沈阳,接上高岗,再继续乘火车到大连,然后从旅顺乘苏联飞机去莫斯科。由于当时国内战争正在激烈进行,为防不测,飞机从北朝鲜上空绕了一个大弯子。当时南北朝鲜正在对峙,无法保证在飞行期间不遇到敌机,所以航行时飞机飞得忽高忽低,最高时飞到8000米。那时的飞机设备比较简陋,飞到8000米高度时,机舱里冷得不得了,刘少奇等人的衣服都被冷气打湿了,王稼祥因身体本来就不好,再加上这一冻,就生起病来。后来,为了赶时间,再起飞时,飞机一度飞到1万到1.3万米的高度。这时机舱里的气温降到零度以下,而且缺氧,结果大家全都出现了呼吸困难和上吐下泻的症状,那种艰苦,是现在乘飞机所想象不到的。

这一路，从我国的旅顺启程，经由苏联的伯力—赤塔—克拉斯诺亚尔斯克—新西伯利亚—斯维尔德洛夫斯克，于6月26日抵达莫斯科，一共用了六天的时间。六天时间，以今天的眼光看实在是太慢了。但是，若要用刘少奇20年代、30年代那两次去莫斯科的经历来比，则可谓神速了。1921年夏初，刘少奇从上海赴苏俄留学，一路先乘轮船再换火车，一共走了三个多月；1930年6月，刘少奇以中国工会代表团团长的身份，赴莫斯科出席赤色职工国际第五次代表大会，路上也用了1个多月的时间。

刘少奇到达莫斯科后，受到苏共中央的热烈欢迎，被安排住到奥斯特洛夫卡亚街8号公寓。这座公寓是俄罗斯沙皇时代一个大资本家为著名女歌唱家建造的豪华而舒适的住宅。俄国十月社会主义革命后，这座建筑被收归国有，成为苏共中央的招待所。这个招待所只接待中国、朝鲜两党的高级领导人。

刘少奇在这里住下以后，就忙着开始工作了。他根据中共中央的指示精神，给斯大林连着写了两封正式信函，通报有关情况，如中共中央对于中国国内政治经济军事形势的看法，建立中央政府的方案、新中国的国家性质和政权性质、外交政策的考虑、加强中苏两党两国关系的设想、毛泽东访苏的时机，以及中共代表团访苏期间的活动安排等等重要问题，这些问题都是下一步会谈的主要内容。

7月10日，斯大林在莫斯科市郊的孔策沃别墅举行宴会，招待中共代表团。这是刘少奇率中共代表团访苏以来第一次会见斯大林。宾主双方边吃边谈，气氛极为热情友好，这实际上是双方会谈的开始。第二天，斯大林又把刘少奇一行接到金碧辉煌的克里姆林宫会议厅，请他们参加苏共中央政治局会议，进一步进行两党间的全面会谈。后来，刘少奇又同斯大林陆续进行了几次会谈。这些会谈基本上达到了预期的目的。在会谈的间隙，刘少奇还访问了苏共中央、苏联政府机关，同苏联国家经济部门和外交部门的负责人交

第七章 辅助建国

谈,详细了解这些机构的组成情况和工作方法。他还到一些苏联的工厂和单位参观访问,了解他们的管理经验和工作特点。这些都是在为筹建新中国做准备。

中苏两党会谈进行得比较顺利。7月下旬的一天,斯大林在他的孔策沃别墅新建的二楼大厅里又一次举行宴会,招待中共代表团。

这次宴会同上次一样,宾主双方仍是边吃边谈,气氛热烈而友好。

马林科夫和贝利亚为了活跃宴会的气氛,趁斯大林不在近旁,笑着劝一位中方的女同志向斯大林敬酒。这位女同志端起酒杯走向斯大林,笑了笑,一字一句地说:"我请大家举杯,共同为斯大林同志的健康干杯!斯大林同志的健康就是我们的幸福!我祝愿斯大林同志永远健康!请大家同我一道为斯大林干杯!"

斯大林听了大笑起来,其他的与会者也都喜气洋洋地前来碰杯,大家高举酒杯一饮而尽。斯大林站起来走到中国同志身旁,说:"我的健康竟可成为大家的幸福,这恐怕太高抬了。"他接着说:中国共产党已度过了它的幼年与青年时期,现在已经是政治上成熟的党、成年的党了。它在斗争中成长起来、成熟起来了!看来,中国党主要的成就是有了在实际斗争锻炼中培养出来的干部,他们经过了实践考验,积累了丰富的经验。中国党是一个在烈火中锻炼成熟的党!

过了一会儿,斯大林又说:"我们中苏两兄弟之间的友好团结是最重要的,对世界革命是具有重大意义的。斯大林在世,我们两国人民应该是团结的,斯大林不在世了,仍然应该是团结的。"听了这番话,在场的同志们都异口同声地说:"斯大林会健在,愿斯大林永远健康!"这时,斯大林若有所思地说:"祝我永远健康的美词和良好愿望,使人听了快意,但事实上人总有一死。我说的中国马克思主义者成熟了,苏联人及欧洲人要向你们学习的话,并不是奉承你们,不是客气话。今天,你们称我们为老大哥,但愿弟弟能赶上和超过老大哥。"说着,斯大林举起酒杯,说:"请大家举杯,为弟弟超过老大哥,加速进步而干杯!"

刘少奇显得为难了。现在中国大陆还没有完全解放,新中国正在筹建之中,今天就说超过苏联的话,似乎太早了;再说,这时社会主义阵营内部已出现矛盾,他实在不想因这类事情引起人们的误解,以为中国党是要向国际共运的领导地位挑战。因此,刘少奇回答说:兄长总是兄长,老弟还是老弟,我们永远向兄长学习。他表示这杯敬酒不能喝。

刘少奇圆满地完成了访苏任务,在即将回国的前夕,又一次应邀到孔策沃别墅做客。这次,斯大林亲自引导刘少奇游览了园中的景色。这个别墅很大,庭院中有高大青翠的树木,也有花园、菜园、果园、鱼池、溪流和小型运动场(主要有滚木球、攻木城等)。斯大林特意让刘少奇参观了他自己在园里种的番茄、豆角、谷子等农作物。他指着谷子说:"这谷子的种子是从中国东北引来由我自己栽培的,等谷子成熟了拿来款待你们,多么有意思呀!遗憾的是你们不能久留,很快就要回国了。"他们一边散步,一边交谈,十分融洽。斯大林身边的工作人员说:"很少见到斯大林这样兴高采烈,以这样的方式招待客人。"

参观之后是吃饭。这次是小范围的家庭式的便宴,因而更加亲切自然。吃到一半,斯大林想起一件事,问刘少奇:"你们打算何时宣布成立中央政府?国民党政府实际上已经瘫痪了,不复存在了,而你们现在已具备了掌握政权的一切条件。"刘少奇根据出国前中央酝酿的意见,据实相告:"我们正在集中力量解决华南各省的问题,成立中央政府要在明年1月,可能是1月1日。"

斯大林想了想说:"解决重大问题时固然要稳妥,要掌握时机,但更重要的是不可错过时机。我想提请你们注意防止敌人可能利用所谓无政府状态进行干涉。这是极毒辣的一招,不能不防。"

斯大林的这个意见立即引起了刘少奇的高度重视,宴会结束回到住所后,便立即向中共中央作了报告。

第七章 辅助建国

8月14日，刘少奇乘火车离开莫斯科回国。在他回国时，以苏联原铁道部部长柯瓦洛夫为首的第一批苏联专家也同车来到中国，开始了中苏两党、两国的亲密合作时期。

刘少奇访苏回来后的留影

中共中央接受了斯大林的建议，根据全国的政治、军事、经济形势，在1949年10月1日庄严宣告了中华人民共和国的成立，伟大的文明古国从此开始了新生。

四、援助越南共产党

1945年9月，胡志明领导越南人民赶走了日本侵略者，建立了越南民主共和国。

但时隔不久，法国殖民者卷土重来，占领了越南南方各个城市和交通要道，并步步逼向越南北方解放区。侵略者还勾结我国大陆上的国民党残余部队和边境土匪封锁中越边界，经常骚扰我国云南、广西地区边民的安宁，给两国人民带来很大灾难。

在国际上，当时还没有一个国家承认越南民主共和国，更没有一国向越南共产党提供援助。越南民主共和国处于孤立无援的境地。

1950年1月的一天，北京的天气十分寒冷。刘少奇独自一人在中南海他的办公室内来回踱步，他不时走到窗前向外张望，似乎在等什么人。

刘少奇住的院落原是清朝光绪皇帝读书的地方，他住进这里以后，把院中的东厢房作了办公室。这间房很窄小，有人建议扩建一下，刘少奇没有允许。

那天，室内的温度也不高，刘少奇身着一套黑色旧粗呢中山装。尽管他只有51岁，两鬓的头发却已灰白。

过了一会儿，中央军委办公厅主任罗贵波走了进来。

刘少奇庄重而且严肃地对他说："中央经过仔细考虑，并报告了毛主席，都同意让你完成一项特殊任务，担任我党的联络代表去越南工作，时间大约

第七章　辅助建国

三个月左右。"稍作停顿，他立即问罗贵波："有什么意见？"

罗贵波虽然对越南的情况有一些了解，但这毕竟是一项开拓性的工作，他心里没底。于是，他开诚布公地回答："我深感中央对我的信任，但这是一项我从未接触过的新工作，任务复杂而繁重，我担心难以胜任。"

"我们认为你是能够胜任的。"刘少奇毫不犹豫地说。

接着，他向罗贵波介绍了越南的形势。最后郑重地说："中央认为，已经获得革命胜利的人民，应该援助正在争取解放的人民的正义斗争。援助越南人民的抗法斗争是我们义不容辞的国防主义义务。"

这不是征求意见，而是下达命令，罗贵波不能再犹豫了。

见罗贵波领受了任务，刘少奇又明确指示他：去越南的任务就是转达两党的意见，沟通两国的关系；还要搞好调查研究，向中央提供制定援越计划的依据。

当时还没有设立中央联络部，有关援越的事都需刘少奇亲自处理。包括罗贵波赴越后需与哪些部门、哪些人会见或建立联系，都是刘少奇一手安排的。

在刘少奇的亲自督促下，罗贵波带着一部电台和参谋、秘书、报务员、机要员和警卫员，一行九人于1950年1月16日启程赴越。

临行前，刘少奇又找罗贵波谈了一次话。他指示罗贵波，到越南后的工作方式要由越共中央确定，行动暂时保密，在适当时候回国汇报。至于罗贵波与随行人员在越南工作期间的待遇，请胡志明主席和越共领导按照越南干部的标准供给。他关心地嘱咐罗贵波，路途漫长，交通不便，蒋军残部和当地土匪还时常骚扰，要注意安全，保重身体。

最后，他拿起毛笔，写了一封致胡志明主席的介绍信。信上写道："兹介绍我们的一位省委书记和军队中的政治委员罗贵波同志，到你处担任中共中央联络部代表，带助手和随员共八人。"署名："中共中央秘书长刘少奇"。

罗贵波一行尚在赴越途中，胡志明秘密地来到了中国。根据胡志明本人

153

的要求，中共中央同意不公开这次访问。

胡志明到北京后，刘少奇热情地接待了这位老战友，并打电报向正在莫斯科参加中苏会谈的毛泽东汇报了这件事。电报中说："胡志明离开驻地已有一个月，赤足步行十七天才进入中国地界。他年已六十，身体瘦削，但尚健康。胡志明离开越南时，只有两个人知道他来中国，所以只能在北京逗留数天。"

胡志明抵京的当天晚上，刘少奇就以中共中央政治局的名义设宴招待了他。并同朱德、聂荣臻、李维汉、廖承志等组成一个委员会，解决胡志明要求援助的各项计划，倾听他对一些重大问题的看法。同时，随时向远在莫斯科的毛泽东进行汇报。

由于胡志明希望会见斯大林、毛泽东和周恩来，刘少奇等与苏联有关方面联系后，又做了周密的安排，把胡志明护送到了莫斯科。

1950年8月，应胡志明和越南共产党中央的要求，中共中央决定派出援越顾问团，任命罗贵波为团长。

刘少奇向罗贵波发出电报指示："目前中越两党的干部刚刚开始接触，相互之间还不很了解，我们提出的一些意见，他们能够采纳多少，甚至不采纳，你也不应去计较。你只要以诚相待就行。而这一切是完全不能性急的。"

在刘少奇的具体指导下，顾问团赢得了越南共产党的信任，成为胡志明的朋友，工作局面也打开了。

从1950年到1951年3月，刘少奇根据党中央的援越方针统筹安排，向越南提供了武器、弹药、粮食、油料等大量物资援助，并帮助越南共产党培养了大批军政干部。

尽管当时我国的经济情况也十分困难，但为了贯彻党中央坚持支援越南抗法战争的决策，刘少奇指示有关部门积极组织力量调拨物资，尽可能满足越南共产党的要求。他强调："所调武器、弹药必须是合用的，所配干部必须是条件好的，所调拨的一切军需物资全是无偿的。"

第七章 辅助建国

有一次，越军作战部队缺粮，向中国告急，刘少奇指示两个省立即调拨。

当时有一个省提出，当地粮食自给都有困难。刘少奇坚决地说："越南一些作战部队已发生断粮现象，我们不能见危不救！"

结果这个省克服困难，节省出一部分粮食如数运往越南。

在帮助越南共产党培训干部方面，刘少奇也做了大量工作。

1950年初，胡志明要求送21名学生来中国到高级党校学习。刘少奇立即批示马列学院负责安排，并提出，越南可以再派30名学生来，凑齐一个班。

10月，越南要求送一批少年来中国学习。刘少奇为此与正在北京的越共领导人黄文欢交换了意见，提出："越南儿童如果分散到中国各地学校去学习，由于不懂汉语，不识汉字，会给学校和越南儿童带来许多不便。如果由越方在广西办一个学校，校长和教员由越方担任，中国提供房屋、伙食及衣服等，这样可以用越文教课，同时也可学中文。等他们中学课程学完后，再分散到各大学或专科学校学习。"

后来，果然在广西桂林办起了一所越南育才学校。这所学校直至越南抗法战争胜利后才迁到越南国内。

在支援越南人民的抗法、抗美斗争中，中越两党、两国人民建立了深厚的友谊。这一友谊的建立，离不开刘少奇的努力。在1960年刘少奇访问越南时，胡志明在欢迎词中说："越中情义深，友谊加兄弟"，表达了他对刘少奇、对中国共产党和中国人民的感激之情。

尽管后来两国关系出现了曲折，但中国共产党、中国人民支持越南人民抵抗侵略者斗争的无私、真诚之心可昭日月。

五、十分重视党校的建设

党校是培养干部的基地，刘少奇十分重视党校的建设，从1948年到1957

年，他曾直接领导过马列学院（即高级党校，后改名为中央党校）的工作。

早在 1948 年 7 月，党中央就做出决定："为着适应时局发展的迫切需要，中央决定创办高级党校，名为马列学院，以刘少奇为院长。""马列学院的任务，为比较有系统地培养具有理论知识的党的领导干部和宣传干部。"

当时，解放战争处于大决战的关头，革命已胜利在望。党的工作重心即将由乡村转移到城市，由革命战争转入和平建设。

这种形势转变，迫切要求一大批长期驰骋沙场的骁将提高马列主义理论水平和各方面的知识，迅速投入治国建设。

刘少奇在对马列学院第一期、第二期学员的讲话中，都指出了通过办马列学院提高干部理论水平的重要意义。他说："学习马列主义对中国革命、对党和人民都很重要。""我们党如果没有很多理论干部，就不可能领导这么大的国家走向社会主义。"

针对国内形势的转变，他指出："理论是实践的指针，没有理论，工作就是盲目的，无前途的，无生命的。有些人不懂理论，又要站到指挥台上，成吗？不成的，现在还可以，以后就不成了。"这些话，至今听来仍有现实意义。

7 月底，马列学院的筹备工作紧张地开展起来。

筹办一个党校，面临许多实际问题，如：寻找校址、选调工作人员、招生条件、考试题目、录取学员数额等。刘少奇不嫌工作琐碎，都亲自参加研究确定。

8 月中旬，他拟定了第一期招生的试题和要求："《我所了解的马克思主义》、《我对中国社会各阶级的认识》，自拟一篇，写自己最熟悉、了解比较深刻的问题。"他还开列了第一学期的课程，并同大家初步商定了授课教员的名单。

经过紧张的筹备，1948 年 11 月 8 日，马列学院第一期在河北平山县李家沟口开学了。

第七章 辅助建国

开学后，刘少奇亲自到校给学员讲话。他的讲话内容广泛，从学习马列主义的重要性、目的、学习态度、学习方法到国际国内形势和党员的个人修养，言之有理，语重心长，学员都感到受益很大。

刘少奇特别针对当时学员中存在的轻视理论学习的倾向，反复阐述提高全党干部的理论水平对今后革命和建设的重大意义，启发学员掌握和运用马列主义理论，提高了大家学习理论的积极性和自觉性。学员深有感触地说："少奇同志是我们名副其实的院长。"

刘少奇兼任马列学院院长近五年，虽日理万机，但对党校工作，无论大小，都很关心。有一次，一个学员被开除学籍，宣布这件事的布告他都亲自做了修改。

1951年5月，刘少奇指示马列学院扩大招生，要求校委提出校舍建筑方案。针对时间紧、经费不足的情况，他亲自规定了校舍建筑的原则："建筑标准以在延安和西柏坡时的建筑为原则，稍加一些改良和计划性即可，即以合卫生、不冷、能住人、便宜、迅速为合格，并准备在十年之后再建筑正式校舍。"

后来，他又当面对杨献珍（当时任马列学院副院长）说："扩大招生不能不盖些房子，但目前国家财政比较紧，不能拿出多少钱来盖房子，可先盖些简易的平房，以后国家财政宽裕了，再建筑现代化的校舍。"

遵照刘少奇的指示，一批节约耐用，居住便利的平房校舍很快建成了，既节省了资金，又满足了扩大招生的需要。

刘少奇不仅重视党校建设，对在党校工作的同志也很关心。

1952年开展"三反"运动时，有的领导同志违背实事求是的原则，搞逼供，把刘元士（当时任马列学院副秘书长）打成了"大老虎"，说他有贪污行为。

这件事作为经验，传遍全国，在当时影响很大。

后来，经过认真查证，发现刘元士并没有贪污行为。校委的同志向刘少奇作了汇报。

刘少奇当即批评他们说："你们既然知道刘元士没有贪污，为什么不顶住？我们不能容许这种违犯党的原则、不实事求是的事发生！"

因为一个好同志受到了诬陷，也因为这件事流传太广，刘少奇激怒地说："对于这种荒唐事，就是要一膀子扛住！一定要一膀子扛住！"

接着，他又派中央组织部的负责同志到马列学院进行调查研究，帮助马列学院检查总结，并对直接领导这次运动并犯错误的同志进行了严肃的批评。

从1952年春季以后，刘少奇不再兼任马列学院院长的职务，但他仍然关心着党校的建设与发展。

1953年春天，我国国民经济有所恢复，即将进入大规模的经济建设时期。

这种新形势下，党的干部教育工作更加重要。刘少奇代表党中央向马列学院提出了扩大招生的新任务：成立两个学员部。第一部专门培养高等院校和党校的马列主义教员；第二部培养具有相当独立工作能力的党的领导干部。

4月，校委经过调查研究和座谈讨论，提出了扩大马列学院的具体意见。刘少奇亲自批示"同意所拟各项意见"，并指示校委："向中央写一个报告，将马列学院各项问题提交中央会议上作一决定。"

5月，校委上报了《关于马列学院教学任务、教学方针、组织机构、组织领导及党务工作向毛主席并中央的报告》。

不久，中央政治局会议讨论并批准了这个报告，马列学院的各项工作出现了蓬勃发展的新局面。

1955年，马列学院改名为高级党校，选定了新校址，拟定了建筑计划，报请中央审批。

毛泽东、刘少奇、周恩来在讨论这个计划时，都表示："高级党校的房子要盖好一点儿。""高级党校要办好，房子也要长期打算。"

在他们的关怀指导下，高级党校的新校舍在60年代初竣工并投入使用，这就是现在的中共中央党校。

第七章　辅助建国

六、严格教育和要求儿子

刘允若是刘少奇的第二个儿子，他在学习和生活上曾走过一段弯路。在父亲的严格教导和帮助下，他终于步入正轨，成为祖国建设的有用人材。

刘允若从小受尽苦难。母亲何宝珍被叛徒出卖牺牲在南京雨花台，他又与父亲失去了联系。他当过报童，也当过学徒，甚至流落街头，靠捡破烂为生。

直到1946年，周恩来才通过党的地下组织在江苏农村找到刘允若，并把他送到延安，送回到刘少奇身边。

对这个饱受苦难的儿子，刘少奇投入了更多的父爱，但同时，他对允若的教育和要求也更加严格。

新中国成立后不久，国家建设需要大批人才。为此，党和国家先后派出了一些优秀青年，去苏联留学，刘允若是其中的一员。

本来，刘允若喜欢文学，也有比较扎实的学习基础。可出国后，组织上根据国家的需要，分配他到一个工学院学习飞机无线电仪表专业。

开始，刘允若学习刻苦，加上人很聪明，他的学习成绩很好，多数是五分。

过了一段时间，他觉得所学的专业与自己的兴趣不一致，学习热情逐渐减退。这时，他与系里一些同学的关系也不太融洽，于是，他向留学生党组织提出转系的要求。

我国驻苏大使馆留学生管理处的同志认真地讨论了这个问题。

他们认为，刘允若还很年轻，想问题比较简单，有些缺点是难免的。这些缺点和问题，通过细致的思想教育是可以转变的。

考虑到刘少奇身为中共中央副主席和全国人大常委会委员长，国事繁忙，使馆党组织决定不把刘允若的问题告诉他，由使馆党组织承担起教育刘允若的责任。

但使馆党组织的帮助教育并没有奏效。刘允若的思想问题并没有解决，他不仅坚持要求转学转系，改学文学或新闻专业，而且接连给父亲写了几封信，申诉他的"理由"，希望得到刘少奇的同情和支持。

接到儿子的来信后，刘少奇进行了分析。他看出儿子的要求是不对的，儿子的思想上存在严重的错误。

于是，他在百忙中抽出时间，给儿子写了一封长信。教育儿子应该接受组织和同志们的帮助和批评，彻底抛弃自己的错误思想。

父亲的教导并没有打动儿子的心。刘允若采取了一种消极的态度。他准备在一年半到两年的时间内把身体搞垮，以达到中止学业、被送回国的目的。

结果，他的健康状况日渐坏下去，后来真的病倒了，而且病势沉重到不得不停止学习去休养。

在休养地，他的身体得到了治疗，但他的"思想病"却没有治好。

1956年新年刚过，他又给父亲写信，反映大使馆既不准他转系又不准他转校的情况。对这个决定，他在组织上是服从了，但思想上怎么也服从不了。

他在信中写道："从心底里厌恶自己所学的专业，越来越厌恶，兴趣怎么也培养不起来。别人越给我解释专业的重要性，我越感到烦得很。我这样想：让我学，我也没有办法，我就学（因为不学不行，组织力量的约束）。反正我将来不干这一行，我去做个小学教员，我也不干什么'飞机装备'！"

心结没有解开，刘允若抑郁寡欢，甚至失去了生活目标。

他自暴自弃地写着："寄出这封信以后，我等着两件事：一件是也许在不久以后会在大使馆看到我这封信；第二件就是等着一顿骂。说实话，'骂'我已经习惯领受。"

收到儿子的这封信，刘少奇感到刘允若的思想问题很严重。一方面，他

第七章 辅助建国

积极与使馆党组织联系，请他们帮助教育刘允若；另一方面，他先后写了四封信，苦口婆心地劝导刘允若正视自己的错误。

在谈到学习专业的问题时，刘少奇写道："关于你学什么的问题，在你出国以前，我曾经同你讨论过。我说，不管你将来干什么，我劝你学一门专业。因为学一门专业知识，对于你将来不论干什么工作都有好处。如果别的工作不能干，可以干自己的专业。而如果没有一门专业知识，则可能不论什么工作都难于干好。你现在学完（只要五年）你的专业，不但不会妨害你将来干别的工作，相反，只会有帮助。"

为加强说服力，刘少奇列举了中国现代史上几位伟大人物的例子进行说明："例如，孙中山原来是学医的，并不妨害他后来成为伟大的政治家；鲁迅原来也是学医的，并不妨害他后来成为伟大的文学家；毛主席原来是学教育的，并不妨害他成为我们党的领袖；其他这样的例子还很多。如果你是有创造才能的，你现在学完你的专业，难道会妨害你将来去干别的什么吗？不会的，只会有帮助，不会有妨害。正如孙中山、鲁迅学医，毛主席学教育，不会妨害，只会帮助他们后来成为政治家、文学家和党的领袖一样。做一个政治家或文学家，不只是需要一门专业知识，而且要有各方面的知识，要有创造性的天才。

"你说你将来去当教员，那么，学好你的专业，不会妨害你去当教员，只会使你当一个更好的教员。"

就刘允若要求调转学校以及与同学的关系问题，刘少奇在信中说："关于调换学校的问题，如果你有足够的理由，是可以向组织上提出请求调换的。但根据你的来信，你要调换学校的理由是错误的。你说：'既不是因为功课重，又不是不喜欢学航空，而是和这一帮人处不下去。'这不能成为要求调换学校的理由。

"你同这个学校的同学搞不好，到另一个学校难道就能搞得好吗？再搞不好又怎么办？还能再调换？

"转学是要得到大家的谅解和同情的，但你的理由是不会得到任何人的谅解和同情的。而且我认为你现在的问题也不是转学可以解决的。所以你最好不要请求转学。转学对组织对你自己都很麻烦，都要引起损失的。"

针对儿子信中流露出的不正确的情绪，刘少奇写道："在你的来信中还表现了一种悲观的情绪，表现了一种错误的、悲观的人生观。这是很不好的。青年人不应该有这种情绪。生一点病，是会好的，不应该影响情绪。你所表现的这种情绪，必须力求转变，必须对一切抱乐观的态度，否则，对于你是危险的。"

对于儿子信中暴露出来的错误认识，刘少奇谈得更多："你在国内的时候，不多谈话，暴露你的思想问题也不多，因此，我也无法在思想上帮助你，你到苏联以后，却写了不少的信给我，因而也就暴露了你不少的思想问题，这就很好，就使我有可能针对你的这些思想问题来帮助你一下，所以我写了好几封长信给你，并把这些信转给了大使馆党的组织，使党的组织也有可能来帮助你。"

刘少奇在信中指出："对你的这种帮助表现为对你的错误思想的批评，而你是不大欢迎这种批评的，以为这种批评是说你的'短'，或者说是在'骂'你。这是不对的。不能把诚恳地恰如其分地指出你某种错误的批评同'骂人'混淆起来。骂人是对人的一种恶意的攻击，也不怎样讲究实事求是。这种毛病，我倒常见你犯过。

"同志式的善意的批评，则是对人的一种最好的帮助，所谓良药苦口利于病，忠言逆耳利于行，就是讲的这种批评，这是必须欢迎，而不应当拒绝的。接受这种批评，改正错误，也并不丧失什么'面子'。相反，凡是自爱的有自尊心的人，都应当欢迎这种批评。不要把正当的自尊心同保存一种虚假面子混淆起来，以为接受同志们的批评，改正错误，就丧失了自尊心。

"你说你已经习惯于领受这种批评，这很好。每一个人都应该习惯于虚心经受同志们的批评，这就是中国古人所说的'闻过则喜'的态度，是很好

第七章　辅助建国

的。但不要厚着面皮，表示一种沉默的拒绝态度，或者丧失正当的自尊心。"

刘少奇告诫儿子："在你去苏联，我们告别时，我们就提出这点要你牢记：不要骄傲，不要看不起人，要尊重大家的意见，要肯于为大家的事情吃一点亏。而且我还引用了鲁迅的名言：'横眉冷对千夫指，俯首甘为孺子牛'。不知这些话，你是否记得。"

他毫不留情地指责儿子："你一贯的错误，就是你在劳动人民面前，在同志们面前，不肯'俯首甘为孺子牛'。现在根据你来信看，你这个毛病不仅未改，而且有了发展。"

他要求刘允若："现在你应该向你的组织声明承认错误，请求同志们批评，虚心地接受大家的意见，使相互之间的关系正常起来。就是说，在你的同志们面前，你要'俯首甘为孺子牛'。"

在信中，刘少奇明确表示："当你同你的同学们、你的组织方面搞不好，而且真理又不完全在你这方面时，我是不会支持你的。我只能相信和支持你的组织方面，你必须改正你的错误。否则，坚持下去，还会要犯更大的错误。"

刘少奇还在信中向儿子讲了个人与集体的关系问题，他写道："你总以为你自己是对的，别人都是错的；人家都对不起你，你却没有对不起别人；你没有替别人着想，却要别人替你着想；你不肯为别人而有所牺牲，却要别人为你有所牺牲；你不去理别人，却要别人来理你，这是一种什么态度呢？在同志之间，这不是团结和合作的态度，而是同组织、同集体对立的态度，就是把自己个人放在同集体对立的地位，就是一种个人主义。而个人主义是一种资产阶级思想，只有集体主义才是无产阶级的思想。

"你必须抛弃个人主义，接受集体主义。就是在任何时候，任何问题上都要首先考虑集体的利益，把集体的利益摆在前面，把个人愿望、个人利益摆在服从的地位；当个人愿望和个人利益同集体利益发生矛盾时，应该肯于为了集体的利益而牺牲个人的利益。"

刘少奇为儿子指出努力的方向:"你应该下决心成为这样一种人。决心改造自己,加强这方面的锻炼,经常注意个人与集体的关系,一有错误立即改正。否则,你将不会成为一个真正对人民有用的人。"

在对儿子循循善诱的同时,刘少奇还依靠组织的力量,帮助刘允若克服思想上的问题。

1955年6月和1956年1月,刘少奇两次写信给当时的外交部部长助理刘英,谈刘允若的问题。

在信中,刘少奇介绍了刘允若童年和少年时代的经历以及刘允若的缺点和长处。

他说明:"我已写过三封长信给他(指刘允若),严格地批评了他的错误,并作了一些解释,但效果不大。"

为使大使馆党组织了解刘允若的思想状况,刘少奇把刘允若的几封来信和自己给他写的回信底稿都转交给了中国驻莫斯科大使馆。

刘少奇表示:"为了教育有严重毛病的孩子,我和党组织密切合作,是完全必要的。"

在后一封信中,他说:"如果他(刘允若)转学不可能,或者没有必要,而他又不愿意继续学习他现在学的专业,那就请大使馆的党组织考虑是否令其退学回国的问题。"

世上没有不爱孩子的父母,刘少奇在处理这件事情时,不护短,信任和依靠组织,坚持用正确的思想引导教育孩子,表现出了一个革命领袖的崇高风范。

在党组织的教育和父亲的帮助下,刘允若终于认识并改正了错误。

他服从了组织安排,仍然专攻飞机制造专业。学成回国后为祖国的航空事业贡献出了自己的力量。

第八章

十年探索

在党的八大上,刘少奇同志代表党中央所作的政治报告,科学分析社会主义社会制度基本建立后我国社会的主要矛盾,明确指出国内的主要矛盾已经是人民对于经济文化迅速发展的需要同当前经济文化不能满足人民需要的状况之间的矛盾,强调党和全国人民的主要任务是集中力量发展社会生产力,实现国家工业化,逐步满足人民日益增长的物质文化需要。他高度重视社会主义条件下正确处理人民内部矛盾问题,高度重视由分配和物质利益引发的人民内部矛盾,高度重视由官僚主义作风引发的干群矛盾等问题,进行系统深入的调查研究,提出了许多重要见解。国民经济调整时期,他响应毛泽东同志大兴调查研究之风的号召,深入农村、工厂开展调查研究。他坚决支持和指导实施"调整、巩固、充实、提高"的正确方针,对面临的困难作出清醒而充分的估计,提出战胜困难的有力措施,为我国经济走出困境、进入健康发展轨道付出了大量心血。

一、在中共八大上

1956年9月15日,在新建成的全国政协礼堂隆重召开了中国共产党第八次全国代表大会。这是新中国成立后召开的第一次全国代表大会。到会代表1021人(应出席代表1026人),代表着全国1073万党员。另外,应邀列席大会的有50多个国家的共产党和工人党代表团、代表和观察员,以及中国各民主党派的领导人和无党派民主人士,中共中央直属机关、中央国家机关、中国人民解放军和人民团体的工作同志等。

毛泽东首先在大会上致开幕词,接着,由刘少奇代表中共中央作政治报告。报告长达四万多字,包括六部分内容,即:党在过渡时期的总路线;社会主义改造;社会主义建设;国家的政治生活;国际关系;党的领导。报告在全面总结七大以来特别是新中国成立以来我国社会主义改造和建设经验的基础上,分析了国际国内形势,向全党提出了当前和今后一段时间的基本任务。第一,作出把党的工作重心转移到发展社会生产力上来的战略决策。报告指出:现在,革命的暴风雨时期已经过去了,新的生产关系已经建立起来,斗争的任务已经变为保护社会生产力的顺利发展。我们党现时的任务,就是要依靠已经获得解放和已经组织起来的几亿劳动人民,团结国内外一切可能团结的力量,充分利用一切对我们有利的条件,尽可能迅速地把我国建设成为一个伟大的社会主义国家。第二,重申党中央《关于发展国民经济的第二个五年计划(一九五八年到一九六二年)的建议》中提出的"既积极又稳妥可靠"的经济建设总方针,同时在工业、农业、商业、文化教育等方面提出了切实可行的具体措施。第三,提出改进国家工作的任务,即:进一步扩大民主生活,开展反官僚主义的斗争;适当地调整中央和地方的行政管理职权;

第八章 十年探索

用更大的努力来帮助各少数民族在经济和文化上的进步,使各少数民族在社会主义建设事业中充分地发挥积极作用,坚决地克服大汉族主义的任何一种细小的表现;着手系统地制定比较完备的法律,健全我们国家的法制。第四,指明中国共产党作为执政党的建设方向,即:"一个好党员、一个好领导者的重要标志,在于他熟悉人民的生活状况和劳动状况,关心人民的痛痒,懂得人民的心;他坚持艰苦朴素的作风,同人民同甘苦共患难,能够接受人民的批评监督,不在人民面前摆任何架子;他有事找群众商量,群众有话也愿意同他说。只要我们的党是由这样的党员组成的,我们就永远有无穷无尽的、不可征服的力量。"刘少奇的报告历时四个半小时,多次被热烈的掌声打断。

刘少奇在中共八大上作政治报告

接下来的几天里,邓小平作了《关于修改党的章程的报告》,周恩来作了《关于发展国民经济的第二个五年计划的建议》的报告,朱德、陈云、董必武等作了重要发言。9月27日,大会通过《中国共产党第八次代表大会关于政治报告的决议》。决议指出:"我们国内的主要矛盾,已经是人民对于建立先进的工业国的要求同落后的农业国的现实之间的矛盾,已经是人民对于经济文化迅速发展的需要同当前经济文化不能满足人民需要的状况之间的矛盾。这一矛盾的实质,是先进的社会主义制度和落后的社会生产力之间的矛盾。党和全国人民的当前的主要任务,就是要集中力量来解决这个矛盾,把我国尽快地从落后的农业国变为先进的工业国。"同日,八大胜利闭幕。刘少奇所作的政治报告和大会关于政治报告的决议,构成了八大路线的主要内容。八大路线为社会主义建设事业的发展和党的建设指明了方向。

9月28日,中共八届一中全会召开,选举产生新的中央领导机构。本来,党中央在酝酿中央领导机构和人选的时候,曾提出中央委员会设主席一人、副主席一人,由毛泽东任主席、刘少奇任副主席的方案。而刘少奇从党和国家的长远利益考虑,提议多设几个副主席。党中央经过慎重考虑,接受了这个建议,并将新党章草案中有关条款改成:"选举中央委员会主席一人,副主席若干人和总书记一人。"毛泽东在中共七届七中全会第三次会议上专门就此事作了说明,他说:党章上现在准备修改,叫作"设副主席若干人"。首先倡议设四位副主席的是少奇同志。一个主席、一个副主席,少奇同志感到孤单,我也感到孤单。一个主席,又有四个副主席,还有一个总书记,我这个"防风林"就有好几道。"天有不测风云,人有旦夕祸福",这样就比较好办。除非一个原子弹下来,我们几个恰恰在一堆,那就要另外选举了。如果只是个别受损害,或者因病,或者因故,要提前见马克思,那么总还有人顶着,我们这个国家也不会受影响。

中共八届一中全会选出十七名中央政治局委员、六名中央政治局候补委员;选举毛泽东为中央委员会主席,刘少奇、周恩来、朱德、陈云为副主席,邓小平为总书记,由上述六人组成中央政治局常务委员会。

第八章 十年探索

二、赴苏讨论波匈局势

1956年10月23日,以中共中央总书记邓小平、对外联络部部长王稼祥、书记处候补书记胡乔木组成的中共代表团在刘少奇的率领下飞赴莫斯科。这次出访的主要任务是缓解波兰国内的紧张局势和调解因苏联插手波兰问题而引发的波苏矛盾。

1956年年初,因苏共二十大全盘否定斯大林,从而导致国际共产主义运动内部思想混乱。没过多久,东欧社会主义国家要求摆脱苏联控制,实行社会改革的呼声日益高涨。矛盾首先在波兰爆发。

6月上旬,波兰南部波兹南市斯大林机车车辆制造厂工人因为增加工资和降低赋税的要求被拒绝,发生罢工和骚乱,导致流血冲突。虽然这次事件很快得到控制,但人民群众强烈要求苏军撤出波兰领土,波兰退出华沙条约组织,并抗议由苏联罗科索夫斯基元帅担任波兰军队总司令。波兰统一工人党内部对事态的发展产生严重分歧,准备召开八中全会,改组政治局,选举曾被解除中央领导职务的哥穆尔卡为第一书记。

波兰局势的发展引起了苏共中央的强烈反应。10月19日,波兰统一工人党八中全会开幕,赫鲁晓夫未经波兰党同意,当天早晨亲自率领包括10多名苏联军队高级将领在内的庞大的苏共代表团飞抵华沙,要求波党暂时休会,先同苏共代表团会谈。迫于压力,波党只得休会,但对苏方的蛮横态度并未屈服。而这时驻在匈牙利的苏军坦克部队迫近波兰首都华沙郊区,哥穆尔卡提出苏联军队不撤出华沙就停止会谈,苏波冲突一触即发。

中共代表团行前召开的中共中央政治局常委扩大会议决定:代表团的任务是劝和;方针是着重批评苏联的大国沙文主义,并劝说波兰党顾全大局,

169

缓解与苏联的紧张关系,达成协议;方式是采取分别与波、苏双方会谈,不搞三方会谈。

波兰首都华沙

10月23日晚,当刘少奇等飞抵莫斯科后未及安顿下来,赫鲁晓夫就急迫地向中共代表团介绍波兰情况。赫鲁晓夫承认苏共对待波兰党的粗暴态度是不对的,对波兰的怀疑是无根据的,希望中共能够支持他,帮助劝说波兰缓和与苏联的关系。刘少奇当即表示同意。就在中苏两党领导人交谈时,又传来消息,匈牙利首都布达佩斯爆发示威游行,并且演变为反政府暴乱。匈牙利的动荡局势,也同苏共二十大全盘否定斯大林有关。刘少奇立即将这个消息电告毛泽东。

从10月24日至31日,毛泽东多次主持中央政治局会议和政治局常委会议,讨论波匈事件,并与刘少奇保持直接电话联系。24日上午,中共代表团应邀出席苏共中央主席团会议,参与讨论波匈事件的对策。刘少奇在会上作了长达两个小时的发言。他传达了中共中央、毛泽东对波兰事件的意见,表示同意苏联从波兰撤军；同时指出苏联在斯大林时代在对兄弟国家、兄弟党的关系中所犯的大国主义、大民族主义的错误，是波匈事件发生的根本原因之一；他还列举一些具体事例说明苏联不平等对待兄弟国家、兄弟党。但他最后表示，我们还是拥护苏联做社会主义阵营的中心。10月26日，中共代表团又出席苏共中央主席团会议，讨论波匈局势。

此后几天，匈牙利局势继续激化。10月30日，中共代表团从来自匈牙利的报告中了解到，暴乱中成立的纳吉政府已经宣布退出华沙条约组织，结束劳动党一党专政，实行多党制，匈牙利全国处于紧急状态。而这时，苏共领导人已经完全绝望，准备从匈牙利撤出军队。中共代表团为此紧急讨论了一整天后认为，在当前形势下有两种方针：一是采取进攻的方针；一是采取退让的方针，苏军撤出匈牙利。代表团把讨论结果电话汇报中共中央。后得毛泽东电示：可以向苏联提出这两种办法，而他本人更倾向于前者。刘少奇当晚在参加苏共中央主席团会议时，转达了毛泽东的意见，并代表中共代表团向苏共中央提出：苏军撤出匈牙利是不妥当的。10月31日晚，中共代表团启程回国。赫鲁晓夫等苏共领导人到机场送行。在机场会谈时，赫鲁晓夫向刘少奇通报说，苏共中央主席团又讨论了整整一天，决定在匈牙利采取进攻的方针，尽力挽救匈牙利局势。刘少奇对此表示赞同。

三、到南方调查

1957年，我国的社会主义建设正处在飞速发展的阶段。但党内一些不正之风已经露出了苗头。为克服官僚主义和不正之风，加强同群众的联系，刘少奇决定去南方几省调查。

2月下旬的一天，刘少奇对秘书说："我要组织一个调查研究的班子到南方几个省去走走。请你通知全国总工会、共青团中央、教育部，请他们各抽一名干部跟我一起去。去什么人请他们自己定。要把名单报给我。另外请邓力群同志（曾任刘少奇秘书）也一起去。"

秘书通知后，第二天各单位就报来了名单。全国总工会是李修仁，团中央是罗毅和张黎群，教育部是徐方诞和邢坚。

铁道部有规定：凡是专列要通过时，沿途的所有车辆都要给专列让路，以保证专列的行车时间和安全。

但这样做往往打乱了整个铁路系统的运行时间，使其他列车晚点或停开，给国家造成损失。

为此，刘少奇特意事先吩咐工作人员："要同铁道部说好，我们的车在铁路上运行时，不能影响其他客货车的正常运输，停车时要停在不用的道岔子上。"

出发前，刘少奇还特意交代工作人员："这次去的地方比较多，时间比较长，为了少给地方上增加麻烦，我们吃、住、开会都准备在火车上。自己自带生活用品。到地方上不要在生活上向人家提出这样那样的要求，我们是去工作的，不是去给人家找麻烦的。"

2月25日，一行人登上专列开始了南方之行。

刘少奇首先把工作组的同志召集到餐车上开会。

人到齐后，他首先了解每一个人的情况，并把这些情况记在笔记本上。

然后，他合上笔记本对大家说："同志们，从现在起，我们就要在一起工作了，我相信大家一定能够不分彼此，团结一致，共同做好各项工作。不过我有一点要求，请你们不要称我的官衔，我也不称你们的官衔，好不好？"

大家欢快地答道："好！"

随即，工作组进行了简单的分工。

刘少奇说："我看我们可以采取集中和分散相结合的方法：分头调查，集中汇报，各有侧重。集中汇报时可以相互交流情况。"

第八章 十年探索

火车很快到达保定。车刚停稳,林铁(当时任河北省委书记)就赶来汇报工作。

当林铁汇报到河北省委厉行艰苦奋斗的方针,没有盖楼堂馆所和"书记院"时,刘少奇用铅笔在刚做过记录的笔记本上重重地画了一下,称赞说:"你们的做法非常正确,要坚持下去。执政者就是要带头勤俭建国、勤俭治国,并使之蔚然成风。宋朝的范仲淹有句名言:'先天下之忧而忧,后天下之乐而乐'。几百年前的封建官吏都有这样的思想境界,难道我们今天的共产党人都做不到这些吗?能!我们一定要比古人做得更好!"

刘少奇一字一顿,说得非常清楚,在场的同志都把这些话牢牢地记在了心间。

刘少奇这番话是有感而发的,因为他曾在一些地方看到一些工厂的领导人住着一幢幢新盖的公馆,而工人们的居住条件都很差。他曾忧虑地说过:"我们在这个地方是不是开始萌芽了一种等级制度,社会主义之下的等级制度。等级制度是一种封建制度,如果有这种制度开始萌芽,我们应该废除。"

接着,林铁汇报说:"由于1956年遭受了严重的旱涝灾害,不少地区严重缺粮,请求中央予以支援。"

正在低头记录的刘少奇停住了笔,仔细询问了河北省受灾的详细情况,然后问:"你们大约需要多少粮食?"

"有五亿斤就可以过得去了,我们自己也采取了一些度过困难时期的具体措施。"林铁回答。

刘少奇干脆地说:"好!中央如数给予支援!"

林铁高兴地握住刘少奇的手,连连说:"感谢中央对我们的支援,少奇同志可为我们解决了一个大困难!"

当天深夜,其他同志早已入睡了。刘少奇却还在翻看白天的谈话记录。

突然,他叫醒工作人员:"我要同周总理通话,请你安排一下。"

电话直通周恩来的办公室。此时,周恩来也仍在办公。

刘少奇拿起话筒讲了一下河北省的受灾情况及省委要求中央支援一部分粮食帮助度荒的意见。

周恩来果断地说："我马上请有关部门办理！"

放下电话，刘少奇看了看表，时针已指向了凌晨两点多钟。

27日，刘少奇下了火车，乘汽车来到峰峰煤矿。

刘少奇早年曾领导过安源路矿工人大罢工，那轰轰烈烈的斗争岁月是他永生难忘的，所以，他对煤矿、对矿工有特殊的感情。

在矿区，刘少奇参观了井上生产设施。见到煤炭工业机械设备的更新换代，他非常高兴。

他对陪同参观的矿领导说："采煤设备技术的更新和改进，既可以加速煤炭工业的机械化，提高劳动生产率，又可以减轻职工的劳动强度，减少职工无谓的伤亡，你们一定要把这项工作做得更好。"

在视察职工宿舍、职工食堂、澡堂、剧场时，他更是认真、专注。

在职工宿舍里，他召开了座谈会，与职工和家属们谈心，了解他们的工作和生活情况。

有些职工反映住房困难，而且短期内很难有所改善。

刘少奇马上问："这是为什么？"

职工回答："尽管矿领导也很重视，但国家资金困难，很难拿出巨额资金来为我们解决住房问题。"

刘少奇听了，点点头："是啊，我们的国家确实还很困难，也确实很难拿出巨额资金来建职工宿舍。大家能够理解国家的难处，我很高兴。"

但是，他顿了一下，接着说："除了国家出钱建房外，我们就没有别的办法了吗？"

没有人回答，大家都在聚精会神地听。

刘少奇吸了一口烟，弹了弹烟灰，说："我看可以用下列办法解决这个问题：一是由矿上出钱建集体宿舍和家属宿舍，即国家全包；二是在等不到矿

第八章 十年探索

上分到宿舍时,有条件的职工可以自己盖房子,即职工个人建房;三是自建公助,职工自己动手干,公家帮助解决点建筑材料。"

职工们兴奋起来,开始议论。

刘少奇提高嗓音说:"这样,我们就可以充分调动国家、集体和个人三者的建房积极性。三者结合起来,齐头并进,众人拾柴火焰高嘛,还愁我们的住房困难问题不能很快解决?"

他又鼓动大家:"你们想想,我说的这几种办法行不行?大家还有别的高招请提出来,我们共同讨论。总之,对于任何困难、任何问题,我们都要集思广益、群策群力,依靠群众的智慧,我们就会无往而不胜。"

这时,他又转身对在场的领导同志说:"我们的社会主义经济,是有计划的经济,但计划性不能排斥多样性和灵活性,不能教条地去理解计划性,否则,我们的经济就会呆板,就会停滞不前。我们只有比资本主义经济形式更多样、更灵活,才能显示出我们社会主义制度的优越性和勃勃生机!"

能这样讲社会主义经济的人,当时并不多。这些实在话,打开了大家闭塞的心胸。

很多人高兴地说:"这样好!这样好!少奇同志提出的建房意见,使我们郁闷的心情豁然亮堂起来了。"

时值吃饭时间,刘少奇又来到了职工食堂。

职工们正在吃饭,一见刘少奇走进来,有的端着碗站了起来,有的嘴里填满了饭来不及咽下去只好鼓着腮帮子站起来,他们正准备向刘少奇身边涌来。

"同志们,请坐下吃饭吧!"刘少奇劝阻了大家。

他问身边的一位工人:"伙食怎么样啊?"

工人指指碗里的白米饭,无可奈何地说:"伙食还可以,就是每天吃这个,烧心。"

"你是哪里人?"刘少奇问。

"是本地人。"工人答。

刘少奇一听，笑了，说："怪不得你吃大米烧心呢。其实这是个习惯问题，因为你的胃口还没有和大米饭交好朋友呢，同南方人到北方刚开始吃不惯面食一样，适应了就好了。"

一位年龄大些的工人责备那位抱怨的工人说："今年我们河北遭灾，政府从南方给我们运来了这么好的大米，你还不知足，还讲困难。"

刘少奇说："困难，有大有小，你们开始不习惯吃大米，也是一种困难，不过，这是暂时的一点困难，我想大家很快就会克服的，对吗？"

"对！"受到鼓舞的职工齐声回答。

晚上，刘少奇在矿务局机关俱乐部召开了座谈会。

起初，会场设了主席台，专门给刘少奇安排了座位。参加座谈的人和主席台之间有几米的距离，他们的座位面对主席台。

刘少奇见到这种布置，很不高兴，说："开座谈会，就是大家都可以讲话，就是大家坐在一起共同商量研究问题，而不是我在台上作报告，大家坐在台下听，你们这种形式，不是把我孤立起来了？"

布置会场的同志立即撤掉主席台，把桌椅摆成了一个大圆圈。

刘少奇随便找了个位置坐下，一个亲切、热烈的座谈会就开始了。

参加这次座谈会的有矿区各级领导干部、先进生产者和先进单位的代表。

刘少奇开门见山地说："听说大家对生活方面有些意见，有的还向中央写过信反映过情况。今天请大家来，就是想听听大家的意见，请大家把意见都提出来，我们共同来研究一下。"

一位代表开了头炮："我们地质勘探工人，经常在野外作业，但没有基地、没有娱乐场所，整天搬家打游击。"

刘少奇赞赏道："好！你说地质勘探工人'打游击'，这个比喻非常形象贴切。我认为你们就是和平建设时期的游击队！"

他讲起了革命斗争史："我们的共和国可以说是打游击打出来的。战争时期我们打游击，建设时期你们打游击。虽然条件不一样了。过去打游击经常

第八章 十年探索

缺吃少穿，风餐露宿，靠两条腿，南征北战，在敌人的围追堵截和枪林弹雨中求生存求发展，最后终于彻底推翻了压在中国人民头上的三座大山。"

"你们现在'打游击'，有时也需要跋山涉水，顶严寒战酷暑，也要遇到许多困难，但比起战争年代来，还是要好得多。"这话里带着理解和开导。

刘少奇接着说明："你们'打游击'，不但有非常稳固可靠的'根据地'，就是移动阵地（搬家）时，也有汽车、火车等交通工具。同是'打游击'，条件变了，对象变了，环境变了，但是，我们的目标却是一致的，那就是'一切为了美好的明天'！"

刘少奇的语气更和缓了："当然，这并不是说你们的困难就不需要解决了，我希望各级领导还是要真心实意地关心勘探队的同志们，尽量减少他们的困难，特别是直接影响大家生活工作的现实困难，更要优先解决。"

"我想，随着国家经济建设的迅速发展，你们——包括所有野外流动作业的建设者——光荣的'游击队员'们的作业条件、工作环境、家庭生活、文化教育诸方面都会得到明显的改善。现在，我们还很困难，我们还是要提倡艰苦奋斗，依靠我们的双手改变这落后贫穷的现状……"

刘少奇的话颇具鼓舞性，职工们个个觉得信心百倍。

座谈会的气氛更加热烈了，欢声笑语在矿区的夜空中回荡着……

后来，1957 年在接见北京地质学院毕业生代表时，刘少奇又一次讲到了建设时期"游击队"的问题。那是后话了。

四、视察定县韩家洼公社

1958 年，刘少奇视察河北时曾到过定县韩家洼公社。

9 月，正是秋收的季节，韩家洼的庄稼都上了场，玉米堆成了山，棉花汇成了海，农民喜气洋洋地忙着收割、晒场。

12日中午，突然从远处开来了五六辆小汽车，眼看着车越开越近，竟向村子里驶来。

进村后，车队缓缓地开到公社办公室前停下。只见从最前面的一辆银色小轿车里下来一个人。

他上穿白衬衣，下穿灰裤子，脚蹬一双黑布鞋，身材瘦高，头发花白。这不是国家主席刘少奇吗？村民们一时都有点儿不敢相信自己的眼睛。

这时，韩家洼公社社长马保山迎上前来，把刘少奇请进了公社会议室。

听马保山简要地汇报了一下生产的情况后，刘少奇开始村里村外的视察。

马保山坐在刘少奇的车上，带着刘少奇看村外的山药地，看上场的粮食，看村里的幼儿园。

9月中午的天气还很热。刘少奇出了汗，他脱下长袖衬衣搭在胳膊上，又来到公社修配厂。

刘少奇一样一样地看，公社里的能工巧匠们创制了深耕犁、密植耧、脱粒机和土车床，他兴致很高，边看边不停地赞扬制作这些农机具村民的聪明才智。

走到一台山药切片机前，刘少奇前前后后地端详了好一阵儿，又亲自动手把机器上车轱辘大的木轮推得转动起来。

试过之后，他问马保山："机器上有滚珠吗？"

马保山回答："没有。"

刘少奇建议说："这农具是木制的，改造一下，用铁不多，安上滚珠，加两个刀片，工效会更高。"

话虽不多，却很在理，马保山听了暗暗点头，记在心里。

刘少奇视察后，韩家洼公社上上下下都激起了一股劲儿，一门心思搞起了农业机械化。

到1959年2月，社里的电气化、水利化都有了新的发展。

第八章　十年探索

社里决定：马保山进北京向刘少奇汇报，2月13日动身。

马保山想：要到中南海去见刘主席，决不能空着手去。但带点什么呢？大家商量了一下，决定挑几个村里产的大山药，放在小木箱里，带去给中央首长们尝个新鲜。

从定县乘上火车到达北京站，马保山兴奋的心情始终难以平静。

下车后，他一路打听着，来到中央直属招待所。

招待所的工作人员热情、周到地接待了他，帮他把小木箱转交到中南海，让他在招待所等通知。

2月15日早晨8点，中南海来了电话，通知马保山：刘少奇下午接见他。

放下电话，马保山激动地想着自己准备说的话：汇报社里的情况，转达乡亲们的问候，思来想去的，他差点儿忘了吃中午饭。

下午2点，一辆小轿车来接马保山，把他送到了中南海里一幢小楼前。

马保山刚一下车，刘少奇的夫人王光美便迎出了大门，热情地说："马保山同志，欢迎你！"

由于激动，马保山事先准备好的寒暄话，这时一句也想不起来了，只知道张着嘴笑。

王光美把他领进屋，沏茶、点烟、拿糖果招待他，使马保山感觉像到了自己亲戚的家。

不一会儿，刘少奇从里屋走出来。

一见面，他就握住马保山的手，亲切地说："马保山同志，你送来的山药，我们已经尝到了，味儿很鲜美。"

然后，他拉着马保山坐在同一张沙发上。

刘少奇像老朋友一样同马保山聊起天来。他问社员吃食堂有没有意见，问起韩家洼公社粮食的产量，最后问起农业机械化的情况，这个话题，他们聊的时间最长。

当马保山讲到眼前搞电力、兴水力，万事俱备，只缺电动机和电线时，刘少奇拍拍他的肩膀说:"马保山同志,我给你出个主意,你可以去找县委解决。"

"俺找过县委了,县委没有物资。"马保山申诉似的说。

"那你再找地委呀!"刘少奇鼓励他。

"地委俺也去过了,也没有解决。"马保山话里带着委屈。

刘少奇笑着说:"那只好找省委了。"

"省委俺进不去。"马保山直来直去地说。

刘少奇皱起了眉头:"怎么会进不去?上下都是为着粮食嘛。"

一听这话,马保山立即从身上掏出一个小日记本,翻到一页空白纸上,请求说:"您给俺开个找省委的条子吧。"

一直没怎么说话的王光美插话说:"少奇同志从来不给下边开条子。"

虽然知道让刘少奇开个条子很难,但想到地里的庄稼,想到村民们的期望,马保山还是缠着刘少奇,像个孩子似的说:"就这一次,您就给俺开了吧。韩家洼1万多亩地急着用水呢。"

刘少奇原本就关心生产,又支持韩家洼搞电气化、水力化,于是破例答应了马保山的要求。

他拿起笔,在马保山的小日记本上,写了一封短信:

林铁同志:

　　韩家洼公社马保山同志来说,他们有个大发电机,又有抽水机,只缺电动机和电线。如果这两样有了,他们的全部土地就可灌溉。请您酌情办理。

刘少奇
一九五九年二月十五日

马保山告别刘少奇后,拿着这封信立即去了河北省委。问题很快得到了解决。

从此,韩家洼的电气化和水力化搞得更好了。

五、深入农村调查

1961年四五月间,为了纠正"大跃进"和农村"人民公社化"运动中发生的"左"的错误,研究调整农村的政策,刘少奇亲自到湖南长沙、宁乡两县做了40多天的调查。

1958年,"大跃进"与"人民公社化"运动

从广州出发时,刘少奇就指示"不住宾馆、不住招待所,不扰民、自带油盐柴米,自备碗筷用具,一切轻装简行"。

他们以省委工作队的名义出现在农村,吃、穿、住、行都与普通干部没什么两样,所以没有引起群众的注意。

有一次，刘少奇在宁乡县委的大院里，同县委的领导同志迎面碰上，都没有被认出来。

4月3日，一行人来到宁乡县东湖塘公社王家湾生产队。天突然下起了大雨。

刘少奇穿上雨鞋，打着雨伞，到生产队去进行调查。踏着泥泞的土路，他们来到一所大院前，院门口挂着一块牌子，上面写着"宁乡县东湖塘人民公社万头猪场"的字样。

"噢，这里还有个万头猪场？走，进去看看！"刘少奇兴致勃勃地率先迈进了大门。

谁知，在猪场转了一圈，只看到几头半死不活的瘦猪趴在地上，见到有人来，可能以为是饲养员来喂食的，强打起精神哼哼着。

巡视一周，刘少奇的眉头紧锁，一言不发，走进一间存放过饲料的空屋子。

"我们今天就住这里！"一直没说话的刘少奇突然迸出这句话，声音里带着怒意。

"什么？！"大家都被这句话惊呆了。

扫视四周，屋里阴暗潮湿，地上乱扔着几件杂物，墙壁斑驳墙灰脱落，墙角的屋顶布满了蜘蛛网，门窗显然也不严实。

有人劝阻说："怎么能叫刘主席住在这里呢？还是另找个地方吧！"

"就住这里！"语气坚决执拗，不容置辩。

其他人再没敢表示异议。刘少奇有言在先，此行"要像战争时期打游击一样，说住就住，说走就走"。何况，自打看见那几头瘦猪，刘少奇一直沉着脸，一句话都没说过。

大家七手八脚地开始收拾这间屋子。搞搞卫生，把两张破旧的方桌拼在一起，桌边摆上三条破旧的长条板凳，又找来一盏煤油灯，放在桌上，权作办公室。

第八章 十年探索

睡觉嘛,支起一张旧木床,供刘少奇用,随行人员住在隔壁一间加工饲料的房间里。

刘少奇走到木床前按了按床板,还结实,就说:"床上铺点稻草不就行了?"

但找遍王家湾全村,也没有找来铺床的稻草。

刘少奇深感意外:"这里过去是有名的盛产稻谷的地方,现在怎么连点稻草都找不到了?"

后来,省公安厅的同志开着吉普车走了很远,才找来几捆干稻草。

刘少奇严肃地查问当地领导同志,养猪场怎么办成这个样子。

东湖塘公社的一位领导愧疚地说:"1958年,公社决定把这个宅院改成养猪场,在浮夸风盛行时,经过层层吹,反复吹,把这个本不出名、规模也很小的养猪场,吹成了名扬四方的万头猪场。实际上生猪存栏最多时也只从社员家里集中了几百头。盛名之下,其实难副,为此,我们可没少受罪啊!"

听了这番话,刘少奇感慨地说:"1958年,我就叫人查过山东省一个号称有二十万头猪的养猪场。其实也是在吹牛,也是靠吹牛吹出来的。大家可以试想一下,别说二十万头大猪,就是二十万头猪崽集合在一起,将会有多大一片啊。可有些同志竟然不顾一切无限地吹牛、浮夸,真是害死人啊。这几年,我们的一些报纸,报喜不报忧,宣传了许多高指标,放了许多大卫星,使我们的工作陷入了被动局面。在宣传生产建设成就方面刮了浮夸风,在推广先进经验方面助长了瞎指挥,给我国的国民经济造成了严重的损失,这个深刻教训,我们一定要牢牢汲取啊!"

刘少奇的话震动着在场的每一个同志的心。

在王家湾,刘少奇深入到田间地头和社员家里。白天,他走家串户,了解情况。晚上,就请干部和社员到他的住处,召开小型座谈会。

开始,座谈会的气氛很沉闷,被请来的人要么不发一言,要么言不由衷地说几句场面话应付一下。

尽管刘少奇一再鼓励大家："请讲心里话，讲真话实话，好就说好，不好就说不好，讲错了也不要紧。"但仍没有人敢讲。

刘少奇就主动诱导大家讲话。

他先问坐在身边的一位社员："咱们这里前两年受过什么灾害？"

那社员一听问这，还好回答，就说："不曾有过大的天灾。"

"既然没有什么天灾，那么造成这种困难的原因是什么呢？"刘少奇接着问。

这一问，大家又不敢说话了。

刘少奇恳切地劝说道："请大家打消顾虑，不要怕，是什么原因就说什么原因，是天灾，就说是天灾，是人祸，就说是人祸，还是别的什么原因，大家都可以讲出来。"

他首先为大家开了个头："从我了解到的情况看，咱们这里恐怕主要是人祸，而不是天灾。这里过去上报的粮食产量是虚假的，老百姓没有打出那么多，可上面一压，下面就不得不虚报。"

一些社员在暗暗点头了。

刘少奇接着说："我在一个材料上看到：花明楼公社龙仙大队1959年的收入，估空百分之四十，把不能出栏的仔猪和池塘里的小鱼也都算成收入了。我看这个材料说的是真话。至于这个万头猪场是怎么回事，大家就更清楚了……"

真情是一把钥匙，刘少奇的真情话终于打开了社员们封闭的心扉。

这些深受浮夸风之苦的社员们，开始掏出了心里话。

一位胆大些的社员说："那时的口号，真是太不着边际了，什么'肥山积万千，粮食翻几番'；什么'粪海造天边，亩产突破万斤关'；为了显示人民公社的威力，就连我们社员家养的猪、鸡和自己耕种的自留地，都被当成资本主义的尾巴割掉了，好像这样就能把大家的心拢在一起，可结果怎么样？"

第八章 十年探索

刘少奇答道:"现在就是要把那些吹牛的口号清理一下。前几年有些口号提得很不严肃,很不科学,脱离了现实生活。把一些神话般的所谓豪言壮语,当作敢想、敢干、敢说、敢做的行动指南;把一些不切实际的幻想当作现行政策来宣传来执行。这是浮夸风吹牛风能够泛滥的主要原因。比如:所谓割资本主义尾巴的一些口号,显然是脱离实际的口号,这不是割资本主义的尾巴,而是割社会主义的肉啊。"

讲到这里,刘少奇有些激动起来:"我们坚持走社会主义道路,就是要使大家的日子越过越好,国家越来越富强。如果国家和人民的日子越过越穷,甚至连饭都吃不饱,谁还愿意走社会主义的道路,谁还愿意干社会主义的事业?"

他痛心疾首地说:"浮夸、吹牛、瞎指挥真是害死人啊。如果我们不把这些口号彻底清除掉,不从指导思想上彻底纠正'左'的影响,那么,我们将会遭受更严重的损失,将会失掉民心啊!"

一位基层干部说:"群众对不准有自留地有意见。"

刘少奇马上说:"对社员卡得这么死,大家能没有意见?社员们在不影响集体生产的情况下,种点自留地,养个把头猪,养几只鸡,解决一点实际困难,有什么不好?当然这个问题涉及到政策问题,我们会逐步进行调整的。"

有的干部列举事实说明在收购农副产品中存在不等价的问题,强迫命令作风严重。

对此,刘少奇严肃地批评道:"收购社员的农副产品,不搞等价交换,靠强迫命令,这怎么行?如果社员们老是感到吃亏,付出的劳动得不到应有的报酬,他们怎么会有发展农副业生产的积极性?"

接着,他形象地说明了强迫命令和不等价交换的恶果:"他养鸡,都吃不到鸡蛋,也挣不到钱,他就会把鸡吃掉,这不很省事吗?大家说对不对?"

"对!是这样!"没有人不赞同。

一位社员谈到有些社员因主张单干而多次遭到批评。

刘少奇说:"这个问题要作具体分析,我们提倡走集体主义道路,可有的社员却死也要自己干,而你们要给他戴上资本主义的帽子,这样问题就能解决?我看并不一定。有的地方集体有优越性,有的地方单干有优越性,我们要因地制宜,区别对待。"

有的干部谈到社员中有人想致富又怕受批判。

刘少奇直率地说:"我看发展几个富农也没有什么了不起,若有人搞剥削,我们可以限制他。横竖主动权在我们手里。但人家靠劳动致富不但应该允许,而且还应鼓励。据说有的地方实行了包产到户,很快就收到了效果。但也有人心有余悸,怕担当'破坏集体经济'的风险。我看不必害怕。"

他环视了一下大家的反应,接着说:"我们搞社会主义没有现成的经验可以借鉴,搞人民公社是一种试验,搞包产到户也可以是一种试验嘛。客观实际本来就是多种多样的。政权在共产党手里,土地还是集体所有的,发展集体经济也好,包产到户也好,无非看看哪种形式更切合当地的实际情况,哪种形式更能充分发挥社员的劳动积极性,哪种形式更能多收粮食,使经济发展再快点。这几年搞平均主义大锅饭,干多干少,干好干坏都一个样,结果搞得大家都没有积极性了。"

越谈,社员觉得与刘少奇的距离越近,他们再也没有了顾虑。

这时,有一个社员问:"没有劳力的困难户该怎么办呢?"

刘少奇也坦率地谈了自己的看法,他说:"我们是社会主义国家,对五保户可以实行部分供给制,早就这样做了,农民也赞成。因为谁也不敢保证自己一生中不会遭到灾难。但除此之外,都应该实行按劳分配、多劳多得的原则。我问过许多人,包括在座的各位,大家都不赞成现在这种平均主义的搞法。你们不是说,肚子吃不饱无法积极,技艺高低不分懒得积极吗?我看这就是平均主义大锅饭的恶果之一。"

农民们七嘴八舌地议论着,感到生产队没有自主权。

刘少奇又说:"我们搞集体所有制经济,但又不给生产队自主权,一切由上面做主,可减了产,却要打生产队的屁股,这是一种很不正常的现象。我们要尽快想办法解决这个问题……"

刘少奇和这些农民交谈着,那么坦诚,那么亲切。尽管屋里只燃着一盏煤油灯,农民们却感到自己的心从没这么敞亮过;尽管他们坐在一间破旧透风的饲料库里,他们却从心里感到了温暖。

六、着手研究手工业、商业方面的问题

刘少奇1961年的湖南调查,不仅研究了农业问题,而且也着手研究手工业、商业方面的问题。

他认为,农村手工业和商业的所有制问题和许多政策问题都需要解决,否则,就改变不了刮"共产风"中所造成的"平调"状况,不利于手工业的发展,不利于商品交换和商品流通。

于是,他指示杨波等几位同志专门调查农村的手工业、商业问题。

经过半个多月的调查,工作组整理出一份材料,来到刘少奇住处,向他汇报。

当时,刘少奇住在长沙县广福公社天华大队王家塘生产队。这里的居住条件比王家湾的饲料库好不了多少。在一间长5米、宽3米的旧房子里,两条长条凳上搭两块门板,就是刘少奇的床,一张旧三屉桌周围摆三张长条凳,作办公用,桌上仍然是一盏煤油灯。

刘少奇专注地听着汇报,不时地提出问题和发表意见,那么自然,那么一丝不苟,一点儿也没有把简陋的居住条件放在心上。

在"人民公社化"运动中,长沙县把原来的手工业合作社取消了,将分散的手工业工人都集中到社办工业中劳动。

有一个同心大队办的综合工厂，让绣花的、缝衣的和打铁的集中到一起进行生产，弄得大家都有意见。

刘少奇听到这儿，生气地说："把绣花、缝衣的和打铁的搞到一起，这是风马牛不相及，这一行跟那一行不相通嘛！绣花、缝衣怎么能跟打铁的搞到一起呢？这是根本不懂事的人搞的。"

他想了想，又说："像绣花、编篾席，显然是分散生产好。"

杨波等人汇报说：社办工业中由于搞平均主义，吃"大锅饭"，使手工业工人的工资降低了。

刘少奇立即说："提高手工业工人的工资待遇，是一件大事情，搞不好，手工业会没有人愿意干。"

他坚决地说："一定要恢复1957年前的工资定额。问题是这样：一个是要师傅愿带，另一个是要有人愿学。师傅的味道不大，学徒的味道就更不大。"

他激动地打着比方说："目前手工业工人的工资降到这样低，他满意呀！假如用你们自己打比，你一个月六十四块钱，降到四十块钱，你满不满意？我看一定不满意，一定要走。除非人家把你的饭碗卡住（当时的社办工业，为了稳定手工业工人队伍，采用不给粮食、不开介绍信等办法限制他们自由流动）。这样，你就消极怠工。恐怕现在的手工业的人就是消极怠工。你们去查一查。"

这话，他是看着杨波说的，见杨波点点头，他又继续说下去："天华大队一个泥水匠，以前给人家打一个灶只要一天，现在要三天，你把他工资降低这样多，他就用这个办法抵制。县、社工业里的手工业工人，恐怕也是这样抵制的。总之，他们是有办法抵制的。他们这样抵制，是为了使你们领导人觉悟起来，改变政策。"

不利因素找到了，那么，怎样才有利于恢复和发展手工业呢？

刘少奇提出，要考虑恢复手工业合作社。

第八章　十年探索

他说:"你把手工业合作社收归国有,一收归国有,降低手工业的工资,你就赚钱,他就减少收入;你搞计划产值,他赚钱的就搞,不赚钱的就不搞。结果赚了几个钱,许多产品没有了。这不是长期办下去的办法,维持不住。"

针对搞计划产值的问题,他指出:"县、社工业搞计划产值,粗制滥造,按斤论价,这是根本不懂生产嘛!锄头多少钱一斤,犁头多少钱一百斤,怎么能这样订呢?"

在听商业工作汇报时,刘少奇特别强调利用价值法则领导生产的重要性。

他伸出手,一点一点地说:"价格定得不合理,生产发展就不合理。花钵子很多,蒸钵子没有,这是价格的原因,赶快改嘛!而且这些东西的价格,不是国家定的,是你们地方定的,马上改嘛!"

他掰着手指头,一顿一顿地说:"现在火钳、锅铲、菜刀、水壶、蒸钵等等,这些东西的价格不合理……价格高了的,你们就降低一点,价格低了的,你们就提高一点,用价值法则指导生产嘛!搞商业的人,要有生产观点,要有群众观点。没有生产观点,没有科学观点,结果那些东西都没有了。"

他不容置辩地说:"价格定得不合理,不仅是妨碍生产的问题,而且破坏生产,破坏生产力。"

他把脸转向在座的商业局领导同志,督促他们:"你们商业局天天管买卖,什么东西销不出去,什么东西收不回来,什么东西供不应求,价格合理不合理,应该最敏感嘛!赶快提意见、提建议嘛!"

由于刘少奇的关注,在1961年6月19日发布的《中共中央关于改进商业工作的若干规定(试行草案)》中,专门写了一条必须加强物价管理工作的规定,内容是:"从中央到县都要建立和健全物价委员会,规定掌握物价的具体权限,集中领导,分级管理。"

由于物资匮乏,当时商业部门"走后门"的现象比较严重。国家供应农村的一些生活必需品,农民不能及时按量买到,而少数人却走"后门"超量买走。群众对此意见很大。

刘少奇非常重视这个问题，他指示有关领导同志要严肃对待，要加强群众监督。

他说："谁买了多少糖，谁买了多少布，供销社有账目、有条子的，你们搞一份交福临公社党委公布。这样揭露一次，以后就会好一点儿，就不这样搞了。"

他吩咐一个工作组的同志说："你告诉福临公社党委，说我讲的，这个事情要贴榜，每个大队都要贴。如果有我的条子，有你们工作组的条子，也贴出来。我们来了，也许有人利用我们的名字乱买一些东西，哪个买了多少，开一个单子出来，每个大队贴一张，让群众看。走'后门'是一个大事，这样搞一下非常必要。"

讲到这里，他停顿了一下，又补充道："开'后门'，干部特殊化，结果挤了老百姓，这是没有群众观点，是脱离群众的。要整没有别的办法，就是贴榜，靠老百姓起来攻，老百姓起来一攻，大家就会清醒一点儿。"

然后，他加重语气严肃地说："党员走'后门'，严重的要开除党籍。我们常说要提高商业工作人员的政治思想水平，怎么才算提高？就是要有群众观点，坚持走社会主义道路。"

当地山上生长着一种植物叫金刚刺，可以造酒。由于商业部门收购金刚刺供应长沙酒厂造酒，造成了对山林的破坏。

工作组汇报时提到了这个问题，引起了刘少奇的重视。

他指示说："要禁止在山坡上、丘陵上挖茶苑、铲草皮，不然就会造成水土流失，使田变质。"

他痛心地说："我爬到天华山一望，山都挖得稀烂，年老的农民都懂得，再不禁止，让其挖下去，将来是一个大害。这件事，要严格禁止，请你们省委、县委注意，不要放松下去。你们这里挖金刚刺的苑子供应长沙酒厂造酒，以后不要挖了。长沙市酒厂要搞别的东西造酒，如果没有别的东西就停办。山，现在已经破坏得很严重，再破坏下去，就会变成光山，变成平地。怎么

第八章　十年探索

保护山？这个问题请你们讨论一下。要禁止挖，不但要禁止挖，还要栽树栽草。"

在汇报和讨论手工业问题时，针对是否有必要调整手工业的所有制问题，杨波与刘少奇发生了争论。

那时，宁乡县城关镇的二十四个手工业合作社，在"大跃进"和"人民公社化"运动中转为社办工业或国营工业。

所有制改变后，产品质量和劳动生产率都下降了，原材料消耗增加，成本提高，工人收入减少了，劳动积极性也很低，社办工业面临危机。

如何解决呢？工作组中存在两种意见：一种意见是，同意刘少奇4月下旬在天华大队谈的，从所有制着手，恢复手工业合作社，实行小集体所有制，自主经营、民主管理、按劳分配、自负盈亏。另一种意见是，不调整所有制，维持社办工业，建立健全领导机构，合理安排产供销、改善经营管理，克服高指标、瞎指挥的错误。

刘少奇坚持他的意见，认为不从所有制着手解决，很难调动手工业者的积极性。

他说："不问条件如何，一下子把所有手工业者的所有制都改变了，是不对的。省轻工业厅认为以搞手工业合作社为好，我看手工业合作社势必要恢复。"

"当然，能改进的可以不退，有优越性的可以保留，标准是四条：产量高、质量好、品种多、工人收入增加。"刘少奇的意见很明确：怎么有利怎么搞，不拘泥于一种搞法。

但杨波当时不敢否定社办工业中的"平调"问题，不敢怀疑"一大二公"的错误。所以他不同意刘少奇的意见。认为不改变所有制，只要加强领导、改善管理，也能解决问题。

他争辩说："如果把社办工业退回去，恢复手工业合作社，那就体现不了人民公社'一大二公'的特点和优越性。"

191

刘少奇问他："现在生产下降，质量下降，工人收入降低，手工业者很有意见，哪有什么优越性？这样下去，社办工业非垮台不可。"

杨波仍然坚持己见，提出："问题是对社办工业采取什么方针，是收缩还是巩固？是进还是退？"

刘少奇耐心地听完杨波的陈述后说："你说不会垮，我看还是一个问题。我们公社办工业的人，经验就不够，蚀了本，工人不满意，鸡没有偷到，又蚀一把米。"

他吩咐杨波："你们去具体研究一下，算一算账，看能不能找出这样的典型来：使得工人很积极，努力做工，生产情绪、产品质量、劳动效率、工资待遇都恢复到1957年以前。首先是恢复，然后还有一点进步。工资待遇高一点儿，劳动效率高一点儿，产品质量高一点儿。恐怕这件事不容易办，不是里手，就不能恢复到1957年以前，就不能进步。恢复到1957年以前，工人又满意，工厂又有钱赚，就要认真地经营，认真地核算。现在的县、社工业是不是有这个本事？恐怕没有这个本事，没有这个本事就办不下去。"

这时，已是凌晨0点了。本来，刘少奇准备深夜11点启程返回长沙，由于杨波坚持争论，把汇报时间拖长了1个小时。

但刘少奇并没有不耐烦，直到最后，他仍和颜悦色，耐心地说："杨波同志，看来你说服不了我，我也说服不了你。那好，我再给你五个月时间，去搞两个点。一个按照我的办法搞，一个按照你的办法搞，然后再来总结，看哪个办法好，群众满意。"

刘少奇的态度和话语使杨波受到了很大的震动，他开始认真地检视自己的意见是否真正反映了群众的意愿。

1961年，在中央工作会议上，大家一致赞成刘少奇在湖南调查中提出的关于手工业和商业问题的许多重要意见。会后中央发布的《中共中央关于城乡手工业若干政策问题的规定（试行草案）》和《中共中央关于改进商业工作的若干规定（试行草案）》两个文件，采纳了刘少奇的意见，决定调整手工业所有制,恢复手工业合作组和合作小组。对于那些适宜于单独经营的个体手工业者,也允许他们独立劳动,自产自销,收入归己;决定恢复供销合作社,并明确了一系列关于手工业和商业的政策问题。

这两个文件对恢复和发展遭到严重破坏的国家经济发挥了重要作用。

七、视察林区

刘少奇十分关注林业问题。他多次约请林业部的负责同志和有关专家谈话,并浏览了许多林业情况的汇报。他曾嘱咐秘书:"收到林业方面的材料要立即送给我,不要压下。"

1961年夏季,刘少奇决定到东北、内蒙古林区去视察。

7月中旬的一个晚上,刘少奇对秘书说:"我要到东北去考察一下林业经济问题。东北的林业资源本来是很丰富的,我们搞基本建设用材,生产用材和人民群众生活用材主要来源于那里。但这几年对森林资源的破坏却很严重。最近听了一些汇报,看了一些材料,我对林业问题有点儿担心,需要去做些调查研究。这次去林区和去湖南不同,有两位懂林业的同志跟我去就行了,为了不给地方增加麻烦,我们还是生活在火车上。"

刘少奇此行的随行人员,除工作人员外,还有张昭(当时任林业部副部长)和周重光(当时是东北林学院教授)。

7月16日,火车从北京出发。

火车开动后,刘少奇召集大家到餐车中开会。

他向有关同志询问几种木材的价格,当对方回答"不清楚"时,刘少奇不满意地说:"你们长期从事林业工作而不去认真研究它的价格问题,这就有点官僚主义了吧!"

张昭立即作了自我批评。刘少奇严肃地说:"要发展林业生产就要调整好木材价格和劳动报酬之间的关系问题。价格合理了可以促进林业生产,促进木材的节约。否则就会阻碍生产,造成浪费。"

环视一下周围的同志,刘少奇语重心长地接着说:"我们各行各业的干部,干哪一行,就要钻哪一行,不能长期当外行。要经常深入下去做调查研究,不能老浮在上面。经常下去,走走有好处,既可联系群众,又可熟悉业务。这个作风只能发扬不能丢。前几年我们已经吃过这个亏了。自己心中无数,只好人家说什么就听什么。"

刘少奇的话说得很沉重,使在场同志的心上仿佛压上了一块大石头,那种重量会使人背负一辈子……

火车到达哈尔滨后,有人提议:组织个晚会,请少奇同志休息一下。

刘少奇毫不客气地一口回绝:"这次来黑龙江是搞调查研究的,不是来享受的,请不要搞什么娱乐活动,一律不准搞额外招待,也不要惊动与我调查研究工作无关的人,请只通知我要去的地方。"

从20日开始,刘少奇开始了林区考察。

那年夏天,小兴安岭地区的雨水特别多。刘少奇进入林区后,几乎天天下雨。不是毛毛细雨,就是滂沱大雨。尽管如此,刘少奇一点儿时间也不放松,他的调查工作安排得很紧,白天要到林场、采伐场、贮木场参观,晚上还要听汇报或召开座谈会。

当时林区的主要交通工具,是窄轨铁路。这种窄轨铁路路基不像宽轨铁路那样坚实,雨下得多了,容易发生事故。

专列到达带岭林区当天,群山之巅披着一层水汽,好像一片浓雾在荡漾。这是雨前的征兆。

第二天早晨,太阳只露了一下头就被云雾遮住了,林丛和花草都是湿漉漉的。刘少奇从火车车窗望了望远处的天空,决定:"到现场去看看。"

带岭林业局的党委书记张子良深知雨天林区的道路泥泞难走,就恳切地

第八章 十年探索

劝阻刘少奇："天气预报说这里今天有大雨，今天不要上山，等天晴后再进山。"

刘少奇笑了笑说："夏季林区多雨，啥时候才晴天呢？还是去吧！"

大家说服不了刘少奇，只得跟着他换乘林区拉木材的窄轨小火车，慢慢地驶向林区深处。

将近中午，小火车在细雨中开到寒月林场。再往前，就没有铁轨了，只能步行。

大家下了车，跟着林场同志，向山上艰难地走去。每个人都穿着高腰雨鞋，一手打着雨伞，一手拿根树枝，轰赶林丛中成团的蚊子，敲拨掉草上的水珠。

刘少奇同大家一样，踩着泥泞，兴致勃勃地走着，他一点儿也不像63岁的老人，卫士怕他跌倒，几次要搀着他走，都被他拒绝了。

这时，工人们正在伐木，刘少奇一行人围拢上去。

伐木工人用大斧砍去树周围枝枝丫丫的灌木，对大家说："请往后退些，倒木有危险！"

大家都退到安全的地方，只有刘少奇请求站在伐木工人身边。

刘少奇认真地看着工人把一株直径近40厘米的大红松伐倒，又仔细地视察了树桩的侧面，和专家一起估算了这棵树的树龄和出材量，还询问伐木工人每日、每月、每年的采伐量。

接着，刘少奇又参观了伐倒木的打枝、选材、集材和装车。

他指着一个树桩说："如果向根部多伐1公分，就可以多生产许多木材。"

有人说："站着伐木最省力、伐得快，但浪费很大。过去日本人占领时期就是那样干的，那时留下的都是半人高的树桩子。"

刘少奇说："日俄时期，他们是掠夺性的采伐，叫'拔大毛'，只伐不育，给我们的林业资源造成很大破坏。现在时代不同了，工人阶级做了国家的主人，我们是为国家干，也是为自己干，当然就不能那样做了。大家要严格执行采伐章程。你们严一点儿、辛苦一点儿，就会为国家节约大量木材。"

在采伐过程中，见到大树砍倒后要损伤许多小树，刘少奇很心疼，他对林区负责同志说："要想办法尽可能使小树少损失一些才好。在采伐的同时，要保护小树和幼苗，还要造林育林。要做到伐区更新不欠账，生长量要跟上采伐量，才能做到青山常绿，后继有林，现在你们的许多工序还是手工作业，工人很辛苦，生产效率也很低。将来要向机械化和半机械化发展。"

刘少奇与伐木工人交谈了一会儿，询问他们的工作情况和生活情况。这时，天突然放亮，似乎要晴了。一行人正要转移地点。

谁知刹那间，一阵疾风卷来了一场倾盆大雨，在雷电交加中，刘少奇身上都被打湿了。但他不动声色，拄着手中的木棍，踏着一尺多深的浊流，小心翼翼地走下了溜滑的山坡。

为了研究红松林采伐后怎样才能较快地恢复，红松林宜于天然更新，还是人工更新等问题，刘少奇冒雨到凉水实验林场察看了解放后最早栽植的一片红松人工林。

走到一片长势很好的人工红松幼林前，刘少奇显得十分高兴。

他站在一棵 1 米多高的小红松旁，用手摸着翠绿的针叶，听着介绍。

这一小片红松人工林是林业技术人员和工人用心血和汗水培育出来的，它来之不易，也证明了红松是可以人工更新的。刘少奇高度赞扬了技术人员努力钻研、大胆试验的精神。

林业局的一些同志对红松的更新问题产生了争论。有的同志认为："不论用哪种采伐方式，红松都不能天然更新，必须进行人工更新。"

也有的人说："红松可以天然更新，只是需要一个较长的过程。"

刘少奇请周重光教授谈谈看法。周教授说："我也是第一次来大兴安岭林区，还没有发言权。"

一行人看了几个不同的采伐带，在新的采伐地都看不到天然更新的幼树。

刘少奇说："这个情况对你们的争论很有帮助，但究竟如何，还有待进一

第八章 十年探索

步证明。"

后来,在一个小山坡上,大家看到在一片被采伐得很稀疏的林间生长着许多小树,形成了一片新林区。

刘少奇请周教授鉴别一下,这些小树是采伐前更新的,还是采伐后更新的。

周教授从幼林中选了几株样树,用刀切开后,用手指着说:"从幼树的年轮可以看出,这些幼树在老树被采伐前三年就出生了。"

"这就证明是伐前更新的嘛!"刘少奇下了断语。

经过许多天的考察,听取了同志们的介绍和讨论,刘少奇对小兴安岭和镜泊湖地区阔叶红松混交林的采伐更新方式,已经形成了明确的意见。他强调:"要积极进行人工更新,又要充分利用天然更新。这样就能多快好省地完成森林更新工作。"他肯定了"人工更新为主,天然更新为辅,人工更新和天然更新相结合"的方针。这一方针对恢复和发展我国的林业,产生了重要的影响。

在视察过程中,刘少奇的讲话贯穿着这一思想:不仅要重视林木的采伐和生产,更要重视林木的保护和生长。

他曾望着林区中冲天的大树,不无忧虑地说:"百年之后,这里还能不能有这参天的大树啊?我们这一代人把它采光了,下一代人怎么办?我们不但要后继有人,还要后继有林呀。"

他实事求是地对大家说:"我们国家的森林资源并不丰富,如果这些森林被我们采伐光了,不仅后代没有了木材用,而且还可能改变生态平衡,影响气候,到了那时,历史会无情地审判我们这些败家子的。我们决不能做坐享祖宗的福、造孽于子孙的傻事,所以更新必须跟上采伐才行。"

大家深受教育,有位同志说:"这次刘主席来林区,给我们提出了许多研究课题,大大增强了我们林业职工的事业心和责任感。"

在即将结束考察时,当地领导同志请刘少奇题词,刘少奇愉快地答应了。

197

深夜，在专列的餐车中，他先用铅笔写了"充分利用森林资源，满足国家和人民的需要。"放下铅笔，他沉思了片刻，又加上了"尽可能"三个字。

然后，他提起毛笔，饱蘸浓墨，郑重地写上"充分利用森林资源，尽可能满足国家和人民群众的需要"这句话。

这个题词后来被刻在了一块石碑上，成了林业工作的指导思想。

第九章

春满国际

在新中国的历史上,刘少奇作为党和国家领导人在国际舞台上的活动是令人瞩目的,这些活动,不仅为新中国的建立、巩固与发展争取到了宝贵的外援,营造了一个较为有利的周边环境,同时也很好地树立了新中国的国际形象,为反对帝国主义的武装侵略、捍卫世界和平,为社会主义国家间的正常交往,抵制大国沙文主义的错误做法,推进国际工人运动健康发展,做出了积极的重要贡献。

一、印度尼西亚之行

印度尼西亚位于亚洲最南端，是一个美丽富饶的岛国，素有"千岛之国"之称。早在 1000 多年前，它就同中国有了经济、文化来往。1950 年印度尼西亚和中国正式建立外交关系，是最早同我国建立外交关系的国家之一，印度尼西亚人民在苏加诺总统的领导下，在争取民族独立和反对帝国主义、殖民主义的斗争中取得巨大成就，并同中国以及其他爱好和平的国家建立了广泛的联系和合作。1955 年 4 月在印度尼西亚万隆市召开的亚非会议（又称万隆会议），形成著名的"万隆精神"，对亚洲和非洲人民争取和维护民族独立和解放起了重要作用。在万隆会议召开 8 周年之际，中华人民共和国国家元首首次访问印度尼西亚，在两国关系史下写下了新的一页。

1963 年春，刘少奇一行从昆明起飞，在缅甸首都仰光作短暂停留后，抵达印度尼西亚首都雅加达马腰兰国际机场。在机场上，刘少奇等受到苏加诺总统、印度尼西亚政府高级官员以及身穿鲜艳民族服装的 1 万多名印度尼西亚青年男女的热烈欢迎。机场上人潮涌动，鲜花簇拥。

刘少奇在机场欢迎仪式的答词中，对印度尼西亚在国际事务中所起的作用给予高度评价，他说："印度尼西亚是万隆精神的诞生地，万隆精神是反对帝国主义和殖民主义的精神。万隆精神是争取和保卫民族独立、加强亚非团结和保卫世界和平的精神。万隆精神反映了亚洲、非洲和拉丁美洲各国人民和全世界所有爱好和平的国家和人民，都应当加强友好合作，加强相互支持。中国人民将同印度尼西亚人民一起，为保卫世界和平和促进人类进步的崇高事业，共同奋斗。"

第九章 春满国际

刘少奇和妻子王光美抵达印尼，受到热烈欢迎

到达雅加达的第二天，刘少奇在苏加诺陪同下，参加了印度尼西亚航空庆祝活动。这一活动本应该在4月9日举行，为了欢迎刘少奇的来访，特意改在13日举行。印度尼西亚空军的表演和航空展览，给中国客人留下深刻印象。当天下午，刘少奇向印度尼西亚烈士墓敬献了花圈。

4月13日，苏加诺总统举行国宴，欢迎中国的刘少奇主席来访。刘少奇在讲话中指出："亚洲、非洲和拉丁美洲各国人民的民族解放运动已经成为一支不可抗拒的历史潮流。全世界各国人民反对帝国主义、维护世界和平的斗争，有了很大的发展。尽管在我们前进的道路上还会遇到许多困难和障碍，但是，只要保持警惕、坚持团结、坚持斗争，这些困难和障碍是可以克服的。"

随后几天里，印度尼西亚的茂物、万隆、日惹、巴塘等重大城市，都留下了刘少奇访问的身影。

4月14日，刘少奇一行在苏加诺陪同下离开雅加达，到外地参观访问，在距离雅加达60公里的避暑胜地茂物市，参观了世界著名的热带植物园。4月15日，抵达万隆。

万隆市民以极大的热情和独特的方式欢迎来自中国的贵宾。街道两旁和下榻的宾馆周围，挤满了手持标语和鲜花的欢迎人群，第二天，刘少奇一行来到位于万隆以北20公里的复舟山火山观看火山喷火口。海拔1000多米的复舟山火山是印度尼西亚著名的活火山之一，喷火口冒着蒸腾的热气。空气中充满硫黄味，景色十分壮观。人们惊奇地发现，在喷火口凝固的熔岩上，竟用岩石砌着"欢迎贵宾们"的标语。陪同的主人介绍，万隆会议结束后，为了纪念这次会议的成功，一些当地的勇士冒着高温来到喷火口，用岩石砌下"亚非会议·印度尼西亚，一九五五年四月"的字样。这次为了迎接中国贵宾，又砌了这条标语。

4月16日，刘少奇一行抵达日惹。日惹是一座历史悠久的古城，1200多年前修建的婆罗浮屠佛塔耸立在日惹西北郊，是世界著名的佛教建筑，日惹又是一座英雄的城市，二次大战期间作为战时首都成为全国抗日的中心，为了迎接中国贵宾的到来，日惹人民在机场通往市中心的道路两旁用椰子树叶搭成许多拱门，代表当地最高规格的礼仪。在日惹，刘少奇饶有兴致地登上31米高的婆罗浮屠佛塔，观赏了这座代表印度尼西亚古代传统艺术的精美建筑。

刘少奇一行参观访问的最后一站是印度尼西亚中部的岛屿——巴厘。4月18日，在巴厘都府巴塘市，巴厘人民举行了盛大的群众集会欢迎中国贵宾，在群众欢迎大会上，刘少奇对几天来受到的热情款待表示衷心感谢，对印度尼西亚和世界范围内的民族独立运动表示坚定不移的支持。他说：

"亚洲、非洲和拉丁美洲各国人民反对帝国主义和殖民主义、争取和维护民族独立的斗争，是世界和平运动的极重要的组成部分，争取民族独立的斗争同维护世界和平的斗争绝不是对立的，事实上，越是加强反对帝国主义和新老殖民主义的斗争，就越能有效地捍卫世界和平，争取和维护民族独立的道路，就是捍卫世界和平的道路。"他同时也指出："政治上的独立还不是完全的独立，只有继续从各方面彻底进行反对帝国主义和殖民主义的斗争，并

第九章　春满国际

且依靠人民，建立起独立的民族经济，才能实现一个国家的完全独立。"

在下榻的坦帕西林宫，刘少奇同苏加诺总统举行了会谈。

4月19日，刘少奇举行告别宴会，他在讲话中再一次向苏加诺总统、印尼政府和印尼人民表示衷心的感谢，他说：

我和我的同事们在你们美丽和伟大的国家进行的访问就要结束了。在整个访问过程中，印度尼西亚政府为我们做了周到的安排，给了我们隆重的接待。印度尼西亚人民给了我们极其盛大和热烈的欢迎。苏加诺总统从头到尾陪同我们，给了我们无微不至的关怀。所有这一切使我们深为感动。在快要离别的时候，我愿意再一次向总统阁下、向印度尼西亚政府和印度尼西亚人民表示衷心的感谢。

亲爱的朋友们！最后我还要提到，这几天恰好是万隆会议的八周年。我能够在印度尼西亚度过这个具有历史意义的日子，感到特别兴奋和愉快。八年来，在万隆精神的鼓舞下，几十个国家取得了独立。万隆精神正在发扬光大。中国人民将同印度尼西亚人民一道，继续发扬万隆精神，加强亚非团结，支持亚洲、非洲和拉丁美洲各国人民反对帝国主义和新老殖民主义、争取和维护民族独立的正义斗争。我们两国的友谊，是在这种共同斗争中成长和发展起来的。让我们为进一步加强我们两国的友好合作关系而努力吧！

4月20日，刘少奇同苏加诺共同签署《中华人民共和国和印度尼西亚共和国联合声明》。声明中写道：双方满意地看到，两国的友好合作关系，在万隆会议十项原则和和平共处五项原则的基础上，不断取得了发展。特别是近两年来随着两国友好条约的签订，这种关系更进入了一个新的阶段。双方在反对帝国主义、反对新老殖民主义斗争中的相互支持相应地有了加强。在经济技术合作方面，双方在有需要的时候，都给予对方以尽可能的援助。两国的文化交流也有了显著的发展。双方表示将尽一切努力进一步巩固和发展两国的团结和友谊，扩大和加强两国之间的经济技术合作和文化交流。双方认为，中国和印度尼西亚两国友好合作关系的不断加强，不仅符合两国人民的根本利益，而且对于促进亚非团结和保卫世界和平的崇高事业也具有十分重要的意义。

双方表示将继续为维护和发扬万隆精神、促进亚非国家之间的友好团结而共同努力。中国政府完全支持印度尼西亚政府关于召开第二次亚非会议的倡议，并且认为，这个会议的召开对于亚非各国人民加强团结合作、反对帝国主义和保卫世界和平的共同事业，一定会作出积极的贡献。

二、柬埔寨险情

1963年四五月间，为了增进中国同东南亚国家的友好关系，国家主席刘少奇先后访问了印尼、缅甸、柬埔寨和越南民主共和国四国。在访问柬埔寨期间，我党同国民党特务展开了一场谋杀与反谋杀的生死较量。在周恩来总理的直接领导下，各部门密切合作，粉碎了敌人的罪恶阴谋，保证了刘少奇的出访安全。

1961年9月，我方得到情报说，刘少奇是台湾蒋介石集团暗害我中央领导人的一个重要目标。因为蒋介石及其特务机关发现，早些时候柬埔寨国家元首诺罗敦·西哈努克亲王访问过中国，时任中国国家主席的刘少奇可能对柬埔寨进行回访。蒋介石集团于是在南越建立了一个名为"第三指挥站"的特务机关；同时，还在柬埔寨成立了一个"金边组"，具体执行暗杀任务。

根据我方获得的上述情报，中共中央于1963年3月成立了由外交部、公安部、总参、调查部组成的中央安全领导小组，由杨尚昆主持领导这个小组的工作，负责保卫刘少奇出访的安全。中央安全领导小组获得的有关台湾方面图谋搞暗杀活动的重要情报，都要向毛主席和周总理汇报。总理就台湾国民党当局搞暗杀作了两条重要指示：一是要中国的前驻柬埔寨大使王幼平以

第九章 春满国际

外交部顾问的身份去柬埔寨，协助我新任驻柬埔寨大使陈叔亮调查台湾蒋介石特务组织在柬埔寨的阴谋活动；二是要中央安全小组选派精兵强将组成一支精干的队伍，同王幼平一起去昆明。

王幼平率领的这支精干小分队在昆明向刚从印尼访问归来的刘少奇作了简要的汇报之后，便乘飞机到了中国驻柬埔寨大使馆。大使馆截获了台湾情报部门在南越的第三指挥站和台湾情报局本部的往来电报50多份。不过，我方在柬埔寨的这支小分队缺乏破译台湾电报密码的人员，大使馆工作人员也没有办法。中国驻柬埔寨大使陈叔亮便火速给在北京的中共中央安全工作小组来电，向他们紧急求援。

4月25日下午，根据周恩来的指示，由公安部派遣破解密码的专家姚良骏经缅甸辗转抵达金边，立即在我驻柬埔寨大使馆做了隐蔽处理的一个卫生间里展开工作。姚良骏业务能力很强，还带了必要的专业器材，经过三天三夜的紧张工作，终于把台湾国民党当局特务机构拟对刘少奇实施暗杀计划的电报密码全部破译了。电文的成功破译解决了三个问题：第一，搞清楚了对刘少奇进行暗杀活动的具体地点是在飞机场到柬埔寨王宫的路上。他们从金边机场到王宫的路边一所房子为掩护，在路的下面挖坑道，埋上炸药，等到刘少奇的专车从这里经过时，引爆炸药实施暗杀活动。第二，掌握了参加行动的国民党特务的名单。在这些人当中，有柬埔寨人，有在柬埔寨的越南人，也有台湾人，我方可以配合柬埔寨的国家安全和公安部门对这些人实施拘捕。第三，台湾特工"金边组"搞暗杀的人向蒋介石请示，如果西哈努克亲王和刘少奇在一辆汽车上炸不炸，蒋介石批示也要炸。这样，我方和柬方的警卫方案也会对西哈努克亲王和夫人实施特别保护措施。

4月28日午夜，柬埔寨军队、警察和保安人员封锁了从波成东国际机场到市区的一段15公里长的长堤公路，这段路是由湖泊垫起来的。长堤两侧的民房多为二层小楼，这些小楼，从堤下看是两层，从堤上看是一层。军警包围了一座小楼，在楼房一座紧靠路基的小屋里，军警推开柜子，墙面露出一个大洞，洞深15米，一直通到路基中心。为防汽车轧塌，敌特在这条坑道里竖桩搭架。军警从坑道里起获了两箱TNT烈性炸药、一卷电雷管和一批挖掘工具。接着，又在小楼的房间里起获了六颗烈性炸药手榴弹。

4月29日，柬保安人员又从台湾特务机关金边站站长张需芝家搜出四封他与台湾特务机关来往的密码信，三封是他与西贡特务站的密码信。警察局还从金边站副站长农捻群家中搜出一小包毒药。两天共抓获特务46人，其中还有一个南越人，一个印度人。

据说，宾努亲王听了案情汇报后失声说："案比天大！"

西哈努克亲王听了案情报告，长叹一声说："困难如山。"

4月30日夜到5月1日上午，柬军队和警察对机场路进行分段检查，出动6000多士兵对机场路分段保卫。并在重要路段派轻型坦克警戒，沿途高楼派警察控制制高点，直升机在空中巡逻，侦察地面动态。

刘少奇主席下榻的王宫卧室，西哈努克亲自监督，仔细检查。代表团用餐，有安全人员检查、尝膳。

刘少奇主席和王后，西哈努克亲王和王光美乘坐的两辆主车，前后左右有35辆摩托、14辆警车护卫。大、中、小学校推迟放假，青年团组织成员和华侨全部出动，分别编队，警察和保安人员站在最前面。

街上人山人海，井然有序，铜墙铁壁，法网恢恢，敌人再狡诈，也休想前进一步。

1点55分，刘少奇主席的车队在欢迎群众欢声雷动的热烈气氛中，开进了王宫。

5月6日上午8时，刘少奇主席圆满地结束了对柬埔寨的访问，乘专机飞离波成东机场。

第九章 春满国际

三、与妻子王光美

王光美是刘少奇的夫人,在生活上,她照顾着刘少奇的衣食住行;在工作上,她是刘少奇的得力助手。他们两人互相敬爱,但在工作中却严格地保持着上下级关系。

1963年,全国开展了农村社会主义教育运动。刘少奇提议让王光美去基层工作一段时间。

当时,刘少奇肺病复发,需要王光美在身边照顾。全体工作人员都反对王光美下基层。

支部书记把同志们的意见告诉了王光美,王光美也有些犹豫:"少奇同志现在身体状况是这个样子,我也不忍心马上离开他。"但她是下级,不好对刘少奇说。

周恩来得知后,不仅不让王光美下基层,还催促刘少奇去北戴河休息。

王光美

这样,王光美陪刘少奇去北戴河休养了一段时间。

从北戴河回来后,刘少奇的身体状况有所好转,他又重提王光美下基层的问题。

为了取得身边工作人员的支持,他还向大家说,不必顾虑他的身体,他自己会注意的。他保证一定和工作人员配合好。至于教育孩子的事,他可以承担,家务事有问题也可以随时去问他。

为这件事，身边工作人员专门开了一个支部会。王光美表示自己已下了决心，到基层去工作一年，因为刘少奇一直鼓励她去。同时，她还告诉大家："在春藕斋的一次舞会上，我向毛主席报告了准备到河北农村参加社教运动的事，毛主席听后高兴地说'好哇'！"

两位主席都表示支持，工作人员也无法再反对。他们向王光美保证："我们一定努力做好工作，以实际行动来支持你！"

当时，刘少奇已经65岁了，他每晚睡觉前都必须服用安眠药，服药后又不能马上入睡。有几次夜间起来上厕所的时候摔倒了。

为了确保安全，工作人员提出王光美走后，每天夜里要派人在刘少奇的卧室门口值班。

刘少奇不愿意给大家增添麻烦，他说："你们的心意我领了，你们无非是担心我从床上摔下来，那么，我睡地铺不就解决了。"

王光美临走的前一天，刘少奇叫人拆了床架子，把床垫放到地板上。从此，他就睡起了地铺。

刘少奇担心王光美下基层后，地方上的同志会对她特殊照顾，还特意为她改了个名字：董朴。并且嘱咐工作人员："你们给光美写信就不要用她的真名字了。"

王光美动身时，只带了一只装日用品的塑料旅行包和一个用绳子捆好的行李卷。

刘少奇关切地把旅行包和行李卷都拎起来掂了掂，笑着说："轻装上阵，这样好！"

刘少奇目送王光美走出了大门，王光美边走边回头对工作人员说："全拜托你们了，全拜托你们了！"她的目光中含着无限的关切和担忧。

王光美去的地方叫桃园。到桃园三个多月后，王光美寄回来一封信。

信中主要介绍了她在桃园的工作情况，同时还询问了刘少奇的身体状况和孩子们的学习情况。

第九章 春满国际

刘少奇认真地看了这封信,并立即写了回信。

信中写道:"我和家中大小都很好,望你不必挂念。自然你在月内能回家一次,那是很好的,但是你如果工作很紧,抽不出身,推至下月回来,我也完全能够理解。一个人既已上了前线,上了战场,那就只能顾你那一头。我过去和现在,就常常是这样的,望你珍重。"

王光美在基层确实工作很忙,只得回信说:"本想按你说的回家看看,但工作已进入紧张阶段,难以抽身。"

尽管一直盼望妻子回一趟家,但刘少奇始终把工作放在第一位,他立即回信表示:"在斗争紧张的时候,你是不能离开你的岗位的,只有高潮已过,你能抽出身来的时候,你才能回家看看。在这件事上,我完全支持你。"

在桃园参加"四清"运动期间,王光美始终把自己看作一个普通工作人员。她和别的工作人员一起挑水、扫街、帮助农民夏收、参加修整小渠的劳动,"董朴"的表现得到了工作队同志以及当地社员群众的好评。

直到1964年春天,王光美才抽出时间回家。

一个星期六的晚上,王光美参加春藕斋的舞会回来后显得格外兴奋。

她告诉秘书:"刚才在和毛主席跳舞时,我简要地向他汇报了我在河北保定地区新城县高镇大队搞'四清'时遇到的几个问题。当我汇报说,社员们不敢向工作队反映干部的'四不清'问题时,毛主席说,'不要搞得那么冷冷清清嘛!建议你们开万人大会,大张旗鼓地发动群众,就是要造舆论嘛!我也看过几个农村和工厂的材料,现在热心搞资本主义的不少。要注意那些热心搞资本主义的领导人,摸清楚到底有多少。'毛主席的话不多,但是太重要了。我要好好领会一下主席的指示,再看看文件,这样再下去后头脑就会更清醒一些了。"

王光美回工作队后在全县召开了万人大会,改变了扎根串联等神神秘秘的工作方法,"四清"运动轰轰烈烈地开展起来了。

王光美显然很忙,但她时刻把刘少奇的健康挂在心上。

无论写信还是见面，她总要叮嘱刘少奇保重身体。

刘少奇答应得很干脆："你放心去吧，我会注意的。"

但繁重紧张的工作不容许刘少奇保重身体。

1965年12月，刘少奇患了重感冒，发起了高烧。67岁的刘少奇身体的抵抗力很弱，这场病使他四肢乏力、头晕目眩、不思饮食、难以安眠。

普通人发了高烧，医院就会开病假条让他休息。但刘少奇不能休息，他没有休息的时间，不论工作人员怎么劝说，他还是照样看文件批报告，他还警告工作人员："任何人不能对外说我病了。"

就这样，刘少奇生病的消息被包得严严的，谁也不知道。

一天，周恩来送来一份文件，是关于安排刘少奇接见外宾的。

病成这种样子，刘少奇如何接见外宾？无可奈何之下，秘书才把刘少奇生病的情况报告了总理办公室。

听到汇报后，周恩来匆匆赶来探望，急切地问："少奇同志的病情怎么样？"

卫士把周恩来领到刘少奇的卧室。

周恩来一看，刘少奇睡的是地铺，便惊讶地问："这是怎么回事？"

卫士如实向周恩来汇报了事情的经过。

周恩来一边握住倚住被子半躺半坐的刘少奇的手，一边说："这怎么行啊？"

刘少奇虽病得有气无力，却对周恩来说："你这么忙，不该为我而耽误了工作。"

"为什么不让秘书早告诉我？"周恩来半责备半安慰地说，"这几天你在病中还坚持看了那么多文件。请你好好休息，外事方面的活动我已做了安排，你不必挂念了。"

刘少奇怕周恩来担心，尽量轻松地说："谢谢，谢谢，没什么大毛病，就是有点发烧，我想很快就会好的。"

第九章 春满国际

为了让刘少奇好好休息,周恩来向刘少奇告别了。

走出卧室,周恩来便严肃地责问卫士:"少奇同志病了,你们怎么不请光美回来?"

卫士感到很冤枉,委屈地说:"我们也提出过,但少奇同志不同意,怕干扰光美同志的工作。"

周恩来果断地命令:"还是请光美回来一趟吧!就说我说的。"

周恩来走后,工作人员遵照他的指示给王光美打了长途电话,告诉她:"少奇同志发高烧,总理叫我们通知你,请你回来一下。"

接到电话,王光美连夜赶回家,帮助医生护士照料刘少奇。

第二天,周恩来打电话询问工作人员:"光美回来没有?少奇同志退烧没有?"

知道王光美已经回来,周恩来又给她打电话,嘱咐道:"少奇同志不恢复健康,你不能离开他……"

刘少奇和王光美是夫妻,也是同志,尽管相亲相爱,但他们处理一切事情时,都是把工作放在第一位。

四、最后一次出访

进入1966年,全国的政治气候出现了变化。就在山雨欲来风满楼之时,国家主席刘少奇和夫人王光美应巴基斯坦、阿富汗和缅甸三国的邀请,从3月26日到4月19日对三国进行友好访问,国务院副总理陈毅和夫人张茜以及其他随行人员陪同访问。

1966年3月，刘少奇在新疆向欢送他出访亚洲三国的群众招手致意

3月26日，刘少奇首先飞抵巴基斯坦临时首都拉瓦尔品第恰克拉拉机场。阿尤布·汗总统到机场迎接。当晚，阿尤布·汗总统举行盛大欢迎宴会。刘少奇在致词时说："事实表明，尽管我们两国的政治和社会制度不同，我们完全可以在和平共处五项原则的基础上发展友好关系。这种关系是符合我们两国人民的根本利益的。"27日的一整天，刘少奇的活动都安排得满满的。上午，在阿尤布·汗总统陪同下参观历史古迹泰格西拉博物馆；下午，会见萨达尔·阿卜杜勒·加尧姆等四位克什米尔公众领袖；晚上，和阿尤布·汗总统会谈。28日，刘少奇在阿尤布·汗总统陪同下，参观正在建设中的巴基斯坦新首都伊斯兰堡，并在那里种下了一棵友谊树。下午，到拉合尔访问。拉合尔是巴基斯坦的著名城市，市民们欢迎中国客人的热烈场面难以形容，简直是万人空巷，达到空前热烈的程度。在车队去往省政府的路上，欢迎的人群像海洋一样，黑压压一片。道路两旁的建筑物上、树上，甚至电线杆上都站着人。29日、30日，刘少奇先后拜谒巴基斯坦著名爱国诗人阿拉马·穆罕默德·伊克巴勒的陵墓；参观巴德沙希清真寺和拉合尔堡；出席市民招待

会和巴中友协举行的午宴；并到巴基斯坦另一个著名城市卡拉齐访问。31日，刘少奇离开卡拉齐回到新疆和田休息。

阿尤布·汗总统迎接刘少奇一行

4月4日，刘少奇乘专机离开和田，前往阿富汗。阿富汗与巴基斯坦接壤，刘少奇一行为什么舍近求远，不从巴基斯坦直接去阿富汗，而是先回新疆，再去阿富汗呢？主要原因是当时国际上有个讲究，正式访问要从本国出发，否则算顺访。为了奉行我国大小国家一律平等的外交原则，这种走法，在礼节上是对阿富汗的一种尊重。

当天上午，专机到达喀布尔机场时，受到查希尔·沙阿国王和霍梅拉王后、政府官员和阿富汗人民的热烈欢迎。下午，刘少奇到古尔罕纳宫拜会查希尔·沙阿国王和王后并交谈。随后去阿富汗先王穆罕默德·纳迪尔·沙阿陵墓敬献花圈。当晚，查希尔·沙阿国王和王后在迪尔库沙宫为刘少奇和王光美举行国宴。刘少奇在致辞时说："中国一贯主张根据和平共处五项原则，同各国发展关系。中国不容许别人用大国沙文主义态度对待我们，同时也不容许自己用这样的态度对待别人。"4月5日，刘少奇同查希尔·沙阿国王在友好的气氛中举行会谈。6日，刘少奇前往阿富汗第三大城市赫拉特访问。下午，返回喀布尔。7日，参观阿富汗国家博物馆，出席数万喀布尔市民在加齐体育场举行的盛大集会。8日，离开喀布尔回到乌鲁木齐。

4月11日，刘少奇离开乌鲁木齐，到达昆明，准备前往东巴基斯坦（今孟加拉国）和缅甸访问。15日，刘少奇离开昆明抵达东巴基斯坦首府达卡。阿尤布·汗总统专程从西巴基斯坦（今巴基斯坦）赶来欢迎。16日，刘少奇同阿尤布·汗总统会谈，并游览达卡附近的希塔拉卡雅河，观看巴基斯坦民间歌舞演出。

缅甸是这次访问的最后一站。因为是顺访，刘少奇一行在这里只待了三天。4月17日，刘少奇的专机降落在缅甸首都仰光明加拉顿机场时，受到奈温以及仰光市民的热烈欢迎。当晚，奈温举行盛大国宴，招待刘少奇一行。刘少奇在讲话时说："三年前，我曾经访问过你们的国家。这次应奈温主席的邀请，我们又有机会在缅甸'胞波'们欢度新年的时候来访问你们，感到非常愉快。""中缅两国历来是友好的。十多年来，不管亚洲和世界上发生什么变化，中缅友谊一直向前发展。我们两国忠实履行了友好和互不侵犯条约。我们两国的边界不但是和平的边界，而且成为两国友好的纽带。我们之间的友好往来很密切，各方面的合作也很广泛。我们两国能够这样和睦相处，友好合作，这绝不是偶然的。最重要的原因是，我们双方认真执行了两国政府共同倡导的和平共处五项原则。我们真正做到了互相尊重，平等相待。我们始终以两国人民的友谊为重，友好地解决两国之间的问题。我们的友好关系是有原则的，是有广阔发展前途的。"18日，刘少奇同奈温举行了会谈。19日，两国就刘少奇在缅甸联邦进行国事访问签署联合公报。当天，刘少奇乘专机回国。

第十章

 文革蒙冤

不幸的是,刘少奇同志在"文化大革命"中遭到残酷迫害,不幸蒙冤致死。在最艰难的时刻,他仍然以一名共产党员的高度责任感,向党中央建议"尽早结束'文化大革命',使国家少受损失",并坚信"好在历史是人民写的"。党的十一届五中全会为刘少奇同志平反昭雪,并高度评价了他的光辉一生。刘少奇同志的英名同中国共产党的历史、同中华人民共和国的历史紧密相连。

一、遭到错误批判

1964年7月,根据毛泽东的提议,中共中央专门成立了一个领导思想文化工作的机构——中央文化革命五人小组,组长彭真,成员有陆定一、康生、周扬、吴冷西。但是,随着"左"倾思想在党内逐步占据统治地位,一大批学术、文艺方面的著作和观点被强加了修正主义等大帽子,遭到公开批判。

1965年11月10日,上海《文汇报》突然发表《评新编历史剧〈海瑞罢官〉》,点名批判北京市副市长、历史学家吴晗,说《海瑞罢官》是为右倾机会主义翻案,"是一株毒草"。一石击起千层浪。文革五人小组在这种情况下,于1966年2月制定了《文化革命五人小组关于当前学术讨论的汇报提纲》,后来被称为《二月提纲》。《二月提纲》提出:"要坚持实事求是,在真理面前人人平等的原则,要以理服人,不要像学阀一样武断和以势压人",本意是约束文化领域的大批判,不让它进一步发展为政治斗争。

刘少奇对亚洲三国的访问是他人生中的最后一次出访。等他回到国内,形势已经发生了很大的变化,以至于刘少奇说:我最近这个时期对于文化革命的材料看得很少,生了一次病,出了一次国,很多材料没有看,接不上头。

刘少奇访问刚刚回国,就接到通知马上到杭州开会。原来,在他出访的这一段时间里,国内形势发生了极大的变化:3月底,毛泽东尖锐批评《二月提纲》混淆阶级界限;4月上旬,林彪、江青主持的《部队文艺座谈会纪要》经毛泽东审阅修改后作为中央文件发给全党;4月9日至12日,中央书记处会议批判彭真的"一系列罪行",成立"文化革命文件起草小组",以陈伯达、康生、江青、张春桥等为成员,起草《中国共产党中央委员会通知》,批判《二月提纲》。在刘少奇回国前,《中国共产党中央委员会通知》已经定

第十章 文革蒙冤

稿,新的中央文革小组已经成立,由陈伯达任组长,康生任顾问,江青、张春桥等任副组长,成员有王力、关锋、戚本禹、姚文元。

1966年5月4日,刘少奇主持中央政治局扩大会议,在毛泽东的领导下,会议对彭真、罗瑞卿、陆定一、杨尚昆进行了错误批判。5月16日,会议正式通过了《中国共产党中央委员会通知》,即发动"文化大革命"的"五一六通知"。

在会议上,刘少奇对康生、陈伯达等人全盘否定其他人意见甚至连标点符号都不能改动的做法提出了批评:"开政治局扩大会议叫大家讨论,结果提了意见不改,连几个字都不能改,这不是独断专行吗?这不是不符合民主集中制吗?我原来考虑过改一点,现在大家意见还是不改的好,不如原来的好,那就不改吧!"

毛泽东对通知进行了修改,加写了几段话,其中讲:"混进党里、政府里、军队里和各种文化界的资产阶级代表人物,是一批反革命的修正主义分子,一旦时机成熟,他们就会要夺取政权,由无产阶级专政变为资产阶级专政。这些人物,有些已被我们识破了,有些则还没有被识破,有些正在受到我们信用,被培养为我们的接班人,例如赫鲁晓夫那样的人物,他们现正睡在我们的身旁,各级党委必须充分注意这一点。"这里所讲的"接班人"、"赫鲁晓夫"实际上很容易让人想到毛泽东的接班人——刘少奇。

林彪在会议上兴风作浪,大讲政变经,大谈什么"最近有很多鬼事、鬼现象,要引起注意。可能发生反革命政变,要杀人,要篡夺政权,要搞资本主义复辟,要把社会主义这一套搞掉。……有人可能搞鬼,他们现在已经在搞鬼。野心家,大有人在。"林彪还大树毛泽东的绝对权威,"毛主席活到哪一天,90岁,100多岁,都是我们党的最高领袖,他的话都是我们行动的准则。谁反对他,全党共诛之,全国共讨之。"

出现这种情况完全出乎刘少奇的意料。5月26日,他在会议上谈了学习毛泽东思想的体会,谈了开展"文化大革命"的意义,还作了自我批评。他平静地说:"我们这次讨论发言中,对文化革命问题讲得比较少。对这个问题,我们过去也是糊涂的,很不理解,很不认真,很不得力,包括我在内。我最近这个时期对于文化革命的材料看得很少。生了一次病,出了一次国,很多材料没有看,接不上头。"

就这样,刘少奇同全国人民一样,根本没有来得及做什么思想准备,就被裹挟到"文化大革命"的洪流中了。

"五一六通知"发出后,全国上下顿时掀起一浪高过一浪的"革命"大潮。6月1日,《人民日报》发表社论《横扫一切牛鬼蛇神》,当天晚上,中央人民广播电台在黄金时间播出了聂元梓等七人写的大字报《宋硕、陆平、彭珮云在文化革命中究竟干些什么?》,这两份大字报都是经毛泽东同意发表的,而主持中央工作的刘少奇事先一点儿都不知道。接着,以《人民日报》为主要阵地的宣传媒介宣传、鼓动"文化大革命"。全国人民的"革命热情"马上被充分调动起来,尤其是各大中学校的学生纷纷投身这一运动,四处搜寻黑帮,揪斗当权派。顿时,全国上下被搅得一片大乱。

面对这种突如其来的形势,刘少奇凭借历次群众运动的经验,采取了一系列的紧急措施。

6月3日,刘少奇紧急召集中共中央政治局常委扩大会议,提出了布置学校工作的八条要求,并指出:"有的学校领导瘫痪了,领导不起来,就派工作组进去领导。希望团中央、中组部组织人力帮助。"这样,在刘少奇的指导下,中共北京市委在团中央、中组部的协助下向北京的各单位及各学校派驻了工作组。5月31日,陈伯达带领第一个工作组进驻人民日报;6月1日晚,张承先率工作组进驻北京大学。

这一消息很快传遍北京市,各学校、各单位纷纷要求派驻工作组,从6月5日起,北京市委在中央同意后加快了派驻工作组的步伐。全国各省市及中央单位也纷纷仿效北京市的做法陆续派出工作组。但形势继续下滑,没有止住的迹象。

第十章 文革蒙冤

6月9日,刘少奇、邓小平、周恩来到杭州向毛泽东汇报工作并讨论进一步领导运动的方针。毛泽东在听汇报时模糊地说了一句:"派工作组太快了并不好,没有准备。不如让它乱一下,混战一场,情况清楚了再派。"但是,这时大部分工作组已经派出。

刚刚回到北京,刘少奇就了解到在中央文革小组的支持下,北京的形势愈演愈烈。6月19日,刘少奇让王光美去清华大学作为校工作组顾问,了解情况,并及时汇报。6月20日,刘少奇又将《北京大学文化革命(第九号)》转发全国,并在批语中指出:"中央认为北大工作组处理乱斗现象的办法是正确的,及时的。各单位如果发生这种现象,都可参照北大的办法处理。"同一天,刘少奇同北师大一附中工作组的同志谈话说:"现在人家向你们进攻,人家向你们采取攻势了,这好嘛,敌人出来了,这个蛇出洞了,你消灭它就容易了。"6月21日,刘少奇又一次召集中共中央政治局常委扩大会议,部署对运动的领导,指出:要划一个界线,不要把什么人都说成是黑帮;不要党的领导、中断党的领导是不好的,大部分党委是好人嘛,不要打倒一切;运动的整个过程,要抓生产、工作、生活,恢复星期日,注意劳逸结合,注意反革命的破坏;要用《二十三条》的精神,禁止打人、侮辱人和变相的体罚;就是当权派、黑帮,也允许他们改正错误,给出路。

经过这几次会议,中央对运动的领导开始逐步有所控制,各学校、单位的日常教学、工作、生活秩序开始恢复,社会又逐步走向安定。

但是,毛泽东的态度急转直下。

毛泽东在南方巡视了近8个月后,于1966年7月18日回到北京。

7月19日,刘少奇主持中共中央政治局常委扩大会议。陈伯达提出撤销工作组,遭到邓小平等人的反对。刘少奇支持了多数意见,指出:工作组有好的、有坏的,他们在第一线,有他们的辛苦,要求不能过高;现在是如何帮助他们,教育他们,总结工作经验。22日,刘少奇再次主持中央政治局常委扩大会议,指出:多数工作组是好的,还是教育帮助,改正错误。赶工作组，有的不应该赶。

毛泽东终于按捺不住表态了。7月24日、25日，他同各中央局书记和中央文革小组成员谈话，严厉批评了工作组："最近一个月，工作组是阻碍群众运动。阻碍革命势必帮助反革命，帮助黑帮。工作组捣了很多乱，要它干什么？"28日，根据毛泽东的指示，中共北京市委下达《关于撤销各大专院校工作组的决定》。

7月29日，刘少奇在北京市大专院校和中等学校师生文化革命积极分子大会上讲话，对派驻工作组问题代表中央承担了责任，并宣布中央决定撤销工作组，同时向同学们表达了自己迷惑不解的心情："至于怎么样进行无产阶级'文化大革命'，你们不大清楚、不大知道，你们问我们怎么革，我老实回答你们，我也不晓得。我想党中央其他许多同志、工作组的成员也不晓得……我现在要讲一句老实话，包括我在内，我们现在只能向你们学习，只能听取你们的意见，不能提出什么意见来帮助你们，我们不了解情况。"

8月1日，毛泽东主持召开中共八届十一中。刘少奇在会上向全会报告八届十中全会以来中央政治局在国内国际工作中的一系列方针政策和重大举措，同时向全会报告"文化大革命"以来的工作，并在工作组问题上承担了责任："这一段我在北京，文化革命中有错误，特别是工作组问题上出了问题，责任主要由我负……"

就在刘少奇作报告时，毛泽东频频插话，厉声说："工作组，不到10%是好的，90%以上的工作组完全是错误的。不管怎么样是做了坏事，一不能斗，二不能批，三不能改，起了一个镇压群众、阻碍群众的作用，起了坏作用。""派工作组犯了方向、路线错误，实际是站在资产阶级立场上，反对无产阶级革命"。

4日，毛泽东在中央政治局常委扩大会议上再次尖锐批评工作组问题，说：中央自己违背自己命令。中央下令停课半年，专门搞"文化大革命"，等到学生起来了，又镇压他们。说得轻一些，是方向性的问题，实际上是方

第十章　文革蒙冤

向问题，是路线问题，是路线错误，违反马克思主义的。

刘少奇主动出来承担责任说："这段时间，主席不在家，我在北京主持工作，我负主要责任……"

毛泽东打断他："你在北京专政嘛，专得好！"

刘少奇再次对工作组问题承担责任，表明了自己的态度：无非是下台，不怕下台，有五条不怕。

毛泽东采取了更加严厉的措施。第二天发表了著名的《炮打司令部——我的一张大字报》，矛头直接对准了前一段时间在中央主持工作的刘少奇、邓小平，指责说："全国第一张马列主义的大字报和人民日报评论员的评论，写得何等好啊！请同志们重读一遍这张大字报和这个评论。可是在50多天里，从中央到地方的某些领导同志，却反其道而行之，站在反动的资产阶级立场上，实行资产阶级专政，将无产阶级轰轰烈烈的文化大革命运动打下去，颠倒是非，混淆黑白，围剿革命派，压制不同意见，实行白色恐怖，自以为得意，长资产阶级的威风，灭无产阶级的志气，又何其毒也！联系到1962年的右倾和1964年形'左'而实右的错误倾向，岂不是可以发人深省的吗？"

八届十一中全会立即转了向，刘少奇、邓小平开始受到批判。刘少奇在会上频频作检讨，承担责任：主席不在北京时，中央在"文化大革命"中所犯的路线错误，主要由我负责。我说过的话，做过的事，我都负责，决不推脱。其他同志所犯错误，我也有责任。

5日，刘少奇会见了赞比亚友好代表团。这是刘少奇最后一次会见外宾，在这次会见后，他接到周恩来的电话通知，要他最近不要公开露面，不要再会见外宾。

8日，全会通过《中共中央关于无产阶级文化大革命的决定》，即《十六条》，这是中共中央关于"文化大革命"的第一个正式的系统的文件，把"文化大革命"全面推向全国、推向深入。

12日，全会进行表决。刘少奇从第二位、接班人一下子降至第八位；而林彪则由第六位直线上升至第二位,显然是接班人的位置。全会没有重新选举中央副主席,但其后就只称林彪为副主席,其他刘少奇、周恩来、朱德、陈云四人的中央副主席职务不再提及。林彪就成为毛泽东当然的接班人。

刘少奇再次承担了工作错误的责任,并请求辞去中央政治局常委、国家主席的职务。

但此时,已是狂风乍起,山雨欲来风满楼。

刘少奇在八届十一中全会上受到批判后,一直主动站出来承担主要责任。会后,他集中精力对自己这一段时间的工作进行反思,写检查。

9月中旬,刘少奇写出《在北京各工作组领导干部会议上的检讨提纲(草案)》,努力按照毛泽东《炮打司令部》大字报的口径,检查自己在工作组问题上所犯的所谓"路线错误、方向错误":"在今年6月1日以后的50多天中,我在指导无产阶级文化大革命中发生了路线错误、方向错误。这个错误的主要责任应该是由我来负担。其他同志的责任,例如在京的中央其他领导同志,某些工作组的领导同志,某些地方的领导同志等等,他们虽然也有一定的责任。但是,第一位要负责任的,就是我。

"……在工作组派出之后的50多天中,我是一直支持工作组的,这样就增加了工作组犯错误的可能性和严重性。……工作组的负责人大多数既不理解无产阶级文化大革命,又没有好好向群众学习,一开始就要业已发动起来的广大群众按照我们和工作组主观设想的计划和步骤行动。这样,就违背了革命的群众运动发展的规律,就发生了许多严重事件,就在事实上站到反动的资产阶级的立场上去了,实行了资产阶级专政,将无产阶级轰轰烈烈的文化革命运动打了下去,颠倒了是非,混淆了黑白,长了资产阶级的威风,灭了无产阶级的志气……"

检讨写完后,刘少奇将检讨稿报毛泽东审阅。14日,毛泽东复信刘少奇:"基本上写得很好,很严肃,特别后半段更好。建议以草案形式印发政治局、书记处、工作组(领导干部)、北京市委、中央文化小组各同志讨论一

第十章 文革蒙冤

下,提出意见,可能有些收获,然后酌加修改,再作报告,可能稳正一些,请酌定。"

刘少奇马上给主持中央日常工作的周恩来写信说:"我的检讨提纲,毛主席已经看过,并批了一段话,退还给我。现送上,请你看看",并要求按照毛泽东的批语印发,请各同志提出意见,再修改。

1966年10月1日,刘少奇最后一次在国庆节登上天安门城楼

10月23日,刘少奇在中央工作会议上作检讨,承担了主要责任,林彪、陈伯达、康生在会议上指名攻击刘少奇、邓小平执行了"一条压制群众、反对革命的路线","这次文化大革命的错误路线主要是刘、邓发起的"。

但是,毛泽东并没有这么看。他在24日、25日的会议上说:"把刘、邓的大字报贴到街上不好,要准人家革命,不要不准人家革命。""刘、邓二人是搞公开的,不搞秘密的。对刘、邓要准许革命,准许改。……对少奇同志不能一笔抹煞。""你们过不了关,我也着急呀。时间太短,可以原谅,不是存心要犯路线错误,有的人讲,是糊里糊涂犯的。也不能完全怪刘少奇同志、邓小平同志。他们两个同志犯错误也有原因。"

这年10月1日,刘少奇最后一次登上天安门城楼。

八届十一中全会后,全国形势更加恶化,一片大乱。尤其是毛泽东六次接见红卫兵之后,红卫兵、造反派的大规模活动愈演愈烈,席卷全国。

二、饱受耻辱的一天

针对刘少奇的"革命活动"很快逐步升级。1966年12月,清华大学造反派头头蒯大富受张春桥授意首先公开发动了"打倒刘少奇、邓小平大行动",公开贴标语,撒传单:"打倒刘少奇"、"打倒邓小平"、"彻底打垮刘邓资反路线的猖狂反扑"等等。在中央文革的支持下、鼓动下,北京各学校也纷纷打出"刘少奇、邓小平是党内最大的资产阶级当权派,是中国现代修正主义的祖师爷。资产阶级司令部的黑司令"、"打倒刘、邓"的大字报。

1967年1月1日,中南海内的造反派在刘少奇住处院墙上张贴了"打倒中国的赫鲁晓夫刘少奇"等标语。3日晚,在戚本禹指使下,造反派第一次直接批斗了刘少奇、王光美。6日,清华大学造反派设下刘少奇女儿平平遭车祸的圈套欺骗王光美到清华大学,并把她扣押。12日,戚本禹指使中南海造反派"红色造反团"第二次批斗刘少奇、王光美。

刘少奇在这种逆境中,所想的仍然是国家、民族的前途命运。他对人民有着深切的感情。

在一次批斗会前,刘少奇跟子女们说:"将来我死了,骨灰、交给你们,要把我的骨灰撒入大海里,我生是一个无产者,死了也是一个无产者。你们记住,这是我给你们的遗嘱。"

刘少奇鼓励子女们说:"你们一定要在群众中活下去,经受住委屈,在实际劳动中接受锻炼,人民对我不理解,对你们也可能有些过火的行动,你们一定要理解人民。中国的人民是最好的人民,爸爸是人民的儿子,你们也一定要做人民的好儿女。永远跟着党,永远为人民。在这种不正常的情况下,一定要挺住,一定不要与群众有对抗情绪。"

第十章 文革蒙冤

刘少奇默默地看着家人,想到因自己而受牵连,不禁有些激动:"我多次跟你们说过,对我而言,人民的信任是我一生中最大的幸福。但是,我今天要告诉你们,还要说一句,人民的误解是我一生中最大的痛苦。"

就这样,刘少奇向家人交代了身后事,平静地接受着"人民的误解"的"最大的痛苦"。

随着报章连篇累牍地攻击刘少奇、诬蔑刘少奇的文章一而再再而三的出现,刘少奇受到的攻击变本加厉。4月1日,各大报纸刊登戚本禹文章《爱国主义还是卖国主义?——评反动影片〈清宫秘史〉》,散布刘少奇赞扬《清宫秘史》的谎言,极尽诬蔑之能事,用8个为什么肆意攻击刘少奇说:"你根本不是什么老'革命'!你是假革命、反革命,你就是睡在我们身边的赫鲁晓夫!"

批斗进一步升级。1967年7月18日,刘少奇、王光美接到消息当晚要开大会批斗他们。刘少奇深知与家人过正常生活的时日不多,默默地望了王光美许久,静静地说:"好在历史是由人民写的。"

这天晚上,几十万群众围在中南海四周,上百个高音喇叭不停地喧闹。

中南海院内,江青、康生、陈伯达、戚本禹直接策划的"造反派"批斗刘少奇的大会正在一个食堂中进行,年近七旬的刘少奇正在被迫低头弯腰地接受着污辱、围攻、谩骂甚至"触及皮肉"的斗争……

想答辩,却不许说一句话;想擦汗,手绢却被打落在地的刘少奇,自然不知道此时远在武汉的毛泽东传回北京的批评:"对刘少奇不能那样搞法!"他只知道自己"低头弯腰"了两个小时后,被单独押在了前院自己的办公室里,门外多了岗哨,而自己的夫人、子女不知去向。他意识到,自己从此真的成了"囚徒"。

就是在这次批斗会后,刘少奇、王光美继续被分别关押。这次批斗会成了刘少奇和家人诀别的最后一面!

1966年12月6日,林彪主持中央政治局扩大会议攻击刘少奇、邓小平:

"刘、邓不仅是50天的问题,而是10年、20年的问题",公开对刘少奇、邓小平的革命历史提出诬蔑和怀疑。

12月18日,公安部部长谢富治召集公安部等部门的人开会宣布:"中央决定成立一个专案组审查王光美,名称暂叫中央办公厅丙组。"交代了工作任务、方法、领导关系等。就这样,没有任何的法律手续,没有任何的中央正式文件,针对国家主席刘少奇的专案组成立!该专案组在江青、谢富治的直接领导和指使下,专案组采取种种卑劣的手段炮制假材料、搜集诬证、假证,以诬蔑、攻击刘少奇的历史为最主要、最重要的内容。

1967年3月21日,中共中央政治局常委会议决定把有关刘少奇"历史问题"材料转交"王光美专案组"调查,并指定康生分管。这样,"刘少奇、王光美专案组"正式成立,开始制造中共历史上最大的一桩冤案。

9月13日,王光美被正式逮捕,11月转押秦城监狱。刘少奇的子女也被赶出家门,或到校接受批判,或流浪街头。刘少奇独自一人被关押在福禄居前院,并不知道他的家人已经不在福禄居了。

随着专案组进一步的所谓"调查"、"取证",有关刘少奇的假材料拼凑了三大本。江青指定张春桥、姚文元起草一个要在八届十二中全会上通过的审查报告。

三、"永远开除出党"

刘少奇仍旧被关押在他的办公地点。皮带被抽去,尽管他表示强烈抗议,终被人强按在地上;过去的警卫员被逼成了他的"看守",并被命令对他要毫不留情。除了觉察出毛泽东权力的不断扩大,感觉到江青等人欲置他于死地之外,刘少奇根本不知道发生在他周围的一切。

第十章 文革蒙冤

刘少奇就这样孤苦伶仃地挣扎着、活着。

以往夜间工作的生活习惯被迫改变,加上他终于知道妻子和孩子们都已被逼迫离家,精神上受到很大打击,再加上不给足够的安眠药,每天只能睡两三个小时的觉,有时甚至彻夜难眠。渐渐地,他被折磨得终日神情恍惚,常常痴痴地发呆、沉思而忘掉一切。

穿衣也很艰难。他的手臂在革命战争年代受过伤,经过扭打,如今又发作了,穿一件衣服往往需要一两个小时。

吃饭,更是苦不堪言。经过非人的摧残,刘少奇的腰伸不直了,打伤的右腿一瘸一拐地拖着,只能双手扶着走廊的窗台一步一步蹭着移动。到饭厅吃饭,短短的30米距离,他竟要走上50分钟甚至更长的时间。前后跟着的"看守",因为早被打过招呼,谁也不敢上前扶他一把。最后,刘少奇根本不能走动了,只能由工作人员把饭打回来吃。由于经常被别人骂为"保皇兵",工作人员也不愿意每餐都去打饭了,只好打一次饭,吃好几顿。满口只剩7颗牙齿,又长期患有胃病的刘少奇,既咀嚼不动饭菜,又经常吃剩饭剩菜,因而时常腹泻,身体更虚弱了。手颤抖得不听使唤,吃饭时饭送不进嘴里,弄得满脸满身都是。

这一切,使得刘少奇身体越来越坏,经常生病,有时神志不清。即便如此,还有人说:"此人狡猾,不能排除有意这样做的可能。为严防意外,监护工作要相应采取一些措施。"

1968年夏天的一个晚上,刘少奇突然发起高烧,由于没有及时恰当的治疗,第二天转成肺炎,生命垂危。"现在快要开刘少奇的会了,给九大留活靶子!"上面的指令传下,医护人员才纷纷赶来抢救。然而,会诊医生提出让刘少奇离开监护环境住院治疗,却被拒绝了;医生请示摘掉刘少奇卧室内挂满的标语、口号,以减少对病人的精神刺激,也被拒绝了。此时的刘少奇,真是想死死不了,想活也活不下去了。

肺炎被治愈了,但刘少奇在这以后却再也无力起身活动,形同瘫痪。他身边没有一个亲人，常常是没有人给他换洗衣服，没有人扶他起床大小便。他就这样在严密的监视中整天躺在床上，天长日久，双腿的肌肉渐渐萎缩了。胳膊和腿由于常打针被扎烂了。护士记录写着："全身没有一条好血管。"对这样一个生死不由己的病人，监视者仍日夜守在床边，还说："为了防止他行凶或自杀，我们要进一步加强监护工作。"

10月5日，寡言少语的刘少奇突然两次失声痛哭，哭得那么伤心，那么无法遏制。是哭党和国家、社会"一片大乱"？是哭同事、战友纷纷成了"走资派"？……我们无法猜测，也永远不可能得知了。

此后，由于植物神经功能紊乱和脑供血不足，脑软化的症状恶性发展，刘少奇失去了自主吞咽功能，只能靠鼻饲维持生命。由于病痛和窒息的痛苦，他时而拳头紧攥，时而十指乱抓，一旦抓住东西就死死不放。不忍目睹之下，有人把两个硬塑料瓶子让他捏在手中，久而久之，两个塑料瓶被他攥成了两个小"葫芦"。

1968年10月13日至10月31日的中共八届十二中全会，批准了中央专案小组关于刘少奇罪行的审查报告，"决定将刘少奇永远开除出党"。11月2日，中国各主要报纸在头版头条，以套红大标题刊登了全会公报，全国各地广播电台也反复播放着全会公报内容。全国上下已是家喻户晓、妇孺皆知，却没有让当事人听到。这位当事人，既不知道中央在开他的会，也没有了在开除他党籍的决议上签字的权利。

"全会批准中央专案组审查小组《关于叛徒、内奸、工贼刘少奇罪行的审查报告》。这个报告以充分的证据查明：党内头号走资本主义道路当权派刘少奇，是一个埋藏在党内的叛徒、内奸、工贼，是罪恶累累的帝国主义、现代修正主义和国民党反动派的走狗。全会认为，在无产阶级文化大革命中，党和革命群众把刘少奇的反革命面貌揭露出来，这是毛泽东思想的一个伟大胜利。全会对于刘少奇的反革命罪行，表示了极大的革命义愤，一致通过决议：把刘少奇永远开除出党，撤销其党内外的一切职务，并继续清算刘少奇

第十章 文革蒙冤

及其同伙叛党叛国的罪行。……"

刘少奇从入党那一天起,就把自己的一切献给了党。整整半个世纪、枪林弹雨、白色恐怖、出生入死的考验太多太多,但他威武不屈、富贵不淫、贫贱不移。为了党,他把个人的安危荣辱置之度外;为了党,他光明磊落,坚持原则;为了党,他承担了最大的屈辱和误解……对于这样一个为共产主义事业奋斗一辈子的坚贞不渝的共产党员,已不再有比"活着看到被开除出党"更大的摧残、更沉重的打击了。在已经是一种惩罚的生活中,刘少奇正像他所说的,从来没有想过要自杀,是党终会为他说明真相、洗清冤屈、澄清是非的不可动摇的自信,给他以活下去的勇气与毅力。可他万万没有想到,他会被"永远开除出党"!

从此,刘少奇完全明白了,任何辩驳都是徒劳。他一句话不说了,连治疗和生活用语也一句不说了,表示无言的抗议。

四、最后的岁月

1969年10月,林彪一伙阴谋策划以战备疏散为名,把有碍他们威信的夺权障碍清除出北京。10月18日,黄永胜等人向全军发布了《林副主席第一个号令》。刘少奇是"第一个号令"的最早受害者之一,他是在号令正式发布的前一天接到通知,并付诸行动的。

17日晚,身患重病不能活动的刘少奇被送到河南省开封市,秘密监禁在开封市革命委员会院内的小屋内。由于长途转运,加之长期以来医疗条件跟不上,到开封后医疗条件更差,林彪、江青一伙又拒绝调拨必需药物,刘少奇病情进一步加重并迅速恶化。

由于身受风寒,当天夜里,刘少奇的肺炎便复发了,高烧39℃,呕吐厉害。河南的负责人却说："一切均好，病情无异常变化。"

11月5日，刘少奇又一次高烧，抢救两天以后才降至37.2℃。

11月8日，专案组下令：凡北京陪同来的人，立即撤回北京，一个也不准留，连北京带来的药也不准留。

11月10日晚，刘少奇体温又骤然升高，达39.7℃，由于受检查条件的限制，"当时不能确诊是肺炎"，但却按肺炎治疗，不让送医院抢救。

11日深夜，刘少奇病情突然恶化，张口喘气，嘴唇发紫，瞳孔对反射消失，体温40.1℃。但在"根据当地条件下进行治疗"毫无进展成效的情况下，直到12日清晨6时40分才发出病危通报。

谁知，5分钟后，即1969年11月12日6时45分，在到达开封后的27天，刘少奇在河南省开封市含冤逝世。

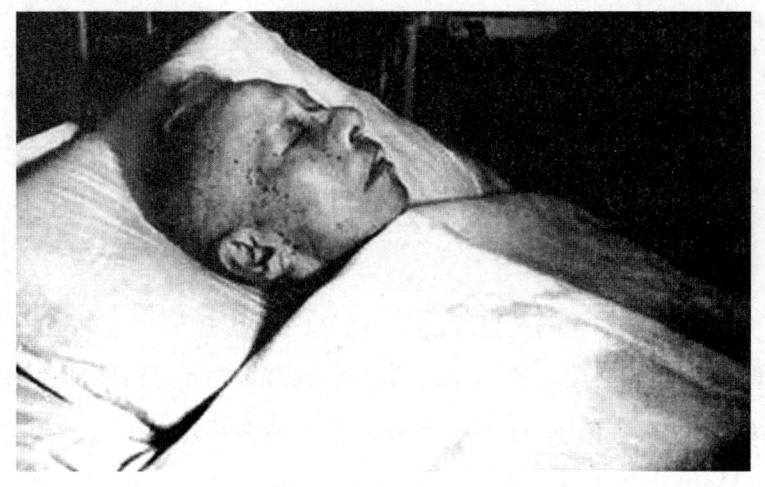

1969年11月12日凌晨，刘少奇冤逝开封

又过了两个小时，"抢救"人员才赶到现场。

在刘少奇病情日益恶化之时，守护在他身边的医护人员，曾提出是否能让他的亲属来见最后一面，但是谁也不敢做主。

于是，当刘少奇溘然与世长辞之际，身边没有一个亲人。何止如此，他们连刘少奇的去处，死在哪里，都不知道啊！刘少奇就这样孤独地走过了生

第十章 文革蒙冤

命的最后时日、孤独地离开了人间。

原卫士长李太和13日凌晨匆匆赶到开封,直奔老首长的身旁。但只见刘少奇躺在地下室的地板上,身上盖着一条白床单。嘴和鼻子已经变形,白发逾尺,蓬乱如麻……李太和的泪水夺眶而出,又偷偷地抹去,他清楚,此时在这共和国万里海疆的地平线上,这位被"批倒批臭"的共和国主席还没有享受悲痛的权利。

李太和小心地为刘少奇剪去过长的白发,刮去长而稀疏的胡须,穿上一套普通的衣服和鞋子。他只能为老首长做如此的最后一次服务。

刘少奇逝世后,遗体当夜即被火化,骨灰被秘密存放在开封。在火葬申请单上,从北京赶来的专案组人员冒用了"刘源"的名字填写了申请单。死者姓名则是外界很少人知道的刘少奇少年时用过的名字"刘卫黄"。

1978年12月,中共十一届三中全会召开,开始拨乱反正,全面纠正"文化大革命"的"左"倾错误,重新审查和平反党的历史上一系列重大冤假错案和正确评价一些党和国家领导人的功过是非问题。

来自人民群众的广泛反映,来自党内各级干部和广大党员的广泛要求,中共中央决定对刘少奇一案进行复查。

1979年2月,中共中央决定,由中共中央纪律检查委员会和中共中央组织部联合对刘少奇一案进行复查。4月18日,复查组正式成立,查阅档案和几个月的外地访问调查,对八届十二中全会上强加给刘少奇的三大罪名和其他诬蔑之辞重新调查取证。8月,基本情况调查清楚。11月,复查的结果证明文革中作出的《关于叛徒、内奸、工贼刘少奇罪行的审查报告》是江青、康生、谢富治等主持用伪证写成的,三大罪名和所谓的"证据"没有一项符合事实。

1980年2月,中共十一届五中全会作出了《关于为刘少奇同志平反的决议》。全会公报指出:"为刘少奇同志平反昭雪,是五中全会的另一项主要议程","中央政治局一致同意"复查组提出的"详尽确切的审查报告,据以作出了关于为刘少奇同志平反的决议（草案）。全会经过严肃认真的讨论，一致通过这个决议，决定撤销党的八届十二中全会强加给刘少奇同志的'叛徒、内奸、工贼'的罪名和把刘少奇同志'永远开除出党，撤销其党内外的一切职务'的错误决议，撤销原审查报告，恢复刘少奇同志作为伟大的马克思主义者和无产阶级革命家、党和国家的主要领导人之一的名誉；在适当时间为刘少奇同志举行追悼会"。

阴霾散去，春光普照，刘少奇同志泉下有知，沉冤得雪，也该含笑了。

1980年5月13日，刘少奇家人到河南省迎接刘少奇同志的骨灰到北京。当王光美从河南省省长刘杰的手中接过刘少奇的骨灰盒时，终于抑制不住内心的悲恸，激动地痛哭流涕。灵车缓缓地在郑州市街道上行驶，马路两旁的群众肃立默哀，表达了对刘少奇的深切哀思和怀念。

5月17日，刘少奇追悼大会在北京人民大会堂隆重举行。党和国家领导人以及首都各方面代表1万多人出席了追悼大会。追悼大会会场正中悬挂着刘少奇同志的遗像。王光美率子女献的花圈放在骨灰盒前。

邓小平代表中共中央在刘少奇追悼大会上致悼辞：

"今天，我们怀着无比沉痛的心情，悼念伟大的马克思主义者和无产阶级革命家刘少奇同志。刘少奇同志为共产主义事业战斗了一生。他是受到全党和全国各族人民爱戴的、久经考验的、卓越的党和国家领导人。

"敬爱的少奇同志离开我们已经十多年了。林彪、江青一伙制造伪证，隐瞒真相，罗织罪名，企图把他的名字从中国革命的历史上抹掉。但是，正如少奇同志在处境最艰险时所说：'好在历史是由人民写的'，历史宣告了林彪、'四人帮'一伙阴谋的彻底破产。历史对新中国的每个创建者和领导者都是公正的，不会忘记任何人的功绩。和毛泽东同志、周恩来同志、朱德同志一样，刘少奇同志将永远活在我国各族人民的心中。"

在追悼会上，邓小平对王光美说："是好事，是胜利！"

第十章 文革蒙冤

刘少奇追悼大会在北京人民大会堂隆重举行

遵照刘少奇生前的遗言，他的骨灰将撒在大海里。1980年5月19日上午，治丧委员会派出工作人员陪同王光美和刘少奇的子女带着刘少奇的骨灰，乘专机飞离北京，前往青岛。

此前，治丧委员会决定，刘少奇同志的丧事，要按国家元首的地位，给以最高的规格和礼遇。中国人民解放军海军老领导叶飞以党给海军担负散撒刘少奇同志骨灰的光荣任务而激动，重病中，他命令北海舰队派出一艘驱逐舰和四艘护卫炮舰执行这一任务。

天为之泣，地为之哭。这天，阴云笼罩，星星点点的雨花飘落。

执行任务的五艘舰艇驶离港湾，码头边停靠的所有舰艇上，身着白衣蓝裤的海军官兵列队敬礼致哀，默默地目送军舰向海口驶去。

在21响礼炮声中，王光美与儿子刘源手捧骨灰盒走向撒骨灰的船舷。王光美深情地把脸庞贴住刘少奇的骨灰袋，禁不住泪如雨下。她强抑悲痛，缓缓地打开袋子，一看到洁白的骨灰，悲从心来。她从袋子里捧出骨灰，在黄海大公岛附近海域，撒下了第一把刘少奇同志的骨灰……

孩子们手捧刘少奇的骨灰，压抑了多年的思念之情化作满腔的悲切，一齐化作泪水，化作痛哭悲泣，在海风中飘散，在海风中远扬，震撼了海天阔地，天公也禁不住泪水簌簌……

刘少奇说过：生来是个无产者，死时也是个无产者。一代伟人刘少奇走了，但是，他并没有离开这个世界，他留下了很多很多。他的丰功伟绩，千古流芳，将永远铭记在中国人民的心中。